本书的出版得到以下项目的资助：

国家社会科学基金西部项目"西部地区耕地保护的经济补偿机制研究——基于耕地保护管理行为主体的视角"(10XJY021)

四川省教育厅创新团队建设项目"区域人文资源开发利用研究"（14TD0039）

中国西部地区耕地保护的经济补偿机制研究

舟清红　岳云华　著

科学出版社

北京

内 容 简 介

本书在综述以往耕地保护与经济补偿研究结论基础上，建构西部地区耕地保护目标—实施载体—补偿受偿行为主体—经济补偿机制的理论架构。从不同微观行为主体角度对我国西部地区耕地保护经济补偿机制进行实证研究，包括地方政府转变耕地用途的经济负补偿机制、以粮食贸易为基础的地方政府耕地保护外部性价值区际补偿机制、西部地方政府和城镇居民集约利用城镇用地助推耕地保护的经济补偿机制、西部地区乡村人口城市化助推耕地保护的经济补偿机制、以耕地质量建设工程为载体的西部地区耕地经营者"以工换酬"耕地质量保护区内补偿机制。在对研究成果进行总结基础上，从国家和西部地区层面提出西部地区耕地保护经济补偿的政策性建议。

本书适合国土、农业经济、城乡建设等管理部门的管理者，农业经济、土地管理与规划、城乡建设规划、人口城市化等相关领域的学者阅读参考。

图书在版编目（CIP）数据

中国西部地区耕地保护的经济补偿机制研究 / 冉清红，岳云华著 . —北京：科学出版社，2017.3

ISBN 978-7-03-051671-8

Ⅰ. ①中… Ⅱ. ①冉… ②岳… Ⅲ. ①耕地保护 – 补偿机制 – 研究 – 西北地区②耕地保护 – 补偿机制 – 研究 – 西南地区 Ⅳ. ① F323.211

中国版本图书馆CIP数据核字(2017)第016089号

责任编辑：郭勇斌 周 爽 蔡 芹 / 责任校对：张怡君
责任印制：张 伟 / 封面设计：众轩企划

科学出版社 出版
北京东黄城根北街16号
邮政编码：100717
http://www.sciencep.com

北京教图印刷有限公司 印刷
科学出版社发行 各地新华书店经销

*

2017年3月第 一 版 开本：720×1000 1/16
2017年3月第一次印刷 印张：11 3/4
字数：230 000
定价：**58.00元**
（如有印装质量问题，我社负责调换）

前　　言

　　耕地保护经济补偿研究自 20 世纪 80 年代中期以来在国内卓有成效。学术研究推动此问题被纳入国家社会科学基金项目研究范畴列入 2010 年申报指南。笔者自 20 世纪 90 年代中期开始参与地方土地利用总体规划，同时结合地理科学专业教学开展耕地资源管理研究，2006～2009 年攻读博士学位期间在导师西南大学资源环境学院谢德体教授和魏朝富教授的悉心指导下，对我国耕地数量管理和质量管理问题进行了较为系统、深入地研究，围绕耕地资源管理主题在《资源科学》《水土保持研究》等权威核心刊物上发表多篇学术论文并完成博士论文《中国耕地警戒值研究》。长期从事相关教学、研究以及攻读博士学位期间的学术积淀，为申报该领域高水平纵向项目提供了丰富的经验和厚重的前期成果。通过精心准备、细心策划、科学严谨地撰写项目申报书，2010 年国家社会科学基金西部项目"西部地区耕地保护的经济补偿机制研究——基于耕地保护管理行为主体的视角"获批；2014 年四川省教育厅创新团队建设项目"区域人文资源开发利用研究"获批。本书就是依托项目核心内容而写成的、系统研究我国西部地区耕地保护经济补偿机制的一部专著。

　　本书在综述耕地保护与经济补偿研究已有成果基础上，结合西部区域实际，建构了西部地区耕地保护目标—实施载体—补偿受偿行为主体—经济补偿机制的理论架构。注重定性描述与定量分析相结合，注重运用区域性耕地资源统计数据并辅以适度问卷调查资料，注重西部区域性问题研究与全国性普遍问题分析相结合，从不同微观行为主体角度对我国西部地区耕地保护经济补偿机制进行实证研究，包括地方政府转变耕地用途的经济负补偿机制、以粮食贸易为基础的地方政府耕地保护外部性价值区际补偿机制、西部地方政府和城镇居民集约利用城镇用地助推耕地保护的经济补偿机制、西部地区乡村人口城市化助推耕地保护的经济补偿机制、以耕地质量建设工程为载体的西部地区耕地经营者"以工换酬"耕地质量保护区内补偿机制。在对研究成果进行全面总结基础上，从国家和西部地区层面提出西部地区耕地保护经济补偿的政策性建议。本书数据殷实、观点新颖，论证过程有理有据，语言朴实、结构严谨、篇幅适中，适合作为国土资源管理、农业经济管理、城乡建设管理等部门业务培训参考，以及农业经济、土地管理与规划、人口城市化、人文地理与城乡规划等相关领域或专业的师生和研究者阅读参考。

　　本书在资料收集、田野调查、资料处理和图件制作过程中，得到了绵阳师范学院资源环境工程学院老师和硕士研究生贾祥飞、2007级、2008级和2009级地理科学专业本科学生，成都师范学院史地与旅游学院2013级和2014级地理教育专业学生、2015级人文地理与城乡规划本科专业学生，绵阳中学地理教师师子龙，新疆肖怀强同学的大力支持；在撰写过程中参阅了大量正式发表或出版的文字、图件成果，项目鉴定与结项得到了四川省社会科学联合会及其相关专家、绵阳师范学院科技处、成都师范学院科技处的大力支持，专著出版得到成都师范学院"引进人才"科研启动项目经费、四川省教育厅创新团队建设项目经费支持。在此，对关心和支持本成果的所有单位、专家和师生、参考文献作者一并表示感谢！本著作内容涉及学科领域较多、交叉性强，加上著者水平有限，书中疏漏之处在所难免，欢迎广大读者不吝赐教。

作　者

2017年1月于成都师范学院

目　　录

第一章　绪　论

第一节　研究区概述

1999 年，中共中央正式出台西部大开发战略，所涵盖的 12 个省、自治区和直辖市所在的地域范围包括陕西、甘肃、宁夏、青海、新疆、四川、重庆、云南、贵州、西藏、广西和内蒙古，其地域范围与自然地理意义上的中国西部有所不同。本书的研究区域即为上述范围。

西部地区地域范围经历了一个发展变化过程。1986 年，第六届全国人民代表大会第四次会议通过的《中华人民共和国国民经济和社会发展第七个五年计划》将全国划分为东、中、西三大地带，其中，西部地带包括四川、贵州、云南、西藏、陕西、甘肃、青海、宁夏、新疆 9 个省（自治区）；1997 年，第八届全国人民代表大会第五次会议通过设立重庆直辖市的决定，西部地带增加到 10 个省（自治区、直辖市）；1999 年，中共中央正式出台西部大开发战略，西部地区在西部地带基础上再增加内蒙古、广西 2 个省级行政区，以及湖南湘西土家族、苗族自治州和湖北恩施土家族、苗族自治州等地。此后，西部地区的地域范围未见扩展，但地、市、州或县级行政区或有变动，到 2010 年年底，西部 12 省（自治区、直辖市）包括 130 个地区，1077 个县级行政单位，国土面积 538 万 km^2，占全国国土面积的 56%。

西部地区耕地资源总量为 4495.05 万 hm^2，占全国耕地总量的 37%（图 1-1）。用区域粮食单产比全国粮食单产得到粮食产量因子，粮食产量因子与耕地自然公顷的乘积就是耕地的标准国家公顷，利用标准国家公顷更能够较为准确地评价西部耕地在全国的地位。经计算，西部地区 2010 年耕地的标准国家公顷为 3860.61 万 hm^2，占全国的 31.72%；同年，西部 12 省（自治区、直辖市）的人口总数仅占全国 26.90%。西部 12 省（自治区、直辖市）人均耕地面积平均值为 0.1283hm^2，比全国的人均耕地面积高 40.53%；除广西（0.0873）、四川（0.0787）和重庆（0.0733）外，其余 9 个省（自治区、直辖市）均高于全国平均值。

将耕地面积除以国土面积得到耕地系数，耕地系数大小反映区域经济活动的强弱，进而揭示人地关系的紧张程度。西部地区的耕地系数为 0.0665（图 1-2），相当于中部地区的 23.56%、东部地区的 24.02%、全国均值的 51.95%。

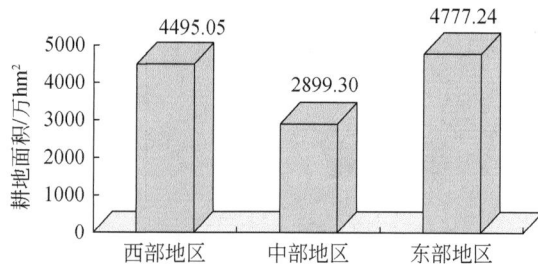

图 1-1　西部地区耕地面积与中部、东部对比

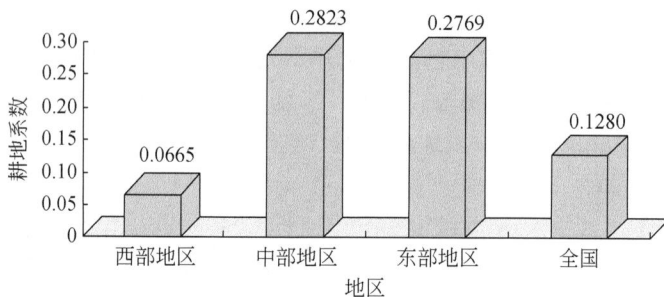

图 1-2　西部地区耕地系数与中部、东部、全国对比

分析表明,西部地区耕地资源占全国的比重远远高于西部人口占全国的比重,人均耕地面积也远高于全国平均值,耕地系数远低于全国平均水平。这些都说明西部耕地资源在全国的地位十分重要。

第二节　耕地保护与经济补偿研究进展

一、区域耕地资源价值研究

耕地有多种解释[1-8],将耕地一词视作名词词组,立足于土地,按照利用方式将其限定在种植农作物范畴下定义是通行做法。耕地作为种植农业用地,必然就有产出,当然就有价值。在耕地资源价值认识方面,耕地除了直接性农产品生产收益外,还有社会(保障)价值[9]、环境生态价值[10, 11]。社会价值又分解为粮食安全价值和就业保障价值,陈昊等[12]认为耕地发展权也属于社会价值。土地资源价值分为使用价值与非使用价值[13]、农地价格划分为农地物质价格及资本价格[14]、农地价值是由农地生产力决定的质量价格,还包括农地的社会保障功能及粮食安全功能等无形价值[15]。蔡运龙等[16]、李翠珍等[17]提出经济产出价值、生态服务价值、社会保障价值组成了耕地资源价值体系,陈丽等[18]认为社会稳定、农民失业保障、基本生活保障等构成耕地资源社会价值体系。在研究方法方面的探索成果也较多，如土地价值理论计算模型与实证研究[19]，耕地生态价值探索[20-22]，运用生态学方法对耕地生态系统服务价值的模型设计与实证研究[23-26]。

耕地价值采用多方法相结合的综合价值评价法进行研究。耕地生态价值评价常用方法为参数比照法等，参数比照法是在已测算的某一特定生态服务功能价值或效益的基础上，依据待评估生态系统的生物生长量，通过修正得到该生态系统服务功能或效益的评价方法。陈仲新等[27]、张志强等[28]、高清竹等[29]、王宗明等[30]都对Costanza[10]的全球尺度生态系统服务价值参照体系进行了实证研究，谢高地等[31, 32]改进了Costanza的评价方法，从生态系统的气体调节等9项生态服务功能角度，建立了基于专家知识的生态系统服务价值评估体系，然后依据对生态专家进行问卷调查的数据编制"中国陆地生态系统单位面积生态服务价值当量因子表"，肖玉等[33]、梁守真等[34]、周飞等[35]对谢高地的改进进行了实证研究；牛海鹏等[36]依据谢高地等的"一个生态服务价值当量因子的经济价值量等于当年全国平均粮食单产市场价值的七分之一"的研究结论，构建了基于粮食作物播种面积的单位当量因子价值量模型，测算了河南省焦作市耕地生态服务产品的外部性价值。耕地的粮食安全价值评价方面，刘慧芳[15]、李翠珍等[17]、陈丽等[18]、牛海鹏等从保障农产品总供给角度，依据替代原则，运用影子价格法，以新垦耕地的投入成本及收益损失之和表示无限年期耕地粮食安全价格，再利用收益还原利率计算单位耕地面积的年度粮食安全价值；周建春[37]、辛辉[38]等运用国家对占用耕地行为主体收取的费用与国家保护耕地支出的费用之和作为粮食安全价值。耕地的就业保障价值评价方面，霍雅勤等[19]用失业保险价值与养老保险价值之和作为就业保障价值，牛海鹏等[36]用耕地承担的社会保障人数与农村最低社会保障的乘积作为就业保障价值，陈会广等[39]借鉴我国城市的社会保险来计算单位面积耕地的就业保障价值，其值等于人均社会保障价值与人均耕地面积的比值。耕地发展权的价值评价方面，提出对依据国家土地利用规划而将耕地只作为种植业用途而丧失改变其用途取得更大效益的机会进行补偿，其值等于耕地转为建设用地的年纯收益与耕地农业用途的年纯收益之差。

条件价值评估法（CVM）也是耕地价值研究的重要方面。条件价值评估适用于评估那些缺乏实际市场和替代市场交换的商品的价值，是公共物品经济价值评估的重要方法[40]；陈明健等[41]在对不同耕地比重和不同粮食自给率进行假设的条件下评价耕地的粮食安全效益；运用条件价值评估法实证研究保护耕地的非市场价值的居民支付意愿，武汉为 59 171 元 /（hm^2·年）[42]，江汉平原为 $5.31 \times 10^8 \sim 6.46 \times 10^8$ 元 /（hm^2·年）[43]；牛海鹏等[36]主张采用由当量因子法和替代-成本法集成的综合方法、条件价值评估法评价一个国家或区域的耕地保护外部性，其中，前者的结果可以作为外部性价值的最高标准，后者可以作为最低标准。辛辉[38]将耕地资源社会保障价值方法[19]、安全价值评价法[37]、生态服务价值[31]和蔡运龙[16]的生态服务价值区域修正系数相结合评价沈阳耕地外部性。

二、区域耕地保护与经济补偿研究

耕地资源价值属性与结构研究，从理论和实证两个视角证明了开展耕地保护研究及对耕地保护者进行经济补偿研究具有现实意义。那么耕地保护和补偿研究进展如何呢？

（一）区域耕地保护及成效研究

耕地保护是法律、行政、经济、技术等多种手段和措施相结合，确保耕地的数量不减少和质量不降低的行为。耕地保护概念的提出源于我国改革开放初期土地管理不严和经济建设占用导致耕地数量逐年以较快的速度减少、人多地少的矛盾日益突出，以及耕地地力下降、污染日益严重和耕地资源的有限性等问题[44, 45]。建立在耕地数量减少变化和耕地质量下降变化基础上的耕地保护概念，一般都是围绕耕地数量不再减少、质量不再降低两个维度，用耕地保护措施界定耕地保护内涵，如通过建立土地管理机构与严格占地审批、用养结合与农业环境保护[46,47]，通过清理非农业建设用地摸清乱占耕地情况、改变以权代法、不批就占和越权审批等无政府状态、编制土地利用总体规划并提出建设占用耕地控制指标、制定征收土地使用税和土地使用费等有偿使用办法，冷静对待农户建房热和控制宅基地占地[48]等保护措施，保护现有耕地数量不再减少[49-51]、培肥地力和控制土地污染等耕地保护方向[46]。

《中华人民共和国土地管理法》（以下简称《土地管理法》）从耕地数量保护和耕地质量保护两个方面，对耕地保护内涵进行了具体界定，即严格控制耕地转为建设用地和实行基本农田保护制度，占用审批要严格执行土地利用总体规划和年度计划，经批准占用的耕地实行占用耕地补偿制度，禁止占用基本农田发展林果业和挖塘养鱼；在保护和改善生态环境、防止水土流失和土地荒漠化的前提下，开发未利用土地、整治闲散地和复垦废弃地，适宜开发为农用地的应当优先开发成农用地。各级地方人民政府应当采取措施维护排灌工程设施，改良土壤、提高地力，防止土地荒漠化、盐渍化、水土流失和污染土地；鼓励按照土地利用总体规划对田、水、路、林、村综合整治，改造中、低产田，提高耕地质量，增加有效耕地面积，改善农业生产条件和生态环境[50]。刘洪志等[51]提出的耕地质量保护、数量保护、时间保护、空间保护、生态保护的"五保护观"与国家土管理法的耕地保护内容具有一致性。

1）区域耕地数量保护研究。学术界关于区域耕地数量保护研究的成果非常丰富。自国土资源部在全国范围部署开展保增长、保红线行动以来，区域耕地红线一直是关注或研究的热点，已有的成果包括全国耕地保有量的测算[52]、不同等级耕地保有量的测算[53]，还有如郊区耕地保有量[54]、土地利用总体规划中的耕地保有量[55, 56]、不同尺度的省级行政区域耕地保有量[57]、市级行政区域耕地保有量[58, 59]、县级行政辖区耕地保有量研究[60]等。在区域耕地保有量相关研究的已有成果[61-63]中，关于西部地区耕地保有量的研究仅涉及部分省（自治区、直辖市）[64-66]，尚未见到西部地区的区域耕地数量保护研究成果。此外，围绕耕地数量保护进行耕地红线的研究成果中，最小人均耕地面积[67-70]、人均耕地阈值[71, 72]等方面已有较好的基础，不但明确了概念，还在研究方法上构建了数学模型；在人均耕地警戒线／值的概念方面，自杜发明使用联合国提出的人均耕地警戒线[73]一词以来，国内众多学者进行了跟进研究，建立了耕地警戒线或警戒值的理论模型并进行了实证研究[74]，为区域耕地数量保护的相关决策提供了有益参考。

2）区域耕地质量保护研究。20世纪90年代以来，对不同空间尺度的耕地质量及其管理研究积累了大量成果。区域耕地质量保护最终的目标是保护单位面积耕地的生产能力。耕地质量保护研究始于耕地质量的状况及其变化而引起的担忧。如张凤荣等[75]对2050年前的中国耕地质量变化从预测角度进行了阶段性分析；郑海霞等[76]在耕地总量动态平衡下探讨耕地质量状况；孙英兰[77]、陈印军等[78]基于中国耕地质量状况系统分析得出耕地质量整体偏低，认为没有质量的数量同样令人担忧。全国尺度的耕地质量保护研究主要集中在耕地质量保护的内涵[79]、重大意义[80-83]、措施[84]等方面，耕地质量保护措施主要包括采取技术措施等长远方式保护耕地质量，通过土地整理、中低产田土改造等，采用"用地""养地"相结合方式，提升地力。对于像我国这样一个发展中国家来说，要保障城乡居民的粮食安全供给，耕地质量保护是关键。通过目前拥有的各种手段，提高各行为主体如耕地经营者、政府及村组集体对耕地质量保护的认识，因地制宜地制定相关区域耕地质量保护的政策、法律、法规，并在实践中逐步完善。相比较而言，区域耕地质量保护研究主要集中在一些省级行政区及其管辖的市、县级地方性尺度的研究。在地方性尺度的耕地质量保护研究方面，针对西部耕地质量变化研究较多、耕地质量保护研究相对较少，如紫色土的耕地质量变化情况[85]、耕地质量建设问题[86]、农牧交错区耕地质量保护及其影响因素[87-89]、丘陵区的新增耕地质量[90, 91]。耕地质量除了受到耕地自然属性影响外还受到耕地经营者的投入水平、管理方式、种植模式等诸多行为因素制约，是自然属性和耕地经营者行为共同作用的结果[87]。有学者对土地整理如何有效改善耕地质量、提升耕地质量等问题进行了针对性研究[92, 93]，提出西部地区耕地保护目标不应该是耕地数量而是耕地质量，西部五分之一的土地承载力超负荷，严重的水土流失和土地退化影响到耕地质量[94]，优质耕地资源紧缺、中等质量的耕地和优质耕地都需要保护[95]。为了进一步强化耕地质量保护，辽宁、湖南、天津、浙江、甘肃、江苏等省市的地方政府自 2006 年以来相继出台了《耕地质量管理办法》，四川中江、北京大兴等地已经布设了适时掌控耕地质量变化的耕地质量等别监测点[96]。地方政府的系列举措将耕地质量保护从学术研究层面推向了耕地管理实践领域，为区域耕地质量保护研究提供了依据。

我国尤其是西部地区为了抑制耕地数量进一步减少，施行了世界上最严格的耕地保护政策[97]。但耕地保护效果与预期目标之间存在明显的落差，西部耕地数量占全国的地位明显下降。耕地保护制度和政策失灵[98]、城市化和工业化过程中大量耕地因建设而流失的客观趋势[99]、城镇远郊耕地被撂荒、近郊耕地被占用的客观经济现象[100]、耕地保护的社会效益与经济效益相矛盾[101]等问题在西部地区表现十分突出，过于依赖行政法律手段实行耕地保护，忽视经济手段的重要性可能是这些问题出现的主要原因[102]。要保护西部耕地资源，必须进一步研究出现政策失灵的原因，寻找新的耕地保护机制。

（二）耕地保护外部性内部化研究

1. 研究国外关于耕地保护外部性的理论与补偿实践

从亨利·西奇威克认识到外部性的存在[103]、阿弗里德·马歇尔在 1890 年提出外部性概念[104]，直到 20 世纪 80 年代，国外学者才认识到耕地保护具有包括空气与水净化、开敞空间、景观、野生动物栖息、保存乡村生活方式等外部性[105]，对耕地外部性的存在达成了共识，并对耕地外部效益的具体内容进行了研究[106]。尽管后来的学者从不同的研究侧面对耕地外部效益有不同的解释[107-109]，但都认为耕地的环境效益、发展效益和社会效益等非市场效益属于耕地的外部效益[110, 111]，忽视耕地外部效益就会导致耕地外部效益供给不足[106]，这成为耕地保护和经济补偿的重要依据。庇古津贴与税收[112]是国外耕地外部性内部化研究中的政府补贴与税收的重要支撑。

庇古津贴与税收手段分为正向激励和负向约束两种机制。①正向激励就是国家通过农地补贴现金方式直接增加农户收益，鼓励农户休耕、轮作或者加大对农地投入；通过实行农地减税、免税优惠政策减轻农民的税费负担，提高农民保护农地的积极性。美国、日本、欧盟的一些国家都实行农业直接收入补贴制度，其中，日本在明治维新时期就以土地改良为载体进入了农业补贴时代[113]；欧盟一些发达国家或地区已形成了较完备的农业补贴政策体系[114]；美国农业补贴始于 20 世纪 30 年代 [115, 116]，补贴金额从 1933 年的 1.31 亿美元增加到 2000 年的 228.96 亿美元；2008 年农业法案规定美国政府此后的 5 年中用于农业补贴的总金额要达到 2880 亿美元 [117]，照此计算，在 2009～2013 年，美国年均农业补贴金额为 572 亿美元。20 世纪 80 年代中期至 90 年代初期，美国通过实施"保护储备计划"（CRP），对参加计划的农户进行经济补贴 [118]，每年投入数百万补贴资金保护农地 [119]。日本的大米价格高于国际市场数倍，仍然花费大量资金保护大米自给以保护水田存在和维护生态环境 [120]。英国也制定了用农业补贴或补助来激励农场主保护耕地的政策。②负向约束就是通过对农地非农化的转让环节征收较高转让税，提高土地需求行为主体的土地转让成本，限制农地非农化流转，延缓开发速度，同时为农地保护项目提供资金支持，实现农地保护目标。税收手段产生于 20 世纪早期的美国土地利用分区管制政策实效后，农户于 20 世纪 60 年代开始从农地减税或免税的差额税收政策中直接受益，土地捐赠者得到收入和不动产税收优惠。美国还对农地转让涉及的农地所有者、买方或开发商等征收影响费，一方面补偿土地性质的转变给公众带来的危害，另一方面提高转让成本，限制用途转变，降低城镇开发占用农地的可能性。20 世纪 80 年代以来，韩国也通过对企业非生产性用地和拥有过多住宅用地课重税的方法来控制非正常土地需求以保护农地 [121]。20 世纪 90 年代后期，以色列新的农地保护理论从经济和财政制度的规划和文件方面，重视农地的正外部效应 [122]，使保护农地与保障粮食安全、保护生态环境、保护景观消费及可持续发展紧密联系。

向农地保护者发放补贴或者减税，都需要确定补贴或者减免标准。国外学者研究耕地外部性的非市场价值常用条件价值评估法、特征价值法（HPM）等方法并确定补偿标准。如 Bowker 和 Diychuck 为保护加拿大新不伦瑞克地区的农地不被转为城市用地，采用条件价值评估法评估了当该地区分别保存 2.375、4.75、7.125、9.5 万英亩①的农地时，平均每户每年愿意支付 49.07 元、67.64 元、78.49 元、86.20 元的补偿费 [123]；奥地利为了保护农地环境效益，Pruetz 等运用条件价值评估法评估了居民每人每天愿意支付 9.20 奥地利先令的补偿费 [124]；Dorfman 等运用条件价值评估法对农地保护中不同情形的非市场价值进行了评估，该方法在美国、英国、法国、加拿大等发达国家农地非市场价值评估领域有广泛应用 [125, 126]。Irwin 运用特征价值法研究马里兰州耕地等开敞空间外部性价值影响其周围住房价格情况，发现如果将耕地转化为商业或工业用地，则其周边的住房价格将平均下降 4450 美元，如果将耕地转化为低密度的居住区，则其周边的住房价格将平均下降 1530 美元 [127]。

---

① 1 英亩 ≈ 0.405hm²。

2. 国内耕地保护外部性内部化研究

耕地经营管理中的外部性就是一个经济主体对另一经济主体产生的、又不能通过市场价格进行买卖的一种外部影响[128]。外部性收益是耕地总价值的主体[16, 19]，但耕地外部性收益在市场机制下的外溢特性，以及个人耕地保护所带来的收益被其他社会成员分享，使耕地经营与管理者的比较经济效益低下，降低了其保护耕地的积极性，不利于耕地的保护[129]。耕地经营与管理者投入劳动力、资金、管理技术与智慧等生产要素，在从事农业生产过程管理、土地资产管理等耕地经营与管理活动中，会自觉或不自觉地没有承担全部成本或没有享受全部收益，这些外部性效益需要补偿。

关于耕地保护外部性内部化的补偿机制有多种观点。一是市场杠杆方式，如张安录[130]提出设置土地的可转移发展权，通过发展权的市场交易，运用市场杠杆控制城乡生态经济交错区的耕地城市流转，以激励耕地保护；杨珍惠[131]提出农用地指标有偿转用，其收益作为耕地保护基金并在全国范围内统筹用于耕地保护。二是税收与津贴方式，如田伟[132, 133]提出利用税收杠杆保护耕地，黄贤金等认为税收、津贴和可拍卖许可证制度等激励计划相对于法律、法规和行政计划管理耕地更有优势；朱新华等[134]提出 GDP 增长提成、机会成本税及市场调节相结合方法，在机制运作方面要在产销区市场途径及政府调控作用下，合理界定税费的收、交主体与额度，制定可行的征收办法；苑全治等[135]提出政府通过征税或补贴矫正当事人的私人成本或利益，在我国耕地保护指标从上到下分解的框架下，地方具有独立经济人特征，按照庇古方式，耕地保护经济补偿可以采用横向转移支付方式。三是多手段结合的一体化方式，如牛海鹏[136]认为可以采取区内、区外相结合的补偿方式，其中区内补偿可以采用农业保险、社会保障、实物技术货币相结合的"一体化"，区外补偿可以基于上级政府调控下的区际政府协商和财政转移支付的方式。四是奖励与惩罚方式，如钱忠好[137]认为采取奖励或惩罚手段调控经济当事人特别是地方政府和非农企业占用耕地的成本收益预算线，有利于激励耕地保护和约束用途转变。出于公共利益需要，国家利用土地规划等行政手段严格限制了耕地向建设用地转用权利，限制了农民及农民集体部分权利，造成农民及农民集体的权益损失[102]。依据土地利用总体规划，将耕地保护区作为土地发展权转让区，建设用地区作为受让区[138]，耕地保护者保护耕地不被建设占用的机会成本巨大。追逐耕地占用机会成本是耕地流失的重要原因之一，通过区域间的转移支付，平衡耕地占用利益，增加耕地保护区收益，可以改变耕地保护无利状态[139]。

（三）耕地发展权及转移补偿研究

在土地规划中，为保护耕地而限制耕地转化为商业用地，耕地的发展受到限制而形成耕地发展权[140]。

1. 耕地发展权及其转移理论与实践的国外研究进展

耕地发展权观念的构想和转移发展权的办法始于英国[141, 142]。耕地发展权与耕地所有权既可以同属于土地所有者，也可以与耕地所有权人分离[143, 144]。需要保护的耕地，可以采取一定手段让其发展权与所有权的所有者分离，使耕地用途转用受到相互制约，实现耕地保护目的[145]；但不同国家关于发展权与所有权分离的方法不同。

1947 年英国颁布的《城乡规划法》，以法律的形式在世界土地保护历史上创设了土地发展权，并规定一切私有土地的发展权转移归国家所有，土地所有者或其他使用者若想变更土地的使用性质，在实行开发之前必须先向政府购买发展权[141]。美国的土地发展权制度是在土地分区制度没有有效地防止城市对农地大量蚕食的情况下，于 1960 年仿照英国设置的。美国实行土地私有制，美国土地发展权归土地所有者；土地所有者将土地发展权转移后仍然可保留该农地继续耕种，但没有改变土地用途以获取更多利益的权利[146]。美国设立受限制的农地发展权转移大都以项目方式进行，通过发展权转移使受限制耕地的发展权得到补偿，所有者保护农地的热情受到激励，通过鼓励城区土地高密度集约利用以减小城市扩展占用农地的压力[147, 148]，达到保护农地的目的。美国的土地发展权转移制度主要由 1968 年建立的土地发展权转让（TDR）制度和 1974 年建立的土地发展权购买（PDR）制度组成[149]，其中，发展权转让制度与法国 1975 年改革土地政策中推行的开发土地建设权法定上限密度限制类似，在法国超过法定上限密度的开发权归政府所有，开发商需要向政府购买[150]。发展权转让制度就是政府允许通过以购买方式，由开发商将农地保护区的土地发展权转移到土地开发区，并允许开发区的土地发展权以叠加的方式让购买发展权的开发商在土地开发区建设更高或更密建筑[139]。纽约市 1968 年首次引入发展权转让制度[151]，美国到 2007 年有 33 个州实施了 181 个 TDR 项目，受保护的农地、自然保护区和开敞空间多达 30 万英亩[152]。发展权购买制度由国家实施[153]，政府或非政府组织购买农地发展权，耕地所有者可交易除土地发展权外的其他土地权属并保持耕地农用用途而得到相应补偿[148]，发展权购买制度的推行受购买主体财力影响而受限，美国政府花费 15 亿美元仅保护了约 200 万英亩耕地[154]。追踪发展权转移实践，自 20 世纪 70 年代起，学术界对发展权转移等研究不断深入和发展，形成了大量研究成果[154-157]。日本、加拿大、新加坡、德国、韩国和中国台湾地区，受英国、美国、法国影响先后建立了发展权制度[150]。

2. 国内耕地发展权及其转移理论研究

发展权补偿在耕地保护中作用巨大并在发达国家或地区作为一种行之有效的方式在推行[158]。尽管国内在以土地利用总体规划为依据的土地用途管制制度和农地转用制度中实际上也存在着农地发展权问题[159]，但除重庆以"地票交易"形式存在的发展权转移个案[160]外，发展权补偿在国内没有得到全面认可，或者没有从土地管理制度上设立耕地发展权及其补偿制度[142, 161]。土地征用政策及征地行为侵害着耕地所有者的耕地发展权，其补偿也很少从土地发展权的角度去考虑[162]，土地发展权缺位影响农民对土地增值的共享[163]。为了适应耕地使用管制和保护需要，我国应该创立耕地发展权[142]，基本农田保护区规划将大片的优质农业用地划为保护区以限制转化为商业用地，使保护区耕地发展权受到限制，耕地农用限制牺牲的发展权应予补偿[161, 164]。那么耕地发展权的经济价值补偿给是谁、补偿多少、怎样补偿，就涉及发展权的归宿、补偿标准和补偿方式等问题。

有人认为与土地利用规划、土地用途管制和城市建设投资效应外溢密切相关的耕地发展权归国家所有[142, 165]；有人主张耕地发展权属于国家和农民集体共同分享[166, 167]的二元主体；耕地发展权属于农民集体所有[140, 168, 169]的观点相当普遍，认为发展权归农民集体所有，耕地所有者可以在向国家出售发展权中得到经济补偿，分享工业化和城市化带来的利益，同时，耕地发展权的设立与价值补偿提高了建设占用耕地的经济成本，间接起到耕地保护的作用。按照市场机制转移发展权，对建设用地指标和耕地保护指标重新配置，建立耕地保护区和土地开发区之间的利益互补机制[170]，也可以通过基本农田易地代保和基本农田保护指标调剂而获得的补偿，还可以实现农地用途的非农化而带来的增值收益进行分配，进行农地发展权收益补偿[171]。

耕地发展权价值就是耕地开发转为不同用途带来的增值收益价值，耕地开发方向是用于非农建设用地的最高用途，发展权价值可通过非农地最高用途价值与农地农业用途价值之间的差额来计算[152, 172, 173]。臧俊梅等[174]提出承保区和投保区概念，耕地资源多或耕地转用收益低的区域充当承保区，耕地资源少或耕地转用收益高的区域充当投保区，承保区承担投保区的耕地保护任务，放弃耕地转为建设用地的机会成本损失由投保区进行补偿。耕地发展权的补偿标准按照建设用地与耕地的收益之差计算。任耀等[144]提出耕地发展权价值包括四部分、归属三类所有，即自然增值归农民集体所有、人工增值归农民所有、用途转换增值和政策增值归国家所有。任艳胜等[143]以资产定价理论（CAPM）为基础，采用条件价值评估法构建限制开发区耕地发展权补偿标准模型，并以宜昌、仙桃等地部分地区为研究区域对补偿标准进行了实证分析。汪晖等[162]、王莹[167]依据农地转为建设用地的政府行政审批需要同时满足新增建设占用耕地指标（建设占用耕地规划指标）、基本农田保有量指标、补充耕地量指标的要求，提出这三项指标构成耕地发展权束，可以通过构建耕地发展权束中各子权利的交易机制平衡区域利益。

国外发展权转移的实务和理论研究成果，引起中国学者将国外土地发展权制度引进到中国的浓厚兴趣。从对发展权的认知及主张看，中国学者对这一类研究主要有三个思路。一是基于产权束理念，认为发展权在国外是一项财产性权利，若需在中国"安家"，则理所当然也应作为一项财产性权利植入中国财产法律体系，江平[175]、臧俊梅等[176]、周建春[37]等学者明确主张将其作为用益物权在物权法中明文增列以健全中国土地权利体系。这一思路的逻辑起点是所有权权能的可分离性，20世纪以来各国城市化的加速推进和土地的大规模立体开发为发展权与所有权的分离奠定了社会条件，中国土地权利建设也应主动适应这一趋势，反映动态性的土地权利变动，亟须设置发展权以规范空间维度的土地开发关系。二是基于土地增值收益公平分享的理念，将土地发展权和农地非农化增值收益等同起来，进而提出土地发展权归属问题，并进一步将其转化和归结为对土地增值收益分配问题的讨论，提出了涨价归私、涨价归公、私公兼顾等不同主张[140, 177, 178]。这一思路的逻辑起点是将产权作为收益分配的依据，提出发展权归属是解决农地非农化增值分配的关键。近年来，中国地方政府将土地用途管制和土地征收"捆绑"实施，攫取了大部分农地非农化增值收益，引发了农民各种形式的抗争。这一思路的土地发展权研究通常以解决农地非农化增值收益分配问题为取向，认为农民应享有农地发展权，主张将发展权引入征地补偿机制，提高补偿标准，以确保失地农民"原有生活水平不降低，长远生计有保障"。三是谭峻等[179]、张蔚文等[180]、靳相木[181]、王守军等[182]、谭荣等[183]、张鹏等[184]将国外发展权转移的理论和经验运用到中国土地规划管理创新案例研究中，认为中国已经出现了本土的发展权转移与交易创新模式。这一思路的逻辑起点是行政管制，认为传统的分区规划与管制呈现"命令-控制"特征，缺乏对市场经济条件下动荡复杂环境的适应能力，需要将发展权转移作为规划管理的一个市场性政策工具引进到中国最严格的耕地保护制度框架中，借此实现中国土地用途管制、农地非农化管理和耕地保护制度的市场取向改进。

（四）以耕地盈余／赤字量为载体的经济补偿研究

耕地的区域分布具有不平衡性，这种不平衡性决定了按照耕地的人均需求量计算，有些地区的耕地有盈余，有些地区有赤字。主张以耕地盈余／赤字为载体进行经济补偿的学者认为，耕地盈余区多保护的耕地服务于耕地赤字区，因而耕地赤字区应该给盈余区进行补偿，这些学者重点关注的是区域耕地盈余 / 赤字的计算与分区，然后才是单位耕地的补偿标准和运行机制问题。区域耕地盈余 / 赤字测算有两种观点，具体如下。

1. 耕地面积测算观点

该观点主张依据各区域人口、消费水平、粮食播种面积单产、复种指数及粮食作物播种面积占农作物播种面积比重、粮食自给率等因素测算各区域基于食物安全的标准耕地需求量。以张效军[185]为代表的学者主张用区域的标准耕地存量减去维护本区域食物安全需求的标准耕地数量的方法计算耕地盈余 / 赤字量，周小平等[186]的区域耕地保护经济补偿研究、王苗苗等[187]的湖南省实证研究、雍新琴等[188]在江苏省耕地保护经济补偿实证研究、于洋等[189]的吉林的实证研究、毋晓蕾等[190]的河南省的实证研究都是采用这种方法，以柯新利等[191]为代表的学者主张用区际布局优化确定的耕地保护数量（先换算成为标准耕地数量）减去维护本区域食物安全需求的标准耕地数量，其差值若大于 0 代表耕地盈余，若小于 0 代表赤字，耕地赤字区按照赤字的面积根据一定的标准对耕地盈余区进行经济补偿。以吴泽兵等[192]为代表的学者主张按照设定的粮食自给率和区域内的粮食供应量计算区域粮食盈亏量，基于单位耕地面积的粮食产量将维护区域粮食安全的粮食盈亏量折算成为耕地面积，若大于 0 属于受偿区，若小于 0 属于补偿区。高艳梅[193]在广州和茂名的实证研究中、宋戈等[194]在东北粮食主产区耕地保护经济补偿研究中的补偿面积测算都是采用的这种方法。

2. 耕地综合水平测算与分区观点

以曹瑞芬等[195]为代表的学者，综合考虑耕地的数量、质量和生态属性，采用加权求和法计算耕地的综合水平及其效用值，以耕地资源综合水平效用值为依据，运用 Jenks 自然最佳断裂点法进行盈余 / 亏损分区。盈余 / 赤字耕地的经济价值补偿标准测算，与基于外部性价值补偿标准的计算方法不同。主要有以下四种观点。①以耕地资源商品经济价值、生态环境效益值、社会价值进行计算，其中，耕地资源商品经济价值包括市场条件下农产品纯收益价值和农产品社会平均利润修正值价值，前者在市场中实现，后者需要计入补偿范畴；耕地盈余区的生态环境效益对耕地赤字区有积极效用，鉴于度量积极效用的大小具有困难性，建议按照生态环境效益值的 30% 给予补偿；社会价值包括农民就业保障价值、粮食安全价值和耕地发展权价值，其中农民就业保障价值用城镇居民养老保险价值替代，粮食安全价值由耕地占用收取的年费用与保护耕地支出费用之和计算，耕地发展权价值用转为建设用地的年纯收益与耕地农业用途年收益之差计算[185]。后来，高艳梅[196]在此基础上增加了折扣价值并在广州和茂名进行实证研究，其中，折扣价值是指伴随着耕地的数量减少及其质量的下降而损失的价值，水土流失的折扣价值用耕地土壤形成与保护价值进行替代后，依据耕地不同地区的耕地生态系统的潜在经济产量在全国基准水平上修正得到折扣价值。②以耕地非农化收益和耕地资源价值（经济价值、生态价值和社会价值）为依据计算补偿标准，其中，耕地资源价值中只计算生态价值和社会价值中的粮食安全价值，耕地资源价值中的经济价值因在市场交换中已经实现不再计算，社会价值中的社会保障价值因城乡一体化而逐渐减弱故不再计算[191]。③以耕地综合价值修正法计算补偿标准，即用谢高地等[190]于 2008 年创立的综合价值法计算耕地综合价值，然后用皮尔生长曲线模型计算居民对耕地生态社会效益支付意愿和能力并修正耕地综合价值得出补偿标准。④认为保护耕地的农业用途就是丧失其发展权，可以用耕地发展权价值计算补偿标准。耕地发展权价值的实质是用于农业用途的耕地相对于非农业用途地块的机会成本损失，在具体计算时有两种算法，第一种算法认为农业用途的耕地机会成本损失为"单位面积建设用地上的第二、第三产业产值与单位面积耕地上的种植业产值之差"，该差值就是耕地发展权价值[194]；第二种算法认为将耕地转为建设用地进行"出让"，地方政府可以直接获取土地出让金收入，间接获取耕地非农化后的相关税收收入，城乡交错地带的单位面积耕地出让净收入是地方政府保护耕地的直接机会成本，利用还原利率和 50～70 年综合用地出让年期，将土地出让净收入折算为建设用地使用权年收益，就可以得到耕地农业用途时的年机会成本损失量。由于建设用地出让价格由城市中心向农村递减，到边远地区其出让价格可能为 0，于是取城郊最高出让收益和远郊出让收益值 0 的平均值，作为保护耕地农业用途的机会成本，也即耕地发展权价值[188]。

关于补偿主体和受偿主体的问题，耕地盈余区为受偿主体、赤字区为补偿主体的观点已经达成共识，但不同的学者在提法上有些差别，如张效军等[185]、朱新华等[134]提出粮食主销区对粮食主产区经济补偿；马文博等[197]提出发达地区对欠发达地区进行区域补偿；牛海鹏等[36]提出在区际补偿基础上，区内补偿的接受主体是耕地直接利用者或经营者，给付主体是区内非耕地利用者或经营者。

（五）以农业补贴为载体的经济补偿研究

党的十七届三中全会提出建立粮食主产区利益补偿制度，受到学术界的广泛关注，对其研究主要集中在谁是补偿主体和补偿客体、补偿目标、补偿标准和运行机制研究等方面。

1）粮食主产区利益补偿主客体研究。有三类主流观点。一是单主、客体观点，即将农户或粮食主产区作为补偿客体，将国家政府或粮食主销区作为补偿主体，如马有祥[198]认为保证生产者从粮食生产中得到应有收入粮食安全才有保障，王雅鹏[199]、沈淑霞[200]认为建立对种粮农民的利益补偿长效机制是保护和调动农民种粮积极性的关键,翁贞林等[201]认为主销区应该用直补资金补贴主产区农民。二是双客体观点,将粮食主产区及其农户作为补偿客体,如万宝瑞[202]、朱泽[203]、韩俊[204]认为保障国家粮食安全,应加快探索建立粮食主产区和粮食生产者利益补偿机制。三是多主体、多客体观点,如贾贵浩[205]提出保险公司和农户分别是"巨灾"条件下的利益补偿主、客体,政府是向从事农业保险的保险公司进行业务费、税收等经济补贴的主体。

2)粮食主产区利益补偿的目标研究。有三类主流观点。一是单目标论,即增加农户收入或补偿种地机会成本、外部性损失或提升地方财力水平,如牛若峰[206]、柯炳生[207]认为农业政策应以增加农民收入为主要目标,王姣等[208]、李红[209]认为农业机械购置补贴增加了农民收入、对农机经营专业户的增收效果更为显著,亢霞[210]认为粮食直接补贴政策若以增加农民收入为目标其效果直接有效,朱新华等[134]认为粮食补贴补偿了粮食生产带来的外部性,吴泽斌等[192]认为粮食补贴能够弥补种粮的机会成本,康涌泉[211]认为利益补偿机制能够推动粮食主产区人均财力赶上全国平均水平。二是双目标论,即利益补偿在于增加粮食产量或保障粮食安全和增加农户收入,如朱红根等[212]认为粮食扶持政策在于鼓励农民多产粮食、增加粮食供给和粮农收入,而王小龙[213]则认为能够促进农民增收和保障粮食安全。三是多目标论,如王来保[214]、叶慧[215]认为补贴政策的目标是保持农田面积、维护粮食产量和价格、增加农民收入和保护生态环境,田建民[216]提出以中央财政为主推进农业基础设施建设、农民种粮补贴和粮食主产区工业化、城镇化进程,马爱慧等[217]认为补贴目的在于农民增收、粮食安全和耕地保护。

3)粮食主产区利益补偿标准研究。一类是选取参照方法确定粮食主产区利益补偿额度,如陈波等[218]以种粮机会损失为参照将粮农职业转移成本与机会成本的差额作为补偿下限,蒋和平等[219]提出按粮食采购价10%~12%的比例由国家向主销区提取粮食安全基金补偿主产区。另一类是设计经济补偿计算方法进行实证研究,如张忠明[220]认为补偿数量等于需要补偿的耕地面积与单位耕地面积补偿金额的乘积,实证研究了全国标准;王有国[221]提出以粮食商品量为依据按主销区平均额度补偿,以当年商品粮调出量为依据按全国粮食产量折算地方财政收入补偿粮食主产区(国家补偿黑龙江的标准)进行实证研究。

4)粮食主产区利益补偿机制研究。有三类主流观点。一是主销区以供销合作关系为纽带补偿主产区,如赵宇红等[222]提出以粮食贸易为主型的贸易经营型合作机制;叶晓云等[223]提出龙头企业和产粮大户到主产区投资,组建大型跨区域粮食集团的产销合作机制;刘先才[224]提出主销区到主产区建设粮食基地的产销区对接机制;贾贵浩[205]提出建立农业生产发展基金用于粮食主产区农业生产基础设施建设的销区反哺产区机制;张海姣等[225]提出粮食跨区域交易对粮食主产区实施双重利益补偿机制。二是用国家财政资金支持粮食主产区的利益补偿机制，如潘刚[226]从多角度论证了中央财政统一支持的利益补偿制度，刘金荣[227]认为应加大中央财政投入完善主产区农业基础设施，建立补贴与出售商品粮挂钩，能增能减、能进能出的奖励制度。三是蒋和平等[219]提出国家财政资金引导主销区财政资金支持主产区发展的补偿机制。

三、小结

随着对耕地内涵认识的不断深化、经济发展对耕地需求的不断增加，对耕地资源价值、耕地数量保护和耕地质量保护研究成果不断涌现，耕地保护实践逐渐取得实效，但同时还存在耕地保护法执行不力、行政管理失效，耕地数量不断减少与质量不断降低等问题。于是，运用经济补偿手段保护耕地的国外研究与实践成果受到国内学者的重视，自 20 世纪 80 年代中期以来，国内就有学者针对改革开放与经济发展引起的耕地快速减少问题，提出运用经济手段抑制行为主体的减少耕地行为。30 多年来，国内在引进与介绍、学习与借鉴国外成果的基础上，围绕耕地保护外部性及内部化研究、耕地发展权及转移补偿研究、以耕地盈余/赤字量为载体的经济补偿研究、以农业补贴为载体的经济补偿研究等主题，从多角度、多层面，全方位地开展了耕地保护经济补偿的理论研究，在多区域形成了丰硕的实证研究成果。本书围绕区域耕地资源价值研究、区域耕地资源保护与经济补偿研究等专题，查阅、学习并引用了 31 篇国外耕地保护经济补偿文献的主要观点，对国内 1981 ～ 2015 年的 193 篇主要文献进行综述。国内研究成果尽管丰富，但仍然存在覆盖面不够、研究方法单一、成果的应用性不强，特别是对我国西部地区耕地保护研究成果较少且缺乏系统研究成果的特点。本书基于耕地保护与管理行为主体，构建西部耕地保护经济补偿的理论框架并开展实证研究，为西部耕地保护及补偿政策制定提供参考。

第三节　研 究 意 义

2007 年，国务院《政府工作报告》明确提出 2020 年要保住 $1.20 \times 10^8 \ hm^2$ 耕地红线不能突破。《全国土地利用总体规划纲要（2006—2020 年）》将 2020 年的耕地保有量约束性指标也确定为 $1.2 \times 10^8 \ hm^2$。相关资料显示，2007 年全国耕地 $12\ 173.52 \times 10^4 \ hm^2$，仅比 2020 年的耕地红线目标 $1.20 \times 10^8 \ hm^2$ 多 $173.52 \times 10^4 \ hm^2$，2007 ～ 2020 年的 13 年中，包括自然灾毁在内的年均可用指标仅 $13.34 \times 10^4 \ hm^2$，其间正是我国经济高速发展、实现中华民族伟大复兴的关键时期，要协调耕地保护红线目标不突破与经济发展争夺土地空间之间的矛盾，必须研究耕地资源现状、发展变化过程特点和现存耕地数量和质量保护的举措。

鉴于西部耕地资源在全国的地位重要、西部地区人口占全国的比重低而耕地占全国的比重高等特点，要保住 2020 年的耕地红线目标，必须研究西部的耕地资源变化与保护问题。发展相对缓慢的西部经济地域相对于更为发达东部、中部，在耕地资源保护上有更大的回旋空间。东部、中部经济发展与耕地保护目标的矛盾异常突出，西部是我国的经济欠发达区域，地域辽阔，单位土地面积的经济密度相对较小，耕地保护的回旋余地大。研究西部耕地资源变化、行为主体耕地保护的经济困境，寻找既能够保护西部地区耕地数量和质量，服务国家耕地红线保护目标，又能在保护耕地中促进西部地区经济发展的途径，为西部耕地保护的经济补偿研究提供科学依据，为实现全国的耕地保护目标作贡献。

从长期战略看，从微观行为主体的角度研究我国西部地区耕地保护经济补偿，有利于实现"两促进一推进"目标。①促进西部地区人和地理环境之间构成和谐的人地系统。人与地理环境之间，特别是人与耕地之间，相互作用、不可分割，形成具有动态变化特性的特殊关系。在西部地区的特殊人地系统中，生态环境脆弱，耕地经营者除了主动向自然索取财富外，还需要有目的地保护自然环境，特别是保护耕地。实践中，随着西部大开发战略的实施，社会经济发展、人口增加、耕地数量减少、耕地依存的生态环境退化，经济补偿与保护是克服或疏解人地系统矛盾的关键。②促进西部地区耕地资源可持续利用。耕地资源可持续利用就是既要满足当代人需求，又不对后代人满足需求的能力构成伤害。土地资源特别是耕地资源的可持续利用，是实现经济可持续增长、居民生活质量可持续提高的保障。西部地区耕地资源的合理保护利用具有实现国家耕地红线目标的战略意义，以可持续发展理论为指导，维持耕地资源与人口之间的平衡，使西部地区的耕地资源兼顾各项用地需求，实现社会长期稳定、经济持续发展，控制耕地总量不减少，并努力保护生态环境，提高西部地区耕地质量非常关键。③推进土地科学的发展。要落实国务院确定的耕地保护目标，除了依靠法律、法规手段外，必须从意识形态领域帮助耕地管理的行为主体（地方政府和农户）建立耕地安全与耕地保护意识，即让耕地的管理者和使用者都能意识到耕地资源的稀缺性，感知到耕地的重要性和不可替代性，转变角色，把耕地保护行为变成一种自觉行动，变"要我保护耕地"为"我要保护耕地"，才能从源头上解决我国的耕地保护问题。对不同行为主体在耕地管理中的地位、职能进行分解，耕地管理制度设计、执行与监管创新等进行深入研究，有利于推动土地科学的发展。

当然，西部耕地保护经济补偿研究需要综合运用多种研究方法。从统计观点看，看似无规律变化的西部地区土地数据总是蕴含着某种规律性，而灰色数列模型具有对无规律的原始数据按照一定方式进行处理使其成为较有规律的时间序列数据再建立模型[228]的特性，用灰色数列模型研究西部耕地变化规律成为重要方法。西部地区耕地数量、有效灌溉面积等变量都具有随时间变化的特性，选择时间作为自变量建立因变量随时间变化的、简单而又比较适合的曲线估计模型，有利于把握因变量随时间变化的规律，预测因变量的未来发展趋势，正因为如此，运用曲线拟合方法来构建曲线估计模型，预测未来的耕地数量变化情况也必不可少。此外，用多元线性回归方法分析不同因素对西部耕地数量变化的影响，田野调查法在研究西部农户的耕地保护意愿和耕地保护经济补偿的认知、补偿预期标准等问卷调查中得到广泛运用，文献法在掌握研究动态、把握研究现状、存在问题和论证本书观点过程中得到广泛运用。

参 考 文 献

[1] 国家计划委员会农业区划局，农牧渔业部土地管理局.土地利用现状调查手册.北京：农业出版社，1985.

[2] 农林渔业部.中国农业统计年鉴2011.北京：中国农业出版社，2011.

[3] 凤凰出版社.土地利用现状分类 (GB/T21010 — 2007).南京：凤凰出版社，2007.

[4] 毕宝德.土地经济学.北京：中国人民大学出版社，1996.

[5] 陈百明.土地资源学概论.北京：中国环境科学出版社，1996: 112-129.

[6] 朱德举.土地评价.北京：中国大地出版社，1996: 29-40.

[7] 王秋兵.土地资源学.北京：中国农业出版社，2003: 174-180.

[8] 世界资源研究所，联合国环境规划署，联合国开发计划署.世界资源报告.北京：中国环境科学出版社，1995.

[9] 黄守宏.农民负担减下来，各项事业搞上去.农村合作经济经营管理，1994, (3): 31.

[10]Costanza R, d'Arge R, de Groot R, et al.The value of the world's ecosystems and natural capital. Nature, 1997, 387: 253-260.

[11] 萧景楷.农地环境保育效益之评价.水土保持研究，1999, 6(3): 60-71.

[12] 陈昊.我国政府间财政转移支付制度研究.苏州：苏州大学硕士学位论文，2009.

[13] 诸培新，曲福田.从资源环境经济学角度考察土地征用补偿价格构成.中国土地科学.2003, (3): 10-14.

[14] 王万茂，黄贤金.中国大陆农地价格区划和农地估价.自然资源，1997, (4): 1-8.

[15] 刘慧芳.论我国农地地价的构成与量化.中国土地科学，2000, 14(3): 15-18.

[16] 蔡运龙，霍雅勤.中国耕地价值重建方法与案例研究.地理学报，2006, 61(10): 1084-1092.

[17] 李翠珍，孔祥斌，孙宪海.北京市耕地资源价值体系及价值估算方法.地理学报，2008, (3):

321-329.

[18] 陈丽, 曲福田, 师学义. 耕地资源社会价值测算方法探讨. 资源科学, 2006, 28(6): 86-90.

[19] 霍雅勤, 蔡运龙. 耕地资源价值的评价与重建——以甘肃省会宁县为例. 干旱区资源与环境, 2003, 17(5): 81-85.

[20] 章家恩, 饶卫民. 农业生态系统的服务功能与可持续利用对策探讨. 生态学杂志, 2004, 23(4): 99-102.

[21] 韦苇, 杨卫军. 农业的外部性及补偿研究. 西北大学学报 (哲学社会科学版), 2004, 34(1): 148-153.

[22] 李传健. 农业补贴与土地资源价值的实现. 实事求是, 2006, (1): 40-42.

[23] 赵海珍, 李文华, 马爱进. 拉萨河谷地区青稞农田生态系统服务功能的评价. 自然资源学报, 2004, 19(5): 632-636.

[24] 肖玉, 谢高地, 鲁春霞, 等. 稻田生态系统气体调节功能及其价值. 自然资源学报, 2004, 9(5): 617-623.

[25] 谢高地, 肖玉, 甄霖, 等. 我国粮食生产的生态服务价值研究. 中国生态农业报, 2005, 13(3): 10-13.

[26] 杨志新, 郑大玮, 文化. 北京郊区农田生态系统服务功能价值的评估研究. 自然资源学报, 2005, 20(4): 564-571.

[27] 陈仲新, 张新时. 中国生态系统效益的价值. 科学通报, 2000, 45(1): 17-22.

[28] 张志强, 徐中民, 程国栋. 生态系统服务与自然资本价值评估. 生态学报, 2001, 21(11): 1918-1926.

[29] 高清竹, 何立环, 黄晓霞, 等. 海河上游农牧交错地区生态系统服务价值变化. 自然资源学报, 2002, 17(6): 706-712.

[30] 王宗明, 张柏, 张树清. 吉林省生态系统服务价值变化研究. 自然资源学报, 2004, 19(1): 55-61.

[31] 谢高地, 鲁春霞, 冷允法, 等. 青藏高原生态资产的价值评估. 自然资源学报, 2003, 18(2): 189-196.

[32] 谢高地, 甄霖, 鲁春霞, 等. 一个基于专家知识的生态系统服务价值化方法. 自然资源学报, 2008, 23(5): 911-919.

[33] 肖玉, 谢高地, 安凯. 青藏高原生态系统土壤保持功能及其价值. 生态学报, 2003, 23(11): 2367-2378.

[34] 梁守真, 李仁东, 朱超洪. 洞庭湖区生态服务价值变化区域差异研究. 长江流域资源与环境, 2006, 11(3): 536-542.

[35] 周飞, 陈士银, 吴明发, 等. 湛江市土地利用综合效益及其演化评价. 地域研究与开发, 2007, 26(4): 89-95.

[36] 牛海鹏, 张安录. 耕地保护的外部性及其测算——以河南省焦作市为例. 资源科学, 2009,

31(8): 1400-1408.

[37] 周建春.中国耕地产权与价值研究——兼论征地补偿.中国土地科学, 2007, 21(1): 4-9.

[38] 辛辉.沈阳市耕地保护外部性测算及其补偿.吉林农业, 2011, (4): 22-23.

[39] 陈会广, 陈昊, 刘忠原.土地权益在农民工城乡迁移意愿影响中的作用显化——基于推拉理论的分析.南京农业大学学报 (社会科学版), 2012, 12(1): 58-66.

[40] 欧阳志云, 王如松.生态系统服务功能、生态价值与可持续发展.世界科技研究与发展, 2000, 22(5): 45-50.

[41] 陈明健, 阚雅文.农地的环境保育及粮食安全效益评估.台湾土地金融季刊, 2000, 37(2): 209-237.

[42] 蔡银莺, 李晓云, 张安录.武汉居民参与耕地保护的认知及响应意愿.地域研究与开发, 2007, 26(5): 105-110.

[43] 高魏, 闵捷, 张安录.江汉平原耕地非市场价值评估.资源科学, 2007, 29(2): 124-130.

[44] 藤村.正在变化着的中国人民的生活状况.日本.朝日新闻, 1980.

[45] 稻田.中国为盖房热而苦恼,农村为新建和扩建住宅而毁掉良田.日本, 经济新闻, 1981-09-23.

[46] 赵升荣, 闻曼, 杨曼莉, 等.保护耕地刻不容缓——上海郊县合理利用土地问题的探讨.农业技术经济, 1982, (6): 40-42.

[47] 赵承枝, 樊济龙, 靳德伟.保护耕地刻不容缓.山西农业科学, 1983, (2): 39.

[48] 吴泽龙.保护耕地当务之急.山西农业科学, 1986, (10): 27-28.

[49] 陈景元.保护耕地迫在眉睫——海外人士对中国土地利用的综合评述.资源开发与保护, 1986, 2(3): 56-59.

[50] 全国人大常委会办公厅.中华人民共和国土地管理法.北京:中国民主法制出版社, 2004.

[51] 刘洪志, 马琳.我国耕地保护的内涵与理论分析.今日科苑, 2008, (18): 22.

[52] 佚名.国务院通过纲要: 2020 年耕地保有量保持 18.05 亿亩.城市住宅, 2008, (9): 10.

[53] 付光辉, 刘友兆, 祖跃升, 等.不同等级耕地保有量的测算——以江苏省淮安市为例.地域研究与开发, 2008, (4): 104-107, 112.

[54] 吴远来, 况殿权.大都市郊区耕地保有量研究——以北京市大兴区为例.资源与产业, 2008, (02): 44-48.

[55] 李凤琴, 李江风, 孟蒲伟.土地利用总体规划耕地保有量预测方法研究——以桂林市资源县为例.安徽农业科学, 2007, (1): 168-169, 211.

[56] 孙晓莉, 赵俊三, 吴晓伟, 等.云南省土地利用总体规划耕地保有量指标合理性分析.中国土地科学, 2012, (08): 17-22.

[57] 钟太洋, 黄贤金, 马其芳, 等.省级区域耕地保有量测算研究——以江苏省为例.资源开发与市场, 2007, (5): 404-407.

[58] 马赞，王亚茹，宁艳梅．市级区域耕地保有量预测研究——以湖南省常德市为例．资源与产业，2008, (6): 55-57.

[59] 王振伟，李江风，龚健．县市耕地保有量预测方法研究——以南阳市为例．河南农业科学，2006, (11): 71-74.

[60] 刘艳中，李江风，张祚，等．县域耕地保有量目标约束机制及预测研究——以广西灌阳县为例．地理与地理信息科学，2006, (5): 55-59.

[61] 范少冉．耕地保有量外部性探讨．国土资源科技管理，2005, (4): 25-28, 33.

[62] 谭勇，廖和平，牛乐德，等．耕地保有量研究——以重庆市巫山县为例．安徽农业科学，2006, (15): 3771-3773.

[63] 孙燕，张云鹏，王慎敏，等．我国耕地保有量的指数预测模型．地理与地理信息科学，2007, (1): 46-49.

[64] 孙鹏举，郑拥军．甘肃省耕地保有量分析及对策研究．湖北农业科学，2009, (2): 508-512.

[65] 李月兰．广西耕地保有量与粮食安全分析．广西农业科学，2006, (4): 467-472.

[66] 李启宇，张文秀．四川省粮食安全的消费需求与最少耕地保有量预测．农业现代化研究，2008, (5): 546-548, 558.

[67] 蔡运龙．自然资源学原理．北京：科学出版社，2000.

[68] 张红侠，刘普幸．额济纳旗耕地压力动态变化研究．宝鸡文理学院学报（自然科学版）.2003, (2): 153-157.

[69] 朱志芳，陈林武，陈才清，等．广元市市中区退耕规模对粮食安全的影响．四川林业科技，2005, (5): 65-68.

[70] 王文博，许学工，蔡运龙．北京耕保底线测算和"等效面积"耕保机制．地域研究与开发，2008, (4): 89-93.

[71] 陈百明，周小萍．全国及区域性人均耕地阈值的探讨．自然资源学报，2002, (5): 622-628.

[72] 张建新，邢旭东，刘小娥．湖南土地资源可持续利用的生态安全评价．湖南地质，2002, (2): 119-121.

[73] 杜发明．从巫溪县施家村现状看山区农村．国土经济，1996, (3): 62.

[74] 冉清红．中国耕地警戒值研究．重庆：西南大学博士学位论文，2009.

[75] 张凤荣，薛永森，鞠正山，等．中国耕地的数量与质量变化分析．资源科学，1998, 20(5): 33-39.

[76] 郑海霞，封志明．中国耕地总量动态平衡的数量和质量分析．资源科学，2003, (5): 33-39.

[77] 孙英兰．提高耕地质量的有效途径．瞭望，2010, (38): 40.

[78] 陈印军，肖碧林，方琳娜，等．中国耕地质量状况分析．中国农业科学，2011, (17): 3557-3564.

[79] 田传浩．浅析耕地质量保护．中国软科学，1999, (5): 111.

[80] 徐彬彬，李德成．保护耕地必须既重数量又重质量．土壤，1999, (1): 8-13.

[81] 李彦芳，张侠．耕地保护重在质量——对耕地总量动态平衡政策的反思．经济论坛，2004，(14): 103-104.

[82] 蒋承菘．对保护耕地的再审视——从科学发展观谈耕地生产能力保护．中国土地，2006, (3): 14-16.

[83] 王静，黄晓宇，郑振源，等．提高耕地质量对保障粮食安全更为重要．中国土地科学，2011，(5): 35-38.

[84] 郧文聚，张蕾娜．如何加强耕地质量保护与建设管理．中国土地，2012, (1): 33-34.

[85] 王玄德．紫色土耕地质量变化研究．重庆：西南农业大学博士学位论文，2004.

[86] 李守强，车宗贤，史久英，等．浅谈甘肃省耕地质量与环境保护体系建设问题．甘肃农业科技，2006, (1): 30-31.

[87] 张贞，魏朝富，尚慧．丘陵山区耕地质量的空间格局分析．长江流域资源与环境，2010，19(08): 901-907.

[88] 蔡琦．内蒙古农牧交错区耕地质量及影响因子研究．呼和浩特：内蒙古师范大学硕士学位论文，2010.

[89] 石志恒，李世平．农户耕地质量保护行为影响因素分析——基于新疆地区农户的样本调查．电子科技大学学报(社会科学版)，2012, (3)60-65.

[90] 周佳松，刘秀华，廖兴勇，等．南方丘陵区土地整理新增耕地质量评价研究．西南农业大学学报(社会科学版)，2004, (1): 30-33.

[91] 陈印军．西部地区资源利用与环境保护中的问题与建议．中国农业资源与区划，2003，24(4): 20-23.

[92] 朱德举，卢艳霞，刘丽．土地开发整理与耕地质量管理．农业工程学报，2002, (4): 167-171.

[93] 丁新亮．土地整理的耕地质量评价研究．重庆：西南大学硕士学位论文，2012.

[94] 刘维新．西部大开发的耕地保护机制与政策研究．中国城市经济，2001, (4): 7-12.

[95] 王秀红．西部地区耕地保护压力分析及启示．农业环境与发展，2012, (3): 6-9.

[96] 王倩，尚月敏，冯锐，等．基于变异函数的耕地质量等别监测点布设分析——以四川省中江县和北京市大兴区为例．中国土地科学，2012, 26(8): 80-86.

[97] 陈江龙，曲福田，陈雯．农地非农化效率的空间差异及其对土地利用政策调整的启示．管理世界，2004, (8): 37-42.

[98] 张传新．我国当前耕地保护政策再审视．中国国土资源经济，2011, (1): 35-37, 40.

[99] 黄征学．我国耕地流失中的政府行为研究．南开学报，2004, (3): 29-35, 77.

[100] 徐向华，徐传芳．试析土地使用中的"以租代征"现象及对策．安徽农业科学，2006，31(16): 4101-4102.

[101] 孙海兵，张安录．农地外部效益保护研究．中国土地科学，2006, 20(3): 9-13.

[102] 姜广辉，孔祥斌，张凤荣，等．耕地保护经济补偿机制分析．中国土地科学，2009, (7): 24-27.

[103] 许云霄, 麻志明. 外部性问题解决的两种方法之比较. 财政研究, 2004, (10): 4.

[104] 张培刚. 微观经济学的产生和发展. 长沙: 湖南人民出版社, 1997: 273.

[105] Gardner B D. The Economics of agricultural land preservation. American Journal of Agricultural Economics, 1977, 59(5): 1027-1036.

[106] Bergstrom J C, Dillman B L D, Stoll J R. Public environmental amenity benefts of private land: The case of prime agricultural land. Southern Journal of Agricultural Economics, 1985, (7): 139-149.

[107] Rosenberger R S, Walsh R G. Nonmarket value of western valley ranchland using contingent valuation. Journal of Agricultural and Resource Economics, 1997, 22(2): 296-309.

[108] Adelaja A O, Friedman K. Political economy of right-to-farm. Journal of Agricultural and Applied Economics, 1999, 31(3): 565-579.

[109] Bergstrom J C. Postproductivism and Rural Land Values. Georgia: Department of Agricultural and Applied Economics, The University of Georgia, 2001.

[110] Hellerstein D, Nickerson C, Cooper J, et al. Farmland protection: The role of public preferences for rural Amenities. Agricultural Economic Report, 2002.

[111] Hediger W, Lehmann B. Multifunctional agriculture and the preservation of environmental benefits. August 25th International Conference of Agricultural Economists, 2003.

[112] Pigou A. C. The Economics of Welfare. London: Macmillan, 1932.

[113] 速水佑次郎. 日本农业保护政策探析. 北京: 中国物价出版社, 1993: 35.

[114] Dimaranan B, Hertel T, Keeney R, OECD Domestic Support and Developing Countries. Working Paper Series UNU-WIDER Research Paper, 2003.

[115] Harvey D. Spaces of Neoliberalization: Towards a Theory of Uneven Geographical Development. California: University of California Press, 2004.

[116] Kirwan B E. The incidence of US agricultural subsidy on farmland rental rates. WIT and Comell University, 2004, 12(12): 256-261.

[117] 张瑞红. 中美农业政策比较研究. 农业考古, 2010, (6): 76-78.

[118] 张安录, 杨钢桥. 长江中上游地区农业可持续发展管理. 农业现代化研究, 2001, (4): 1-4.

[119] Nickerson C, Hellerstein D.Protecting rural amenities Through farmlard presser vation programs.Agricnltural and Resource Econornics Review, 2003, 32(1):129-144.

[120] Department of Statistics and Information, Ministry of Agriculture, Forestry and Fisheries of Japan, 2007.

[121] 潘明才. 耕地保护制度和相关政策. 资源·产业, 2001, (7): 6-9.

[122] 吕萍. 农业奇迹的背后——透视以色列农地保护观念变化. 中国土地, 2001, (11): 42-43.

[123] Bowker J M, Didychuk D D. Estimation of nonmarket benefit of agricultural land retention in

Eastern Canada. Agricultural and Resource Economics Review, 1994, 23(2): 218-225.

[124] Pruetz R F, Pruetz E. Transfer of development rights turns. American Planning Association Planning and Environmental Law, 2007, 59(6): 3-11.

[125] Dorfman J H, Barnet B J, Bergstrom J C, et al. Searching for farmland preservation markets: Evidence from the southeastern US. Land Use Policy, 2009, 26(1): 121-129.

[126] Banzhaf H. S. Economics at the fringe: Nonmarket valuation studies and their role in land use plans in the United States. Journal of Environmental Management, 2010, 91(3): 592-602.

[127] Irwin E G. The effects of open space on residential property values. Land Economics, 2002, 78(4): 465-480.

[128] 石生萍. 经济外部性问题研究. 重庆: 西南农业大学博士学位论文, 2004: 33-35.

[129] 邵建英, 陈美球, 耕地保护的外部性分析. 广东土地科学, 2006, 5(3): 44-46.

[130] 张安录. 灾区农业生产结构—功能—效益对应变换分析. 农业现代化研究, 2002, (5): 10-13.

[131] 杨珍惠. 成都市建立耕地保护补偿机制的做法与思考. 资源与人居环境, 2009, (19): 10.

[132] 田伟. 乱占滥用耕地的对策. 中国农村经济, 1986, (12): 23-25.

[133] 田伟. 开征土地征用补偿调节税之管见. 农业经济问题, 1987, (5): 39-40.

[134] 朱新华, 曲福田. 不同粮食分区间的耕地保护外部性补偿机制研究. 中国人口·资源与环境, 2008, 18(5): 148-153.

[135] 苑全治, 郝晋珉, 张玲俐, 等. 基于外部性理论的区域耕地保护补偿机制研究. 自然资源学报, 2010, 25 (4): 529-538.

[136] 牛海鹏. 耕地保护经济补偿运行机制及补偿效应分析. 地域研究与开发, 2011, 30(2): 137-142.

[137] 钱忠好. 耕地保护的行动逻辑及其经济分析. 扬州大学学报(人文社会科学版), 2002, 6(1): 32-37.

[138] 王万茂, 臧俊梅. 试析农地发展权的归属问题. 国土资源科技管理, 2006, (3): 8-11.

[139] 丁成日. 美国土地开发权转让制度及其对中国耕地保护的启示. 中国土地科学, 2008, 22(3): 74-80.

[140] 黄祖辉, 汪晖. 非公共利益性质的征地行为与土地发展权补偿. 经济研究, 2002, (5): 66.

[141] 柴强. 各国(地区)土地制度与政策. 北京: 北京经济学院出版社, 1993: 107.

[142] 臧俊梅, 王万茂, 陈茵茵. 农地发展权价值的经济学分析. 经济体制改革, 2008, (4): 90-95.

[143] 任艳胜, 张安录, 邹秀清. 限制发展区农地发展权补偿标准探析——以湖北省宜昌、仙桃部分地区为例. 资源科学, 2010, 2(4): 743-751.

[144] 任耀, 皮明, 毛德华. 耕地发展权基本理论初探. 湖南财经高等专科学校学报, 2010, 26(1): 103-104.

[145] 张小铁. 市场经济与征地制度. 中国土地科学, 1996, (1): 13-18.

[146] 刘国臻. 论美国的土地发展权制度及其对我国的启示. 法学评论, 2007(3): 141.

[147] Diamond H L, Noonan P E. Land Use in American. Washington D C:Island Press, 1996.

[148] 陈美球, 肖鹤亮, 何维佳, 等. 耕地流转农户行为影响因素的实证分析——基于江西省 1396 户农户耕地流转行为现状的调研. 自然资源学报, 2008, 23(3): 21-23.

[149] 高洁, 廖长林. 英、美、法土地发展权制度对我国土地管理制度改革的启示. 经济社会体制比较, 2011, (4): 206-213.

[150] 林晓雪, 吴金辉, 臧俊梅, 等. 我国土地发展权研究综述. 广东土地科学, 2012, 11(2): 11-16.

[151] Richards D A. Development rights transfer in New York city. Yale Law Journal, 1972, 82(2): 338-372.

[152] Pruetz R. Beyond takings and givings: Saving natural areas//Farmland and Historic Landmarks with Transfer of Development Rights and Density Transfer Charges. Marina Del Rey, CA: Arje Press, 2003.

[153] 相蒙, 于毅. 美国农地利用规划中农地发展权国家购买制度述评. 世界农业, 2012, (2): 33-37.

[154] Thorsnes P, Gerald S P W. Letting the market preserve land: The case for a market-driven transfer of development rights program. Contemporary Economic Policy, 1999, 17(2): 256-266.

[155] Field B C, Conrad J M. Economic Issues in programs of transferable development rights. Land Economics, 1975, 51(4): 331-340.

[156] Barrese J T. Efficiency and equity considerations in the operation of transfer of development rights plans. Land Economics, 1983, 59(2): 235-241.

[157] Henger R, Bizer K. Tradable planning permits for land-use control in Germany. Land Use Economics and Planning Discussion Paper, 2008: 8-10.

[158] 陈泉生. 论土地征用之补偿. 法律科学, 1994, (5): 15-17.

[159] 王群, 王万茂. 土地发展权与土地利用规划. 国土资源, 2005, (10): 28-30.

[160] 邱继勤, 邱道持. 重庆农村土地交易所地票定价机制探讨. 中国土地科学, 2011, 25(10): 77-81.

[161] 余向克, 李何超, 邓良基. 农村集体土地发展权及其补偿浅析. 国土资源科技管理, 2006, (4): 44-47.

[162] 汪晖, 陶然. 论土地发展权转移与交易的"浙江模式"——制度起源、操作模式及其重要含义. 管理世界, 2009, (8): 39-52.

[163] 魏凤秀. 农民土地权益保护探析. 安徽农业科学, 2010, 38(34): 19677-19680.

[164] 边泰明. 限制发展土地之补偿策略与财产权配置. 台湾土地经济年刊, 台北: "国立"台北大学出版社, 1997, 154-168.

[165] 沈守愚. 论设立农地发展权的理论基础和重要意义. 中国土地科学, 1998, 12(1): 18-23.

[166] 李嵩誉. 耕地发展权与农民农地增值收益的合理分配. 天津市经理学院学报, 2010, 3: 5-7.

[167] 王荧. 我国农地非农化中的耕地发展权交易机制研究. 石家庄经济学院学报, 2012, 35(1): 95-100.

[168] 侯华丽, 杜舰. 土地发展权与农民权益的维护. 农村经济, 2005, (11): 78-79.

[169] 王宏利. 我国基本农田保护的补偿机制研究. 生产力研究, 2011, (4): 49-51.

[170] 陈会广, 吴沅箐, 欧名豪. 耕地保护补偿机制构建的理论与思路. 南京农业大学学报 (社会科学版), 2009, 9(3): 62-66, 71.

[171] 王宏利. 我国基本农田保护的补偿机制研究. 生产力研究, 2011, (4): 49-51.

[172] Plantinga A J, Miller D J. Agricultural land value and the value of rights to future land development. Land Economics, 2001, 77(1): 56-67.

[173] Winfree J A, Mccluskey J J. Takings of development rights with asymmetric information and an endogenous probability of an externality. Journal of Housing Economics, 2007, (16): 320-333.

[174] 臧俊梅, 张文方, 李景刚. 耕地总量动态平衡下的耕地保护区域补偿机制研究. 农业现代化研究, 2008, 29(3): 318-322.

[175] 江平. 中国土地立法研究. 北京: 中国政法大学出版社, 1999.

[176] 臧俊梅, 王万茂. 农地发展权的设定及其在中国农地保护中的运用——基于现行土地产权体系的制度创新. 中国土地科学, 2007, 21(3): 44-50.

[177] 周诚. 农地转非自然增值公平分配论——兼评"涨价归私"论和"涨价归公"论. 经济学动态, 2006, (11): 47-51.

[178] 王顺祥, 吴群, 黄玲. 基于农地发展权视角的征地片区地价确定研究——以江苏省南通市港闸区为例. 中国土地科学, 2008, 22(8): 35-42.

[179] 谭峻, 戴银萍, 高伟. 浙江省基本农田异地有偿代保制度个案分析. 管理世界, 2004, (3): 105-111.

[180] 张蔚文, 李学文, 吴宇哲. 基于可转让发展权模式的折抵指标有偿调剂政策分析——一个浙江省的例子. 中国农村经济, 2008, (12): 50-61.

[181] 靳相木. 新增建设用地指令性配额管理的市场取向改进. 中国土地科学, 2009, 23(3): 19-23.

[182] 王守军, 杨明洪. 农村宅基地使用权地票交易分析. 财经科学, 2009, (4): 95-101.

[183] 谭荣, 曲福田. 中国农地发展权之路——治理结构改革代替产权结构改革. 管理世界, 2010, (6): 56-64.

[184] 张鹏, 刘春鑫. 基于土地发展权与制度变迁视角的城乡土地地票交易探索——重庆模式分析. 经济体制改革, 2010, (5): 103-107.

[185] 张效军, 欧名豪, 李景刚, 等. 对构建耕地保护区域补偿机制的设想. 农业现代化研究, 2006, 27(2): 144-152.

[186] 周小平，宋丽洁，柴铎，等.区域耕地保护补偿分区实证研究.经济地理，2010, 30(9): 1546-1551.

[187] 王苗苗，罗灵岭，彭志刚.湖南省耕地保护补偿分区实证研究.内蒙古农业科技.2011, (5): 31-33.

[188] 雍新琴，梅艳，舒帮荣，等.江苏省耕地保护县(市)财政补偿实证研究.中国土地科学，2012, 26(10): 15-22, 33.

[189] 于洋，董宝池，张今华.吉林省耕地保护补偿分区的实证研究.湖北农业科学，2013, 52(17): 4253-4255.

[190] 毋晓蕾，汪应宏，陈常优.耕地保护经济补偿标准测度研究——以河南省为例.经济经纬，2014, 31(6): 19-23.

[191] 柯新利，杨柏寒，丁璐，等.基于目标责任区际优化的耕地保护补偿.中国人口·资源与环境，2015, 25(1): 142-151.

[192] 吴泽斌，刘卫东.中国地方政府耕地保护事业的绩效审计探讨.中国土地科学，2009, 23(6): 26-30.

[193] 高艳梅，汤惠君，陈玲.省域耕地保护价值补偿研究——以广东省广州市和茂名市为例.安徽农业科学，2013, 41(11): 5083-5088.

[194] 宋戈，柳清，王越.基于耕地发展权价值的东北粮食主产区耕地保护补偿机制研究.中国土地科学，2014, 28(6): 58-64.

[195] 曹瑞芬，张安录，蔡银莺.耕地保护经济补偿分区及财政转移支付——以湖北省为例.中国人口·资源与环境，2014, 24(12): 14-22.

[196] 高艳梅.耕地保护区域经济补偿研究——以广东省广州市和茂名市为例.科技信息，2013, (21): 42-44.

[197] 马文博，李世平.我国耕地保护经济补偿机制初探.乡镇经济，2008, (12): 36-38.

[198] 马有祥.树立科学发展观，构筑我国粮食安全长效机制.中国农村经济，2004, (10): 15-19.

[199] 王雅鹏.对我国粮食安全路径选择的思考——基于农民增收的分析.中国农村经济，2005, (3): 21-29.

[200] 沈淑霞，秦富.财政农业补贴方式改革效应的中外比较.世界农业，2005, (09): 12-15.

[201] 翁贞林，王雅鹏.论统筹城乡发展与我国农业补贴政策调整.农业现代化研究，2007, (3): 151-154.

[202] 万宝瑞.增加农民收入和确保粮食安全的战略对策.农业经济问题，2004, (4): 5-8.

[203] 朱泽.建立和完善我国粮食安全体系.红旗文稿，2004, (20): 10-11.

[204] 韩俊.加快构建国家粮食安全保障体系.中国经济报告，2013, (8).28-35.

[205] 贾贵浩.粮食主产区利益补偿机制的创新与完善.内蒙古社会科学，2012, (1): 100-104.

[206] 牛若峰.在WTO框架下加强中国农业的国内支持政策.福建论坛(经济社会版)，2000, (10):

9-13.

[207] 柯炳生. 对粮食安全问题的若干看法与对策建议. 中国地产市场, 2004, (4): 35-37.

[208] 王姣, 肖海峰. 我国良种补贴、农机补贴和减免农业税政策效果分析. 农业经济问题, 2007, (02): 24-28.

[209] 李红. 农机购置补贴政策效应实证分析. 经济纵横, 2008, (10): 67-69.

[210] 亢霞. 当前我国粮食支持政策存在的主要问题及对策建议. 中国粮食经济, 2009, (1): 33-36.

[211] 康涌泉. 基于粮食安全保障的粮食主产区利益补偿制度研究. 河南师范大学学报 (哲学社会科学版), 2013, 40(4): 74-76.

[212] 朱红根, 王雅鹏, 翁贞林, 等. 粮食安全战略背景下粮食扶持政策评价及其完善——基于江西省农户问卷调查分析. 经济问题探索, 2007, (4): 66-69.

[213] 王小龙. 我国粮食补贴制度绩效的成本——效应分析. 人文杂志, 2009, (1): 70-75.

[214] 王来保. 从主要发达国家对农民补贴政策的调整看如何建立我国粮食生产直接补贴的模式. 经济研究参考, 2004, (41): 37-44.

[215] 叶慧. 贸易自由化下粮食财政支持政策研究. 武汉: 华中农业大学博士学位论文, 2007.

[216] 田建民. 粮食安全长效机制构建的核心——区域发展视角的粮食生产利益补偿调节政策. 农业现代化研究, 2010, (02): 187-190.

[217] 马爱慧, 蔡银莺, 张安录. 基于选择实验法的耕地生态补偿额度测算. 自然资源学报, 2012, 27(7): 1154-1163.

[218] 陈波, 王雅鹏. 粮食机会损失形成与补偿研究. 华中科技大学学报 (社会科学版), 2007, 27(2): 44-45.

[219] 蒋和平, 吴桢培. 建立粮食主销区对主产区转移支付的政策建议. 中国发展观察, 2009, (12): 24-25.

[220] 张忠明. 粮食主产区利益补偿机制研究. 北京: 中国农业科学院博士学位论文, 2012.

[221] 王有国. 构建黑龙江省粮食利益补偿机制研究初探. 农业资源与环境学报, 2013, 30(6): 30-34.

[222] 赵宇红, 傅立忠. 对粮食产销区建立长期稳定粮食购销协作关系问题的研究. 黑龙江粮食, 2002, (01): 10-14.

[223] 叶晓云, 孙强. 以浙江为例, 浅谈粮食产销区合作. 中国粮食经济, 2004, (5): 49-50.

[224] 刘先才. 粮食安全: 产区销区如何对接. 江苏农村经济, 2005, (1): 14-15.

[225] 张海姣, 张正河. 中国粮食主产区粮食生产发展路径研究. 粮食科技与经济, 2013, (3): 3-5.

[226] 潘刚. 建立粮食主产区利益补偿机制问题研究. 中国农业信息, 2010, (9): 5-8.

[227] 刘金荣. 关于提高粮食主产区重农抓粮积极性的对策思考. 湖北社会科学, 2012, (4): 46-49.

[228] 邓聚龙. 灰色系统理论教程. 武汉: 华中理工大学出版社, 1990: 175-358.

第二章　西部地区耕地保护经济补偿的
理论探索

西部地区耕地保护经济补偿研究需要理论指导，其理论成果对微观行为主体的耕地保护行为和经济补偿行为具有指导意义。梳理和分析耕地保护经济补偿的理论基础，建构耕地保护经济补偿的系统，设计西部耕地保护经济补偿的架构，是本章的关键内容。

第一节　耕地保护经济补偿的理论基础

耕地是粮食生产的立地场所，粮食需求与区域的人口数量有关，人地关系理论是西部地区耕地保护的基本理论基础。耕地用途配置行为主体、为耕地保护提供劳动的行为主体、对非农用地需求的行为主体都是影响耕地保护的因素，这些行为主体的行为皆与经济利益有关，各类资源利用收益理论就成为耕地保护经济补偿的理论基础。

一、人地关系理论

从人地关系角度认识耕地的重要意义在于耕地数量有限性、耕地资源相对于社会需求增长的稀缺性、耕地作为农业生产资料的不可替代性和作为农业劳动力载体的就业属性。

1）耕地数量有限性。数量有限性是耕地资源与生俱来的自然属性，受区域的空间因素影响。西部地区是一个特殊的区域，实施西部大开发战略以来，耕地资源及其保护问题一直备受关注。西部地区耕地资源数量的有限性表现在两个方面。一是西部地区常用耕地资源存量有限，2010 年，西部 12 省（自治区、直辖市）的常用耕地资源总量为 4495.0 万 hm^2。其中，水田 815.69 万 hm^2，约占西部地区耕地总量的 18%；水浇地 948.93 万 hm^2，约为五分之一；旱地 2730.54 万 hm^2，占西部地区常用耕地总数量的六成。总量的一半以上是无灌溉设施、依靠天然降水种植旱作物的耕地。二是西部地区宜耕荒地资源有限，可供开发利用的后备资源数量更少，即使将全国耕地后备资源全部开垦成耕地，人均耕地增加还不到 $0.007hm^2$；全国宜农荒地的地区分布主要在东北和中西部地区的少数几个省份，西部地区的后备耕地资源质量差、开发难度大。因此，以西部地区作为耕地保护的研究区，必须考虑具体的实际情况，一是在实施西部大开发战略中，受城镇化占用耕地、耕地用途转变等因素影响导致耕地数量减少，要实现耕地总量动态平衡目标，保护耕地的压力大；二是在实施生态退耕还林还草过程中，要实现西部地区的区域资源利用与农业经济的可持续发展，保护耕地的任务艰巨、难度大。耕地资源数量的有限性意味着用途改变一点，耕地总资源量就减少一点，这就要求我们必须保护好西部地区的行政辖区内每一寸耕地，用好每一寸耕地，严格控制好耕地的用途转变，确保西部地区耕地总量不再减少。

2）耕地资源相对于社会需求增长的稀缺性。耕地资源有限性受社会需求影响衍生为资源稀缺性，表现为耕地供给数量有限和耕地需求旺盛的矛盾。无论是存在于地球表面的、包括已被利用的和未来一段时间可供人类利用的自然土地类型，还是经过投入劳动进行开发整理后可以成为人类可直接用于生产、生活、休闲娱乐的土地类型，其数量都是有限的。随着经济发展和人口数量增加，人类对土地的需求越来越大，对适宜某种用途的土地提出了相应的要求，如需要更多的耕地和建设用地等。于是，适合某种用途的土地因供不应求而产生了土地的稀缺性。耕地资源稀缺性要求行为主体要通过合理利用并保护耕地资源。

3）耕地为农业生产资料的难替代性。耕地在确保粮食规模性安全中的不可替代性说明保护的重要意义。区域性粮食供应除了进口外，就要依靠自己生产。大国或者大区域的粮食供应，依靠自己生产是最安全的途径。西部地区除了满足自己需求外，还承担供应发达地区的任务。提升区域粮食供应能力的途径，一是提高单位面积上的产量，二是扩大种植面积。当单位面积产量一定时，粮食综合生产能力就与耕地面积呈现正比关系，耕地面积越大，粮食综合生产能力就越强，粮食安全压力就越小（图 2-1）；反之，则相反。所以，保护西部地区的耕地非常重要。

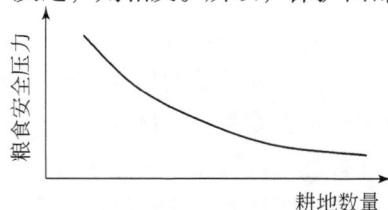

图 2-1　食安全与耕地数量的关系

4）耕地的农业劳动力的载体属性。人们普遍认为耕地具有就业承载能力，耕地经营与保护为农业劳动力提供了数以万计的劳动就业岗位。按照劳均适度经营规模计算，河南省南阳地区 0.33 ～ 0.47 hm² 耕地承载 1 个壮劳动力 [1]，安徽省霍邱县 10 ～ 15 亩①耕地承载 1 个壮劳动力 [2]，临夏县北塬地区农地适度经

_____

① 1 亩≈666.7m²。

营规模下限为 0.14 hm^2、劳均适度规模为 0.25 hm^2 [3]。耕地对农业劳动力的吸纳能力具有很大的弹性，在城市经济高速发展并对劳动力需求旺盛的时期，大量的农业劳动力离开耕地进入城市，解决了城镇劳动力资源短缺问题；当涌入城市的农民工因城市经济发展面临下行压力而失业时，耕地为失业返乡的农业劳动力提供了退路和生存保障 [4]，缓和了剩余劳动力的就业压力，保障了社会的稳定。耕地数量与农业劳动力承载能力成正比关系，与耕地压力成反比关系（图 2-2），耕地数量越多，就业承载能力越强，农业劳动力对耕地资源的就业压力就越小。

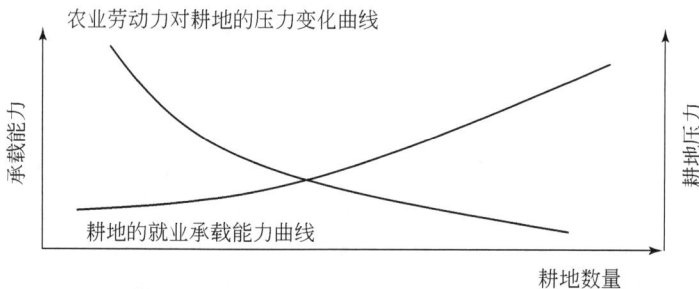

图 2-2　农业劳动力与耕地资源的就业压力关系图

二、社会平均收益理论

按照社会平均收益理论，劳动者追求社会平均收益是经济活动的基本目标，从事耕地保护活动的耕地经营者也不例外。耕地经营与保护行为要具有可持续性，耕地经营者的劳动力、生产资料、劳动技能和劳动智能的投入行为就需要追求社会的平均收益。

社会平均收益之所以成为耕地保护经济补偿的理论基础，其主因在于要通过补偿解决农业劳动力经营与保护耕地活动的投入－产出效益低的问题。从投入的角度看，保护耕地的农业用途本身就是一种投入行为，其中，耕地数量保护需要投入资金、管理技术与管理智慧，或者需要对相关行为主体进行负向经济约束；耕地质量保护需要行为主体通过劳动力、资金和时间等投入，从耕地的作业道路、灌溉和排水设施、种植地块边界的修筑、耕作层肥力、耕地坡度等方面进行人工干预，形成适合作物生长的土体表层（即耕作层）、具有分隔功能和田间作业通勤功能的田（地）埂，为地块上农作物生长提供用水服务的排灌设施，甚至对地块所在地的小气候环境等进行人工干预。从耕地产出成果看，除了能够给耕地保护主体直接带来以植物果实为载体的经济收益之外，还能向社会贡献生态收益和社会安全收益、质量达到改善的耕地。产出成果除了植物果实外的其他成果，农户不能通过市场获取价值，正因为如此，以耕地经营与保护为特征的第一产业具有弱质特性，单位面积上的投入–产出的价值增量小，耕地保护的投入–产出效益低，要保护耕地必须思考农业劳动力投入的效率提升问题，即农业劳动力等资源收益需要达到社会的平均利润。

耕地经营者投入的劳动力要素达到社会平均收益水平的路径有两条，其一，保障农业劳动力经营的耕地数量达到适度规模以上；其二，在农业劳动力经营耕地数量增长难以达到规模以上时，对耕地经营者难以通过市场获取的耕地经营与保护成果的价值进行适度补偿，特别是以独立于农业生产过程而存在的耕地面积增量成果和质量改善成果为载体，通过经济补偿既能够让耕地保护劳动力获得社会平均收益，又能够进一步促进耕地质量改善。

三、机会成本最小化理论

机会成本是指在资源有限的条件下，把一定资源用于某种产品生产时所放弃的用于其他可能得到的最大收益。资源稀缺性意味着将资源运用在一种用途就要放弃其他用途，机会成本就是资源的一种用途选择后所放弃用途的价值。劳动力、资金和耕地等生产要素是稀缺资源，将这些稀缺资源投放在耕地保护中，放弃劳动力、资金、耕地的非农业用途就会产生机会成本。

比较劳动力、资金和耕地三大生产要素在种植业和非农业用途之间的使用效率，投入效率是非农业用途远远高于农业用途。所以，将劳动力、资金和耕地三大生产要素投放在耕地保护方面，存在机会成本损失的问题。具有"经济人"特性的行为主体，会主动要求趋利避害，倾向于不保护耕地用途，以追求机会成本最小化。

完全任由行为主体按照机会成本最小化的要求配置资源，由于利益的驱动，耕地就很难被置于行为主体的保护之下，国家粮食安全就会受到威胁。为了国家粮食安全，就需要通过经济补偿方式减少行为主体在耕地保护中的利益损失，协调资源配置中追求机会成本最小化的矛盾，为此，构建耕地保护经济补偿机制就成为了必然选择。

四、劳动地域分工理论

劳动地域分工的本质就是承认地域差异对生产者行为、劳动力价值的合理影响，生产要素、资源利用与收益要依据地域特征及其比较优势进行合理分配、安排。各种生产要素的地理分布不均，具有比较优势的地区更有利于形成专业化生产，生产比较成本较低的产品用于输出，同时输入本地区生产要素相对稀缺而比较成本较高的产品，就会使各地区的比较优势均得到充分发挥，促进地区间的相互支援和合作，提高资源利用效率。

耕地资源是重要的生产要素,承载耕地资源的地理环境具有显著的地域差异,一些地区适宜农业生产、一些地区不适宜农业发展。要按照区域地理特征的不同,依据劳动地域分工理论,对耕地资源进行用途配置与保护,在耕地资源具有明显比较优势的地区大力发展种植业,对耕地进行保护性开发与利用。

耕地保护主体与受益主体都是确定的,要建立区际与区内耕地保护的经济补偿制度,平衡区域差距,促进区域关系的和谐与发展,最终实现社会公平和共同富裕。从财政转移支付的角度分析,国家是耕地保护补偿的唯一主体。在国家财力对粮食主产区投入有限的情况下,适当划分国家和受益地方的补偿责任,建立耕地保护补偿的横向转移支付,既可以为耕地保护输出地区的农业结构调整和土地整理复垦提供强大的补偿能力,又能弥补中央财政对耕地保护地区纵向转移支付的不足,减轻中央政府的财政负担。为此,构建区域耕地保护经济补偿机制,是一种社会分工和利益互补机制,对保障补偿活动有序开展具有重大意义。健全耕地保护补偿机制可以促进区域协调发展。通过土地收益在地区间的利益调整和再分配,减少地区间发展对土地指标的不良博弈,防止区域之间对用地指标的恶性竞争,造成资源浪费和区域发展不平衡。尤其对于粮食净调出地区而言,这些地区为了保障国家粮食安全,每年需向国家和其他地区提供一定数量的粮食,因而必须保有一定数量的耕地面积,为此这些地区丧失了进行经济建设的机会,产生了资源保护与实现当地经济利益最大化的矛盾。因此,其他粮食进口地区自然应该向牺牲自己发展机会而保护耕地的粮食输出地区给予相应的经济补偿。健全耕地保护补偿机制正是通过经济补偿的手段,促进区域之间的协调发展。

五、外部性内部化理论

外部性又叫做外部成本、外部效应或溢出效应。不同经济学家定义的外部性概念具有差异性。从给外部性下定义的角度进行归纳,主要有两个,一是外部性产生主体的角度,二是外部性接受主体的角度。保罗·萨缪尔森和威廉·诺德豪斯[5]是从产生主体的角度定义外部性的典型代表,他们认为外部性是指那些生产或消费对其他团体强征了不可补偿的成本或给予了无需补偿的收益的情形。阿兰·兰德尔[6]代表了接受主体的角度,认为外部性是指当一个行动的某些效益或成本不在决策者的考虑范围内的时所产生的低效率现象,即某些效益被给予或某些成本被强加给没有参加这一决策的人。无论怎样定义,外部性的本质具有一致性,即外部性是某个经济主体对另一个经济主体产生的、又不能通过市场价格进行买卖的一种外部影响;是经济主体在生产、经营、消费活动中,自觉或不自觉地没有承担全部成本或没有享受全部收益的现象[7]。

耕地保护与经营存在外部性,包括政府保护耕地投入随着粮食贸易外溢的外部性、耕地经营者在生产经营过程中因植物生长而对环境质量正面贡献的外部性。外部性已经影响了地方政府和耕地经营与保护者保护耕地积极性。利用外部性内部化理论，指导西部地区耕地保护经济补偿理论的建构和实证研究，推进西部耕地保护外部性效益内部化，有利于西部地区的耕地保护。

第二节　耕地保护经济补偿的三大系统

耕地保护不是一句口号而是一种观念，不仅是一种制度更是一种涉及多行为主体的社会实践行为，是行为主体可持续利用耕地的需要。围绕耕地客体的数量不再减少或者在可能情况下有一定增加，质量不再降低或者在可能情况下提升耕地质量的耕地保护，需要建构耕地保护目标系统、耕地保护行为主体系统、耕地保护经济补偿系统。其中，耕地保护目标系统是按照规划时段，将耕地数量和质量保护任务落实到特定区域的特定地块，所以，其实质是一个任务系统；耕地保护行为主体系统是实现耕地数量和质量保护目标的各类人群或组织机构，其实质是利用与管理耕地的人或机构的集合体；耕地保护经济补偿系统是激励－约束各类行为主体保护耕地的财税、经济措施，其实质是奖励耕地保护者、处罚不作为者的经济措施系统。各类行为主体根据耕地保护目标实施自己的耕地保护行为，耕地保护目标落实状态决定启动耕地保护的正、负补偿机制的类型，其中，正补偿机制通过经济补偿措施激励耕地保护行为主体的保护行为，负补偿机制通过经济处罚措施约束耕地保护行为主体的不作为或乱作为行为，从而使三大系统处于有序循环状态（图2-3），最终实现各类行为主体共同参与的耕地保护任务。

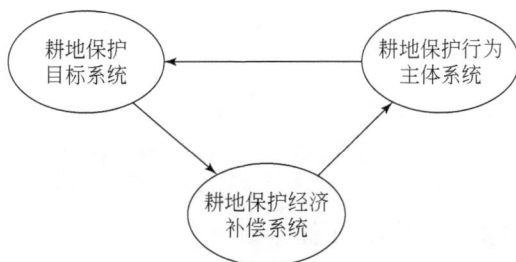

图 2-3　耕地保护经济补偿三大系统及其相互关系

一、区域耕地保护目标系统

（一）区域耕地数量保护目标系统

区域耕地数量保护目标系统，就是按照区域的层级管理架构和关系，将区域耕地数量保护总目标逐级分解并下达到次区域后,形成的耕地数量保护目标体系。我国区域耕地数量保护目标系统是采取自上而下分解、逐层级下达形成的。通过自下而上分层编制利用规划,控制耕地用途转用或其他手段配合,确保规划期内的耕地数量不减少或有增加。

行为主体对耕地用途转用控制或土地整理复垦等定向干预引起区域耕地总量有所增加或者没有减少、农户人口转移使区域农业劳动力人均经营耕地数量有所增加、城乡居民点用地实施有条件的增减挂钩引起城镇和交通等非农建设用地新增和农村居民点利用效率提升、城镇新增用地构成中没有占用耕地或占用少、包括农村居民点在内的已经非农化的建设用地得到集约利用等,都属于研究区域的耕地数量得到有效保护的重要表现。概括起来,衡量区域耕地数量保护是否取得成效,可以从区域耕地总量是否增加、人均经营耕地数量是否增加、居民点新增用地需求是否得到控制、居民点用地承载能力是否得到提升等方面进行考察,与区域耕地数量保护目标系统相关联的四个方面组成了区域耕地数量保护目标的载体系统。目标系统和载体系统的关系见图 2-4。

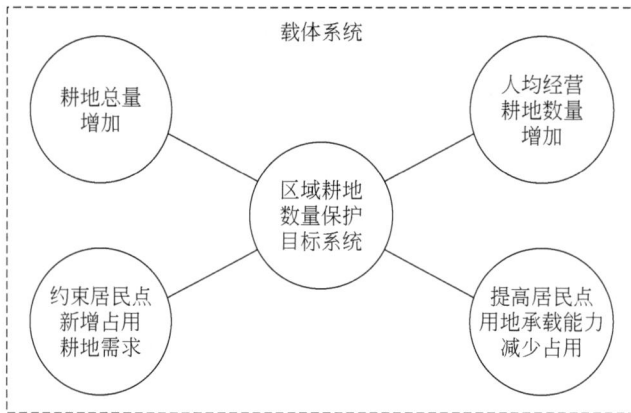

图 2-4　区域耕地数量保护目标与载体系统

(二)区域耕地质量保护目标系统

耕地农业用途维持、耕地质量维护与管理和耕地质量综合建设构成了富有联系、具有递进关系的区域耕地质量保护目标系统(图 2-5)。区域耕地质量保护目标系统规划、组织实施、过程监管和保护成果验收的行为主体是地方政府。

维持耕地农业用途层次,耕地维持农用就是保持持续的种植业利用状态,这是《土地管理法》对区域耕地质量管理的最基本要求。维持农用的考察指标,包含不改变耕地的农用途和保持耕地处于持续种植状态两个质量评估子目标。即使农业用途并未改变,但因为农业劳动力务工而长期处于抛荒状态,也与维持农用的要求不一致。

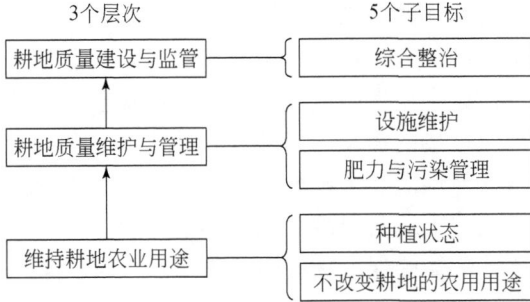

图 2-5 区域耕地质量保护目标系统

耕地质量维护与管理层次,涉及肥力与污染管理、设施维护两个方面。鉴于农作物在生长过程中要不断地向土壤吸取营养,即使没有其他的不良土地利用行为影响,耕地肥力随着植物对肥力消耗的影响也会有自然下降的可能的客观情况,耕地肥力管理的关键在于"补充",如以提升耕地的有机质含量的"沃土工程"等手段,确保耕地肥力在现有的基础上稳中有升。田间基础设施维护的关键在于确保建成的田间工程不损坏和可持续利用。显然,耕地质量维护,关键是需要一定的劳动力投入,激励劳动力投入的关键在于要有一定的经济补偿,为此,地方政府需要制定耕地质量维护标准和发展规划,按照阶段,确定耕地质量维护数量目标并组织实施。

耕地质量建设与监管层次,就是围绕"综合治理",采取工程措施和生态措施,对耕地地力和耕地环境进行建设。针对耕地地力建设的方向,进一步将综合治理分解为 5 个质量子目标:①以改造耕地作业条件为突破口的农田水利和田间基础设施工程;②以降低坡度为突破口的土地平整工程;③以增加耕作层厚度和改善土壤结构的客土工程;④以小块并大块为载体扩大地块面积的耕地归整工程;⑤以改善耕地依托环境质量为突破口的耕地生态工程。耕地地力建设与维护的主攻方向是提高综合生产能力,其突出特点是需要的投入资金量较大,建设重点应该选择区位条件和自然条件好、集中连片的耕地,特别是要避开居民点,地方政府在耕地地力建设与维护方面应该发挥引领作用。

(三)应坚持质量换数量的耕地保护目标

只考虑耕地数量保护,会导致行为主体用新开发的劣质耕地替代相同面积的优质耕地,进而造成耕地数量隐形流失[8]。所以,依据耕地数量保护和质量保护两个方面的重要程度,以质量为基础的耕地总量稳定在规划水平之上才能实现真正意义上的耕地保护。

假设区域的耕地总量不变，而区域人口与人均耕地的变化模式如图 2-6。可以看出，即使各类行为主体的耕地保护措施得当，区域耕地面积的总量没有减少或者略有增加，但随着区域人口数量的不断增加，人均占有的耕地面积减少具有不可抗拒的必然性。所以，要保障区域人口的食物安全，面对食物供应质量不降低、供应数量能够满足市场的需求，必须提高单位耕地面积上的食物产出水平。人均耕地面积减少的必然性决定了我们必须以保护耕地质量、提高耕地的单产水平为重点，在耕地数量或人均数量减少的趋势下，通过耕地质量保护，推进质量换数量耕地保护战略，才能确保食物安全的长期性、稳定性。

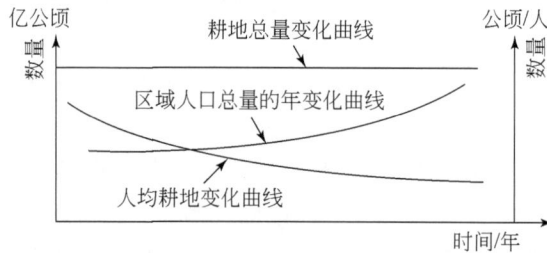

图 2-6　区域人口、耕地与人均耕地变化模式

二、区域耕地保护行为主体系统

区域耕地保护行为主体，就是区域耕地保护措施的制定者和耕地保护行为的实施者。对不同类型的行为主体，按照他们在区域耕地保护中的正、负向行为和所起的作用进行分级，构成了区域耕地保护的行为主体系统（表 2-1）。

表 2-1　区域耕地保护行为主体系统

类型		分级	正向保护耕地行为	负向保护耕地行为
中央政府		第一级	编制国家土地利用中长期规划和耕地保护资金投入	配置非农用地指标
地方政府		第二级	按上级配置非农指标调整耕地保护规划和执行规划服务粮食安全，监管基层机构与个体的耕地利用行为	转变耕地用途追求机会成本最小化
基层组织与个体	村组集体	第三级	协助监管乡村居民居民点与宅基地利用行为，协助监管耕地经营者的耕地利用与保护行为，组织与协调承包耕地的流转行为	组织耕地经营者租赁耕地给非农企业
	城镇居民		融入城镇化，助力人均经营耕地数量增加	住宅或宅基地需求旺盛助推居民点扩张占用耕地
			参与农村居民点集约利用、宅基地退出	
	乡村居民		参与城镇居民点的居住用地集约利用	
	耕地经营者		建设与维护田间基础设施、耕地地力管理	对耕地的只用不养行为

（一）区域耕地保护行为主体的类型

1. 中央政府

中央政府是耕地非农用途计划配置主体和耕地保护资金提供主体，中央政府通过土地利用规划和耕地非农化年度计划手段控制耕地总量减少进度，通过耕地质量保护资金的投放数量影响耕地质量提升速度。①我国实行社会主义公有制，尽管耕地实行集体所有制，但耕地专门用于发展种植业属于顶层土地管理者——中央政府的决策行为。中央政府通过制定《土地管理法》的法律手段规定耕地实行用途管制的制度；通过土地利用规划及其修编，实行自上而下的耕地用途非农化指标配置制度，对全国的耕地非农化的数量、区域布局进行宏观管理；通过行政命令手段，对依据土地利用规划编制的耕地转为非农用地的年度计划执行进度进行宏观管理。②资金是耕地保护措施付诸实施的基本保障要素，项目是耕地保护措施的依托载体，鉴于我国耕地的区域分布现状与区域经济发展水平现状的不一致，耕地资源数量多的区域往往与欠发达、财政资金紧张或者短缺的区域联系在一起，要依靠地方财政解决耕地保护资金困难大、难落实的现状，无论是高标准农田建设项目，还是土地整理与复垦项目，其项目资金主要依靠国家财政资金安排。所以，中央政府是耕地数量保护的第一级行为主体。

2. 地方政府

地方政府是在委托－代理制度下受中央政府委托并代理国家管理耕地，是耕地保护和耕地用途计划配置执行主体。作为耕地管理与保护的行政组织机构，其本质上是众多独立的、具有利益关系的个人按照一定法则组织起来的群体。代表地方政府行使权力的是一个个具体的、能够左右地方政府行为的地方政府官员。按照布坎南的公共选择理论，每个具体的地方政府官员与私人经济中的行为个体一样，都是有个人利益需求的"经济人"，其行为要追求自身利益最大化，这决定了地方政府在配置公共资源中，不只为了提供公共物品目的，本质上还要追求利益最大化，具有很强的逐利性和个体理性，只是因为身份的原因，对利益最大化的追求行为要受到各种制度的约束。为此，地方政府在稀缺资源配置中的行为要受"效用最大化"或"机会成本最小化"等经济法则的影响。

改革开放前，我国国家财政管理权限通过条条控制集中中央，实行统收统支，财力高度集中在中央，地方政府只起着维护计划体制的作用，追求"一大二公"的社会意识形态超越个人对经济利益的追求，地方政府官员缺乏财富集聚意识，社会缺乏财富集聚存在的土壤，地方政府不是独立的利益主体。改革开放后，行政性、放权式的经济改革把自主权下放，地方政府的经济活动范围扩大，特别是国家财税体制由"统收统支"到"分税制"的改革，经济利益上升到第一层面，地方政府的利益得到认可，地方政府成为了具有经济剩余索取权的独立利益主体。作为独立的利益主体，必然产生经济利益最大化的行为动机，并借助各种手段让动机变为现实。

正因为如此，地方政府在耕地非农化配置中的就要求收益最大化。各级地方政府在改革开放以后成为经济发展的主要推动力量，由于难以继续从农业中提取剩余价值，在改革初期各级地方政府便在国有和集体资产基础上，通过兴办由本级政府控制的企业推动工业化；进入 20 世纪 90 年代，随着国有企业和集体企业亏损面不断扩大，控制农地非农化供给逐渐成为地方政府完成资本原始积累、加快地方经济增长和追求财政收入增加最重要的手段。对于高度重视短期政治业绩的地方政府，扩大农地非农化供给规模，符合其政治业绩最大化的需求。征地费用和土地出让价格之间的差别为增加地方可支配财政收入提供了条件。农地非农化相关的投资主要是固定资产投资，它属于外延型、扩张性经济增长，有利于促进经济总量扩张；在政府能够自由支配的资本总量有限的前提下，对农地非农化干预强度越高，就越可能借助土地和资本之间的替代和互补关系，降低交通等基础服务设施的建设成本，使有限的地方财政提供的交通等公共产品服务能力最大化，压低土地价格吸引更多的资本流向本地，扩大地区产品生产能力，促进地方政府经济增长业绩最大化。为了追求更大的业绩，地方政府可能会进一步扩大农地非农化供给，以获取更大的经济增长业绩。同层级的地方政府均享有一定的农地非农化供给权利，尽管相互竞争可能导致土地供给对经济增长的实际贡献降低，造成土地资源浪费，但总体上加速农地非农化供给符合地方政府经济增长业绩最大化的要求；特别是城镇建设用地使用制度改革以来，农地非农化供给收益已经成为许多地方政府财政收入的重要来源，如城市扩张带来的房地产业和建筑业税收、土地出让金为地方政府带来预算外收入、与土地相关的收费为地方政府各部门带来福利收入等。最终，利益驱动导致耕地的农业用途控制在一定程度上被放松。将地方政府定义为第二级耕地保护主体，正确看待不同区域地方政府在耕地保护中的利益得失与对区域内外的贡献，建立经济激励-约束机制长效机制，才能够有效地保护耕地。

3. 基层组织与个体

1）村（组）集体。村（组）集体根据现有农地产权制度属于名义上的农地所有权人，是耕地承包行为的发包方，是耕地用途配置的操作主体，是耕地农业用途、质量保护的直接监管主体，大部分村（组）集体基本能够代表社区农民公共利益，在耕地保护监管中具有不可替代的作用。出于组织生存的需求，村集体自身也具有利益要求。村（组）集体在改革初期一般通过建立集体企业的自发性农地非农化转变耕地用途；随着改革深入，私营企业兴起需求大量新增工业用地，加上受交易费用与政府管理能力的约束，地方政府对村（组）集体土地利用行为的监管能力有限，许多村（组）集体一方面采用类似国有土地出让的形式供给私营企业或个体企业用地，另一方面采取年租或短期租赁的方式供给土地以获取农地非农化收益。村（组）集体组织不通过土地利用规划调整耕地用途，而是通过租赁等市场手段直接与非农用地使用者进行土地使用权交易，加上通过租赁等形式获得土地使用权兴办的企业向地方政府的纳税行为增加地方财政收益，村组的耕地转用违法行为具有很大的隐蔽性。村（组）集体在内外条件的共同作用下，成为了普遍、活跃的农地非农化供给主体，按照收益最大化原则进行农地非农化供给决策，随着用地企业性质不同，农地非农化供给方式和供给价格呈现多样化特征。在一些经济发达地区，集体建设用地的数量占到了工业用地总量的50% ～ 60%，广东南海和江苏南部地区，基本上都是以集体的名义进行的。将村（组）集体组织纳入耕地保护第三级主体，建立村（组）集体保护耕地的激励－约束机制，约束其通过租赁等违法行为将耕地使用权向非农企业出租行为，激励其监督农户将承包耕地用于农业用途的行为，实现村组耕地保护的微观目标，才能使国家耕地保护的宏观目标管理"接地气"。

2）城镇居民。尽管不直接与耕地保护发生关系，但也通过居住用地与耕地保护建立联系。城镇居民点建设占用了耕地，居住用地是城镇建设用地的重要组成部分，控制城镇居住用地数量能够有助于减少耕地占用、控制耕地减少速度，促进耕地保护目标的实现。所以，农户和城镇居民是耕地保护的第四级主体，建立激励－约束机制，激励农户的耕地质量保护行为、宅基地退出行为，约束农户的在耕耕地弃耕行为和宅基地占用、城镇居民对居住用地的过度需求行为，是确保村组耕地保护微观目标 "接地气"的重要手段。

3）乡村居民。未经营耕地的农户，是农村居民点的利用者和宅基地的所有者，乡村居民的居民点利用、宅基地扩展或退出行为，对农村居民点空间扩展与收缩也产生直接影响，最主要反应到耕地保护方面来。

4）耕地经营者。耕地经营者可能是承包耕地的农户，也可能是通过耕地流转取得耕地经营权的、来自城镇或乡村的各类经营者，还可能是专门从事种植农业的农业企业。这些直接经营耕地的人或机构，是耕地保护的基层主体，耕地经济效益的直接受益者，耕地社会效益和生态效益的提供者。田间道路、灌溉设施等是基本农田建设与管理的重要组成部分，耕地经营者参与性地进行田间设施维护，有利于保障各种设施可持续利用。耕地经营者通过耕地地力管理影响耕地质量，Heerink 等 [9] 发现农户在土地利用方式选择和化肥、有机肥施用、秸秆还田等技术选择上影响着土壤肥力状况。Badgley[10] 提出，农户的土壤培肥、农田基础设施维护、耕作制度选择、污染防护等行为与耕地生产能力密切相关。毕继业等[11]认为，以农业收入为主的兼业农户，粗放利用耕地、粗耕粗作，力求从耕地中攫取更多收益，可能会不顾环境成本地过量施用化肥、农药、地膜，也可能种植耗竭地力的作物且不施用农家肥。农户是耕地质量管理单位的基层细胞，何时施肥、怎样施肥、施什么样的肥料等问题的决定权都取决于农户的认知。农户通过培肥、种植绿肥、增施有机肥、测土配方施肥、秸秆还田等措施增加耕地中的有机质含量，改变耕作层的结构，提高耕地肥力。当然，农户如果认为经营耕地的收益不如他将劳动力投入到非农业活动的收益，对培植耕地肥力的劳动力投入可能就会减少，进而影响到施肥管理过程和耕地地力的保持与提升。

（二）不同行为主体在区域耕地保护中的地位演变与原因

1. 不同行为主体在区域耕地保护中的地位演变

20 世纪 80 年代以前，大量农业劳动力除了在家种地外没有别的出路，土地精耕细作不但能够吃饱饭，而且通过粮食卖钱可以改善家庭经济状况，种地之路就是富裕之路，农户愿意出工出力建设、维护影响粮食产量的水利设施，愿意护坡、护坎和对耕作层培肥、增厚土层以提高肥力，愿意开挖、平整土地以提高耕地质量；家庭承包制改革之前的 30 年兴修的水利工程，国家总投资共 763 亿元，而社队自筹及劳动积累估计达 580 亿元，占到了国家投资总额的四分之三稍多。土地平整、水利设施建设与维护，土壤肥力提高，耕地粮食综合生产能力提高，粮食产量增加，家家户户有余粮，解决了农户自己的粮食问题，广大农村才能稳定；农户有余粮，余粮进入市场换钱，城里人有粮，国家有粮，城乡居民粮食供给均有保障，国家才会实现粮食安全。分析表明，20 世纪 80 年代以前，耕地能够给农户带来粮食和财富，所以农户种地和保护耕地的积极性很高，即使国家征税、地方摊派等，农户也愿意种地和保护耕地。在那个年代，农户不仅是耕地保护的主体，而且是推动耕地保护的主体，是与地方性耕地减少、破坏行为斗争的主体。在那个年代，农户知道耕地质量改善不了，不仅要增加购买化肥等农资的费用，而且还有影响单位面积的粮食产量，自己的困境就无法改变，他们就自觉地利用闲暇时间平整土地、护坡护坎、耕地培肥，所以，耕地保护都属于农户自发的行为，不需要国家推动，更不需要地方政府推动。

到 20 世纪 80 年代中后期，农户发现通过增加劳动投入来增加耕地单位面积上的产量已经较为困难了，必须增施化学肥料才能显著提高产量，加上粮食价格较低，增加的投入和增加的收入相比，增加的净收益有限，这就出现了我们所说的边际收益小的问题；同时，随着改革开放程度的深入，城市经济快速发展对劳动力的需求旺盛，特别是建筑行业为农业劳动力外出务工带来了增加家庭收入的机会，为此，出现了大量的兼业农户。由于农业劳动力进城务工的收入很不稳定、风险很大，形成的兼业农户类型表现为"农业＋务工"型，家庭收入结构以农业为主，农户还不敢怠慢承包耕地的保护和家庭农业经营，为此，农户推动耕地保护的局面没有大的改变。

进入 20 世纪 90 年代以后，进一步的改革开放和城市经济快速发展，进城务工的农民形成了"一带十、十带百""一家带一户、一户带一片"的局面，外出务工人员增多，外出务工的参与家庭增多，举家外出务工的家庭增多，兼业农业数量和类型也增多，家庭经济收益结构方面出现了大量的"务工收益＋农业收益"的兼业农户和"务工农户"。"务工收益＋农业收益"农户的家庭经济不再依靠承包耕地而主要依靠务工收益，其承包耕地依靠家庭的留守老人或留守妇女经营，不再在耕地上大量地投入劳动，出现了种地只为解决口粮不卖钱的农户。"务工农户"以无偿或微利流转的方式让他人代为经营自己的承包地，出现了与城市家庭一样的买粮农户。耕地从农户 "家庭收益唯一载体"中淡出的变化在不知不觉中改变着农户对耕地投入与保护的态度，影响着耕地保护主体的地位变化。"务工收益＋农业收益"的兼业农户，尽管还在经营耕地，但属于典型的依靠社会投入外部性或者靠天吃饭的农户，他们已经不会在承包经营的耕地上投入过多的资金和劳动力，"务工农户"尽管按照《土地管理法》还是耕地承包的主体，但因为工作需要已经实现了耕地流转，他们直接退出了耕地经营与保护行列；而替代经营与保护这些流转耕地的农户，因为不是耕地的承包主体，担心投入成本在流转其无法收回，"重用轻养""掠夺式"利用流转耕地是其必然选择，使这些流转耕地置于"公地悲剧"境地。"纯农户"和"农业＋务工"型兼业户，因为增加投入的边际收益递减甚至为零等原因，耕地保护性投入也不像 80 年代那样执著。分析表明，耕地经营与保护除了带给农户粮食外，经济增收的边际效果很差，80 年代推动农户耕地保护性投入的经济因素，在 90 年代以后成为了制约农户耕地保护的杠杆，农户尽管仍然是耕地质量保护的直接主体，但耕地经营与保护的积极性受到影响、耕地质量保护与管理的效率不高，像 90 年代以前那种劳动力无限供给而形成不计代价的"劳动替代资本"投入内在机制难以重新恢复，农户难以自觉地成为耕地保护的推动主体。每个农户在耕地生产力的经济杠杆驱动下的理性选择汇合成一个整体就是大家都不投入，这个结果就是经济学中的合并谬误理论。对于国家来说，合并谬误就意味着非理性选择，因为农户家家都不经营与保护耕地，粮食生产都停留在满足小家庭需要或是寄希望于市场，国家的口粮安全就成大问题了。为此，出于国家的粮食安全需要，中央政府成为了耕地保护的推动主体，兴修基本农田水利、使耕地旱涝保收，遇到天灾就不用太担心；耕地质量提升，储粮于地，国家的粮食安全才可持续。尽管中央政府强力推动，但受管理的局限性影响,耕地管理实行委托 - 代理制,地方政府代理中央政府执行管理权。受"投入 - 产出"经济学的影响,耕地经营与保护投入缺乏效率,进而影响了耕地保护效果。

2. 行为主体保护耕地地位演变的原因

我国农业生产的现状还是分散式的,一家一户占了绝大部分比例,最大的问题是农户经营的耕地面积少,即使单位面积的效益高,农户从耕地经营中获取的年总收益也不多,所以农户不愿意投入、不愿意种地。调查陕西省岐山县雍川镇的农户表明,一亩地一年产出的纯收入上两千元才愿意种地,收入达三四千元才有积极性。农户的愿望影响耕地经营与保护,收入愿望难以实现使其已经对耕地、对基本农田水利设施荒废的现象麻木了。如果大量的农户对耕地经营与保护麻木了,就会导致只种自己需要的粮食,其结果是,城市缺粮将成为必然,我国的粮食安全受到影响将成为必然。在没有更好的赚钱途径的 90 年代以前,尽管在农业土地上赚钱不多,农户还是要投入;在 90 年代以后,这种投入形势就发生了改变,再让农户投入肯定会招到抵触。要调动农户的积极性,必须让耕地经营与保护行为成为农户赚钱的工具,在耕地经营与保护过程中,一方面让农户增收、赚钱,确保农户至少达到非农业行业的最低收益水平,保持农户经营与保耕地的热情和激情;另一方面要实现农户向城市供粮和保护耕地的国家意图,确保耕地战略安全和粮食安全的"双安全"目标。

农户在耕地经营与保护中的收益额等于劳动力日均收益与按天计算的有效劳动时间的乘积,在单位劳动时间的劳动收益一定的前提下,有效劳动时间成为了影响农户在经营与保护耕地中获取收益的关键因素。农户获取的收益额是多是少,需要同农业劳动力经营与保护耕地的机会成本(即农业劳动力务工收益)进行比较后才能够做出判断;如果经营与保护耕地的农业劳动力日均收益不比其机会成本低而年总收益却比其机会成本少,则以增加农业劳动力有效劳动时间为载体的相关措施就成为了农户保护耕地的有效补偿机制。按照上述思路,本章首先研究农业劳动力在耕地经营与保护活动中的收益额,即农业劳动力经营与保护耕地的价值问题;然后研究其机会成本并与农业劳动力经营与保护耕地的价值进行对比,对农业劳动力经营与保护耕地的收益做出判断并寻找关键影响因素,针对关键影响因素提出激励农户经营与保护耕地的经济补偿措施。

劳动力经营与保护耕地的过程寓于种植业发展过程之中,其价值受劳动力从事的农业劳动时间和劳动力经营与保护耕地的日均价值大小影响。如果劳动力从事耕地经营与保护的日均价值越大,以劳动日计算的劳动力个体的经营与保护耕地的年劳动时间越多,则劳动力经营与保护耕地的年收益就越大。

三、区域耕地保护经济补偿系统

区域耕地保护经济补偿系统包括补偿主体、补偿受体（或称补偿对象）、补偿资金，承载补偿资金流动的补偿载体（或称补偿客体）、依据一定原则制定的耕地保护区域补偿标准、补偿运行管理机制等基本要素（表 2-2）。

表 2-2　研究区域耕地保护经济补偿系统的基本要素

基本要素	释　义
补偿主体	是粮食安全责任主体或损害粮食安全的相关责任主体
补偿受体	是为粮食安全而作出贡献的耕地保护者
补偿资金	为保护耕地由补偿主体缴纳并用于耕地保护者的耕地保护劳动补偿的经费
补偿载体	承载耕地保护活动并能够据此评价行为主体对耕地保护贡献大小的客观实体
补偿标准	按照单位面积付给耕地保护者的经济报酬收益的大小
补偿运行管理机制	实施耕地保护经济补偿行为、活动的管理措施等

中央政府依据经济发展需求，按照土地利用中长期规划向各地区配置城镇居民点和交通建设用指标，追求各地区土地资源配置与利用效率的行为具有合理性，耕地减少具有必然性，管控耕地减少与统筹耕地保护资金的职责使其成为耕地保护经济补偿主体；地方政府在耕地转为非农经济的土地利用中获利，或按照属地原则保护的耕地数量不足以保障区内居民粮食安全，成为耕地保护经济补偿主体；城镇居民对居住用地需求并在增值中受益，成为耕地保护经济补偿主体。地方政府按照属地原则保护的耕地数量超过本行政辖区粮食安全的需求则为补偿受体；乡村居民融入城镇化助推人均经营耕地数量增加，或退出宅基地，或在城镇落户，成为耕地保护经济补偿受体；耕地经营者实施耕地质量保护行为通过验收，成为耕地保护经济补偿受体。补偿方式、补偿程序和管理办法等属于补偿运行管理机制的要素，其作用在于使经济补偿制度化、程序化，进而使耕地数量保护和耕地质量保护产生实效。补偿资金及补偿载体的选择是关键。此外，还需要正确认识区域耕地保护经济补偿系统的三个重要关系。

（一）正确认识农业与非农业经济空间的此生彼涨关系

经济社会在从农业经济时代到知识经济时代的顺序演变过程中，不同类型经济空间变化的描述见图 2-7。其中，曲线 1 代表种植业空间变化趋势，曲线 2 代表非种植业空间变化趋势，曲线 3 代表社会价值创造能力变化趋势。种植业经济空间范围变化与非种植业经济空间范围变化的关系见图 2-8。

　　不同经济空间类型在从农业经济时代到知识经济时代顺序演变过程中的社会价值创造能力变化表现为：种植业经济空间总量与社会价值创造能力成反比（图2-7中的曲线1与曲线3）、非种植业经济空间与社会价值创造能力成正比（曲线2与曲线3）。人类追求价值创造的愿望要驱动经济空间属性发生改变。为此，区域耕地总量的减少具有必然性。

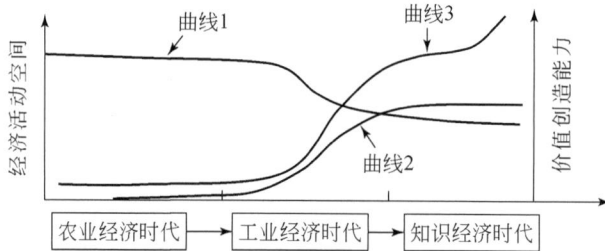

图 2-7　不同经济空间总量及价值创造能力变化

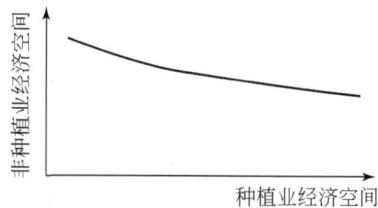

图 2-8　社会经济空间类型与关系

　　耕地总量减少的必然性要求国家在进行耕地保护过程中必须坚持耕地农业用途转变的控制。耕地数量保护具有阶段性，国家已经实施的"耕地总量动态平衡"战略也是保证规划期内的总量处于动态平衡，由一个规划期进入下一个规划期的时候，国家政府又会下达另一个耕地数量保护目标并要求在新的规划期保持动态平衡；下一个规划期的耕地保护目标与上一个规划期相比，一般都会调减。尽管区域耕地数量的减少具有必然性，但如果减少过快就可能影响区域经济可持续发展；耕地保护不是耕地不能减少，而是要通过耕地保护控制其数量的减少速度，通过保护确保耕地总量减少速度与区域经济价值创造能力增长相适应。正是因为如此，《土地管理法》第三十一条中关于耕地保护的叙述才表达为"严格控制耕地转为非耕地"而不是"禁止耕地转为非耕地"。

（二）正确认识耕地发展权价值与耕地保护经济补偿区位性的关系

　　相关研究表明，耕地发展权的存在已经达成共识。很多人认为保护耕地农业用途就是限制其发展权，于是理所当然地就应该补偿，确保用于农业用途的耕地的发展权不会受到损失。

事实上，区域耕地资源根据区位理论必须落实到每一宗地块，作为资产的时候就具有空间位置的固定性。这种空间位置的固定性，使得大量的、远离城镇和重要交通干线的耕地资源，即使不被划定为耕地保护区（没有限制其种植业用途），也没有机会转化为非农用地。资源的稀缺性决定了耕地的农业用途具有机会成本损失，但值得重视的是，机会成本中的机会必须是行为主体在决策时可选择的项目，若不是可选择的决策项目就不属于决策"机会"，也就谈不上机会成本损失。远离城镇和重要交通干线的耕地，受区位因素的影响，土地非农化不属于土地规划利用的可选择机会，所以也就不存在机会成本损失了。

从耕地发展权角度上讲，尽管这些远离城镇和重要交通线的耕地拥有发展权，而且其发展权也没有受到限制，但因为其区位的原因，其发展权仍然是一种潜在、难以在市场中找到交易对象的发展权。所以，以机会成本方式核算的耕地发展权，也就没有损失了。只有在城镇的近郊区、重要的交通干线与节点区域，其区位决定了有可能被城市化，如果要坚持保护这些土地的耕地用途，则其非农发展机会才可能受到土地利用规划的影响，才会产生机会成本损失。正因为如此，本书认为，在进行耕地补偿研究中，一定要认识到发展权的区位属性。

（三）正确认识耕地保护主体在非农化利益流动链上的关系

正确认识耕地转用中的利益传递客体，以及围绕利益传递客体周围的获利行为主体，并通过利益链揭示不同行为主体在耕地转用中的获益过程，确定补偿主体和受体等问题是建立耕地保护经济补偿机制的基本前提。耕地农业用途转用中的利益流动过程与行为主体的关系见图2-9，归纳为4个去向、2个利益流动链和2个利益环。

4个去向：①地方政府土地征收行为使耕地演变为非农储备用地。②村组集体非法租赁耕地给企业进行非农经营。③地方政府基层组织通过审批程序转为耕地为农村居民点用地。④家庭承包耕地数量不足1个全劳动力的最低要求导致农业劳动力在经营与保护耕地中产生机会成本损失而弃耕（图2-9）。

2个利益流动链：①以居住用地为客体的利益流动链，耕地转变为农村居民点用地的受益主体包括村组集体经济组织和农户；通过地方政府的非农土地储备环节转变为城镇居民点的住宅用地，受益主体包括地方政府和城镇居民。所以，激励－约束居住用地的行为主体的利益，有利于控制居住用地数量，就能够减少耕地减少速度、促进耕地保护。②以企业用地为客体的利益流动链，包括村组集体非法向企业租赁耕地并转变用途，地方政府依法储备土地并在向企业出让中获利；尽管企业用是用地主体，但任何企业的土地需求满足，都是以地方政府土地储备－出让的获利行为或者以村组集体非法租赁土地的获利行为为前提的,所以,约束地方政府和村组集体的耕地转用行为,激励二者的耕地保护行为,有利于促进耕地保护。在农业用途的耕地转用为非农用地过程中(图2-9),地方政府掌握着两种耕地需求调控手段,一是通过区域性非农用地指标配置和区域性土地利用规划、土地征收,影响农用耕地的转用;二是通过城镇居民点住宅用地发展权的调控,影响住宅用地的利用,减少城镇居民点对耕地转用的需求,控制耕地转用,实现耕地保护。

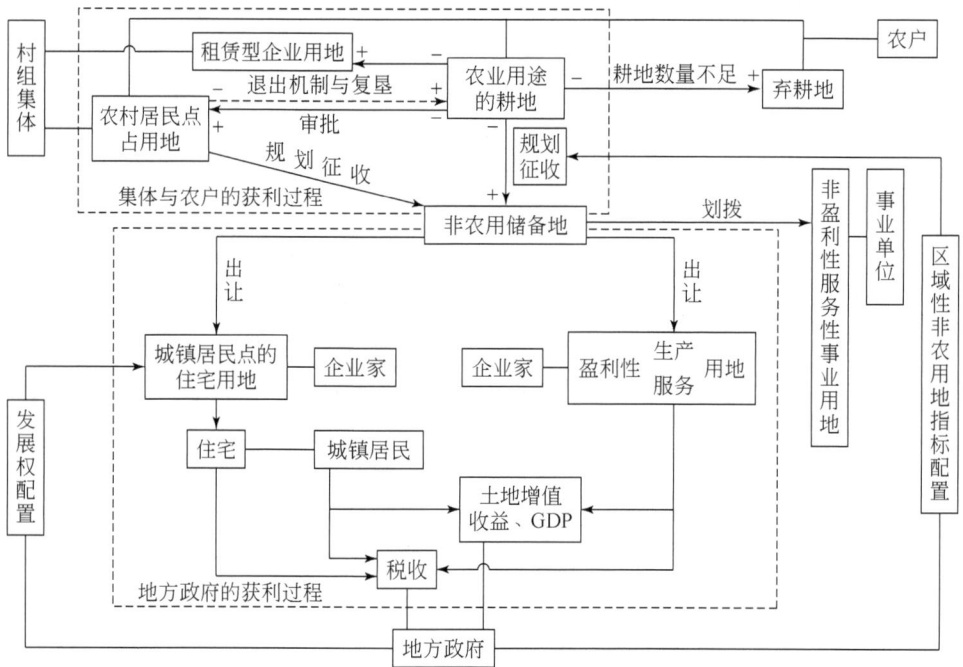

图2-9　　耕地用途转用中的利益链和行为主体获利过程

2个利益环:①第一个利益环是耕地转用环,耕地数量在转用中减少,村组集体和农户在耕地减少中获利。村组集体和农户的直接获利渠道是政府的土地规划－征收形式的合法转用行为,以及村组集体向企业的非法租赁行为;间接渠道是先在基层审批范围内将耕地转为农村居民点用地,再通过政府的征收获取利益。农户的弃耕行为是为了获取自己可支配劳动力的机会成本收益。②第二个利益环是地方政府在耕地转用后的获利环,揭示了地方政府将耕地转为建设用地支撑地方经济发展的本质。第一,地方政府将第一个利益环中储备的非农用地出让给两类企业,其去向见图2-9,在出让中直接获取土地增值收益;第二,地方政府获取GDP总量扩张收益、社会就业扩张收益,通过税收增加财政收入,收益来源见图 2-9。在不同的利益环中，通过不同的利益传导载体，形成不同的获利主体。

第三节　西部地区耕地保护经济补偿与实证研究框架

本节在前述分析基础上，建构了耕地数量保护和质量保护经济补偿的理论架构，并由此对西部耕地保护经济补偿开展实证研究。

一、耕地数量保护经济补偿框架

耕地数量保护经济补偿架构见图 2-10。针对区域的耕地数量保护目标，通过

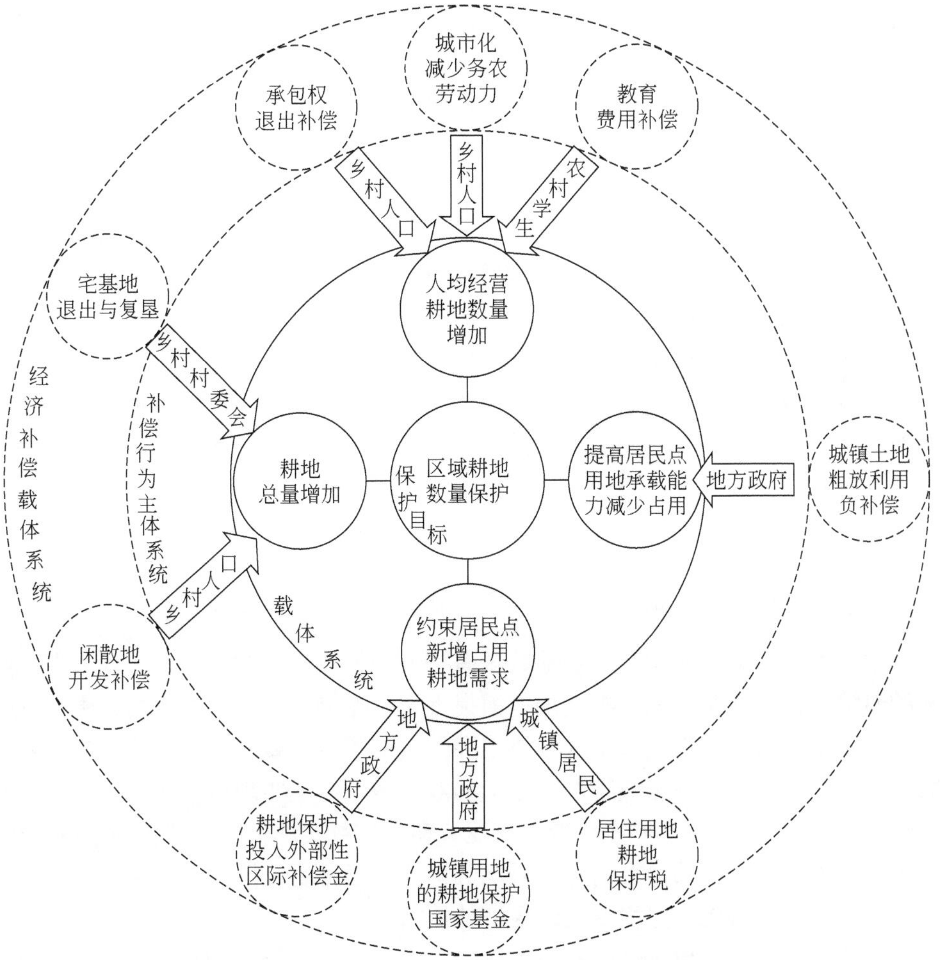

图 2-10　耕地数量保护目标—实施载体—行为主体—补偿机制框架图

分析确定实现数量保护目标的实施载体，再分析影响实施载体的行为主体，结合影响子目标的行为主体，理论上可以通过耕地保护的正、负补偿机制，多维度建立耕地保护经济补偿体系。

（一）补偿行为主体增加区域耕地总量的行为

区域范围一定的情况下，增加耕地总量有两条出路，其一是已经居民点化的土地退出－复垦，其二是开发区域宜农地，提高耕地系数。基于此，激励行为主体增加区域耕地总量的经济补偿机制包括两个方面。

1. 宅基地退出补偿机制

退出的宅基地除了复垦外还可以用作生态建设用地。农户宅基地退出是地方政府组织复垦增加耕地数量、保护耕地的前提。构建农户的宅基地退出补偿机制，有助于激励农户退出宅基地。农户作为宅基地所有人，是经济补偿的受体；地方政府作为退出宅基地的受让人，是经济补偿主体。

鉴于政府规划的保障性住房、高层建筑集中区住房的容积率大，户均占用土地面积相对较少，减少了住宅用地面积的特性，对于退出宅基地并拟落户城镇的农户，可以以保障性住房购买为补偿载体实施经济补偿，激励农户城市化行为。对于拟继续居住在农村的农户，宅基地退出可以根据当地标准，以退出宅基地面积为载体，对农户进行现金补偿。

2. 闲散地开发增加耕地面积的补偿机制

宜农闲散地开发利用是增加耕地面积的又一重要渠道，构建耕地开发的经济补偿机制。闲散地开发利用中，农户要耗费劳动力资源；构建宜农荒地和闲散地开发补偿机制，以开发利用的新增面积为补偿载体计算劳动力投入量，以投入的劳动力为补偿载体，对农户进行经济补偿；地方政府是新增耕地的经济补偿主体。

（二）补偿行为主体增加人均经营耕地数量的行为

增加农业劳动力人均经营耕地数量有利于增加收益，激励农业劳动力保护耕地的热情。在区域耕地总量不增加的前提下，要增加农业劳动力人均经营耕地数量只有一条出路，那就是减少区域耕地经营者的数量。要减少区域耕地经营者的数量，有两条出路：一是激励进城务工的农业劳动力或实现城市化的人群退出或流转承包耕地；二是通过城市化减少农业劳动力数量实现耕地经营者的数量减少。基于此，增加农业劳动力人均经营耕地数量的补偿机制包括两个方面。

1. 激励农户耕地承包权退出的经济补偿机制

耕地承包权是土地法赋予农户的权力，农户按照程序获得的承包权不容侵犯。建立承包地退出机制，将外出或进城务工农户退出的耕地集中承包给种植经营大户，通过扩大农业劳动力的经营面积提高其收益，使农业劳动力收益达到社会的平均收益，提高农户耕地保护积极性。

2. 补偿减少耕地经营者数量的人口城市化行为

耕地经营者数量减少了，即使耕地总量不增加，农业劳动力经营耕地的规模也扩大了。人均经营耕地规模扩大了，收益增加了，农户保护耕地的积极性也就提高了。减少耕地经营者数量的最好办法就是推进人口城市化。

构建农户子女教育补偿机制，让农村知识青年通过提升受教育水平向城镇转移，利于减少农业劳动力。以教育为载体、农村知识青年为教育补偿对象推进城市化，减少农村未来劳动人口数量，增加农业人口的经营耕地规模，确保农业劳动力的耕地经营面积达到适度规模以上。

（三）负补偿约束行为主体对居民点建设用地需求新增的行为

约束居民点新增占用耕地的需求就是从源头上控制居民点扩张。控制居民点扩张的用地需求，可以有两条出路：一是以保障粮食安全为载体对耕地盈余 - 赤字区域进行正负补偿，让耕地盈余区获利、耕地赤字地区缴纳安全金；二是按照居民点中的经营性用地和居住用地向行为主体征收耕地保护税，抑制经营性和居住用地需求。为此，约束居民点新增占用耕地需求的经济补偿机制包括以下三个方面。

1. 建立粮食安全金激励 - 约束经济补偿机制

耕地保护的投入 - 产出收益不足以激励耕地面积多的区域保护超过本行政辖区需求的耕地，耕地面积少的区域在进口粮食中获益。以区域之间流动的粮食为载体、流动的数量为依据，流入区域的地方政府为补偿主体，建立粮食安全金负补偿机制，约束其耕地继续减少行为；让粮食流出区域的行为主体为补偿受体，建立粮食安全金的正补偿机制，激励耕地数量多的区域保护耕地。

2. 城镇经营性用地耕地保护税负补偿机制

经营性用地是城镇用地的重要方面，图 2-9 揭示了地方政府将耕地转为城镇用地从多方面获得收益的过程，要控制耕地转为城镇建设用地的数量和速度，以城镇经营性用地面积为补偿载体，地方政府为补偿主体，耕地保护税为手段，建立耕地保护税的负补偿机制，通过控制地方政府的过度需求抑制城镇对耕地占用，达到耕地保护的目的。

3. 城镇居住用地超标面积的耕地保护税负补偿机制

住宅用地是城镇用地的重要方面，抑制住宅用地的过度需求有利于抑制城镇过快增长。住宅用地的最终去向是城市居民。以超过标准的住宅用地面积为补偿载体，城镇居民为补偿主体，耕地保护税为手段，建立耕地保护税的负补偿机制，控制居民住宅用地的过度需求，抑制城镇住宅用地需求对耕地占用，达到耕地保护的目的。

（四）负补偿约束行为主体粗放利用居民点用地的行为

提高居民点用地承载能力减少占用保护耕地的实质是通过深度开发已经居民点化土地，增强人口承载能力，确保人口城市化的同时，城镇空间不再扩张，进而实现城镇周边耕地保护的目的。

构建居民点用地粗放利用的负补偿机制是约束行为主体粗放利用居民点用地的有效途径。以国家关于居民点建设用地的人均规划标准为依据评价各类城镇用地情况，计算出各地区城镇居民点超标用地数量，以超标土地数量为补偿载体，管辖地方政府为补偿主体，向国家缴纳粗放利用负补偿金，从而约束城镇空间"摊大饼"式外延发展，影响耕地保护的行为。

二、耕地质量保护经济补偿框架

耕地质量保护有三重目标（图2-5）。围绕三重质量保护目标，建构耕地质量保护经济补偿机制的架构体系（图2-11）。

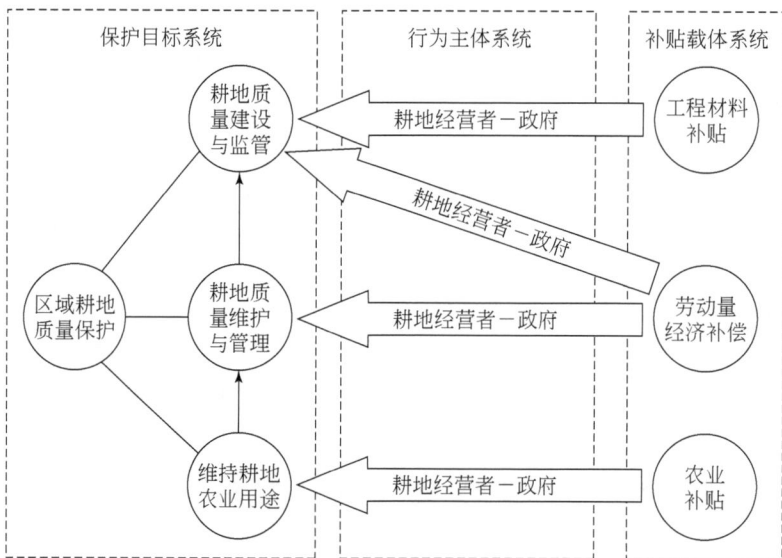

图2-11　耕地质量保护目标—实施载体—行为主体—补偿机制框架图

（一）以维持耕地农业用途为目标的经济补偿机制

鉴于耕地利用可逆性差的特点，维持耕地农业用途是耕地质量保护的基本行为。基于农业经济的弱质性，以耕地为载体、经营耕地的农户为对象，国家多年来构建并推行了农业补贴机制，对农户维持耕地农业用途的行为进行农业补贴。

（二）以耕地质量维护与管理为目标的经济补偿机制

耕地质量维护与管理，其实质是要求农户保持耕地现有质量不低于承包时的质量水平。肥力在耕地利用过程中要自然流失，维护耕地质量不降低需要补充土壤养分，补充养分需要投入农业劳动力。

农业劳动力是农户可支配的有限性资源，选择务农、保护耕地，在耕地数量并不充足、劳动力经营的耕地没有达到门槛规模的条件下，务农劳动力相对于外出务工的机会成本损失较大。鉴于耕地质量保护成果的实体性、可评价性，以耕地为载体对农户投入的劳动量进行评价，构建农户劳动量补贴机制。

（三）以耕地质量建设与监管为目标的经济补偿机制

耕地质量管理的高级目标是通过质量建设，形成优质耕地。为了改善耕地环境、治理水土流失，国家在生态脆弱地区以"生态退耕"的耕地面积为载体，建立了生态补偿机制对农户进行生态补偿，但生态补偿的关键价值在于耕地依存的大环境建设，对耕地地块的质量改善作用有限。此外，国家农业补贴的实质是农业产品或生产资料的价格补贴，两项补贴在一定程度上增加了农户收益，但难以促进农户收益持续增加。所以，想通过农业补贴、生态补偿等手段激励农户加大耕地质量保护的劳动力投入比较困难。

耕地质量建设需要投入劳动力、道路和田间设施建设的相关材料等。以耕地质量建设为载体、地方政府为建设资金投入的主体，以农业劳动力投入量补偿依据，国家购买耕地质量产品为导向，社会劳动的平均收益为参照系，建立农户"以工换酬"的耕地质量保护经济补偿机制，对农业劳动力投入耕地质量保护行为进行经济补偿。

耕地质量建设工程材料补偿机制。耕地质量建设属于土木工程项目，农户除了耗费劳动力外，还需要一定数量的土木建筑材料。建立耕地的土木工程材料的实物直补机制，减少农户在购买材料中的现金支出，有利于间接增加农户经营与保护耕地质量的收益。

三、基于行为主体视角的耕地保护经济补偿实证研究

　　地方政府是耕地数量保护的行为主体，保护耕地数量的关键在于约束农业用途转变为非农用途的耕地减少行为、激励保护超过本行政辖区需求的耕地行为（图2-12）。一条思路是基于地方政府是合理配置资源、兼具推动地方经济发展和保护地方耕地数量双重职能的主体，坚持在经济发展的基础上实施耕地数量保护的策略，以非农用地为补偿载体，构建各区域地方政府参与的耕地保护基金筹集负补偿机制（见本书第三章）。另一条思路是以粮食为载体，贸易流动量为依据，构建调入地补偿调出地的补偿机制（见本书第四章）。

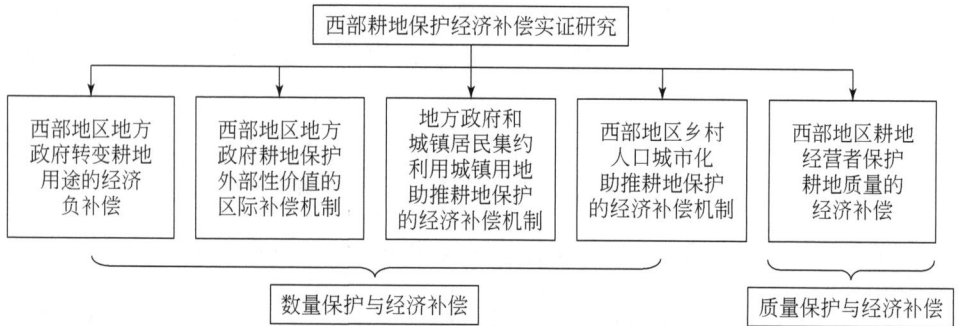

图 2-12　西部耕地保护经济补偿实证研究目标分解图

　　城镇居民点建设用地是耕地非农化的重要方面，控制其用地数量有利于控制居民点用地新增需求。其中，居住用地是城镇居民点用地的主要组成部分，控制住宅用地增长有利于控制城镇居民点用地增长。以城镇居民点为载体，构建行为主体集约利用城镇居民点用地保护耕地的经济补偿机制。利用城镇居民点的行为主体具有多样性，除城镇居民外的各类行为主体在第六章中已研究，第五章讨论城镇居民集约利用居住用地问题。

　　耕地质量维护管理与耕地质量建设管理都与农户投入劳动力有关，在假定地方政府提供耕地质量建设辅助材料的情况下，以耕地质量建设工程为载体，构建西部农业劳动力保护耕地质量的经济补偿机制。维持耕地农用的农业补贴机制国家已经推行多年，本章不予讨论。

　　耕地承包权是《土地管理法》赋予农户的权利，进城务工不稳定性导致农户未来生活的不确定性，影响承包权退出，因而推动人口城市化减少农村未来劳动力数量以增加农业劳动力人均经营耕地数量、促进耕地规模经营增收激励农户保护耕地是自然的想法，教育是推进人口城市化是惠及全体农户、提高城市化人口质量的最好办法，以教育为载体，研究西部地区农户人口教育城市化推进耕地保护的机理和构建经济补偿机制。行为主体退出宅基地与复垦具有分散性，宜农地

有限性制约闲散地开发，两种增加耕地总量行为对区域耕地数量保护的理论意义大于实践意义，本章不作专门研究。

第四节　本章小结

耕地数量有限性、耕地资源的稀缺性、耕地要素在粮食生产中的非替代性、耕地的就业载体属性，社会平均收益理论、机会成本最小化理论、劳动地域分工理论、外部性内部化理论等构成耕地资源保护和对保护行为主体进行经济补偿的理论基础。

西部地区耕地保护与经济补偿行为受耕地保护目标系统、落实耕地保护目标的行为主体系统、驱动行为主体实现耕地保护目标的经济补偿系统三大系统影响，对区域耕地数量和质量保护目标的观测点进行分解、区域耕地保护行为主体系统、不同行为主体地位演变进行论述，建构了耕地保护经济补偿系统的基本要素，从正确认识农业与非农业经济空间此生彼涨关系、耕地发展权价值区位差异与耕地保护经济补偿的关系、耕地保护主体间的利益流动关系等方面论述了经济补偿系统要素之间的关系。

本章从补偿激励行为主体增加区域耕地总量的行为、补偿激励行为主体增加人均经营耕地数量的行为、负补偿机制约束行为主体居民点建设占用需求新增的行为、负补偿约束行为主体粗放利用居民点用地的行为四个方面构建了区域耕地数量保护经济补偿框架，从维持耕地农业用途、耕地质量维护与管理、耕地质量建设与监管三个层次递进目标，构建了区域耕地质量保护经济补偿框架。此外，结合西部地区现有耕地资源保护的实情，从行为主体角度规划了地方政府和城乡居民保护耕地的经济补偿研究重点方面。

参 考 文 献

[1] 刘秋香，郑国清，赵理．农业适度经营规模的定量研究．河南农业大学学报，1993，27(3)：244-247.

[2] 许治民，种植专业户经营规模适度分析．安徽农业科学，1994，22(1)：85-88.

[3] 赵亚南，陈英，刘书安，等．西北地区农地适度经营规模研究——以甘肃省临夏县北塬地区为例．中国农学通报，2014，30(26)：53-57.

[4] 蔡运龙，霍雅勤．中国耕地价值重建方法与案例研究．地理学报，2006，61(10)：1084-1092.

[5] 保罗·萨缪尔森，威廉·诺德豪斯．经济学．16版．萧琛，等译．北京：华夏出版社，1999.

[6] 阿兰·兰德尔．资源经济学．施以正，译．北京：商务印书馆，1989：155.

[7] 石生萍 . 经济外部性问题研究 . 重庆 : 西南农业大学博士学位论文 , 2004: 33-35.

[8] 陈景元 . 保护耕地迫在眉睫——海外人士对中国土地利用的综合评述 . 资源开发与保护 , 1986, 2(3): 56-59.

[9] Heerink N, Kuyvenhoven A, Maarten S. Economic policy reforms and sustainable land use in developing countries: Issues and approach. Economic Policy and Sustainable Land Use, 2001, (1): 1-20.

[10] Badeley C.The farmers conservation. American Journal of Alternativ Agriculture, 2003, 18(4): 206-212.

[11] 毕继业 , 朱道林 , 王秀芬 . 耕地保护中农户行为国内研究综述 . 中国土地科学 , 2010, 24(11): 78-80.

第三章 西部地区地方政府转变耕地用途的经济负补偿

地方政府是耕地保护的责任主体，也是耕地用途转用的推手[1]。地方政府转变耕地用途对保护耕地有损害作用，建立让地方政府缴纳一定数量的耕地保护国家基金，适度承担耕地保护经济责任的经济负补偿机制，对约束其转变行为、弥补其转变行为对耕地保护的损失具有重要意义。

第一节 西部地区耕地数量需要保护

一、政府是耕地数量保护的责任主体

按照《土地管理法》的规定，任何单位和个人进行建设需要使用国有土地，国有土地包括国家所有的土地和国家征收的原属于农民集体所有的土地。包括耕地在内的集体土地转为建设用，必须依据土地利用总体规划的用途、建设项目的类型和级别、规定程序，由国务院、省（自治区、直辖市）、地（市、州）、县（市）人民政府进行分级审批，履行转用手续①。所以，地方政府是受国务院委托并代理国家管理耕地、耕地用途计划配置和保护耕地数量的执行主体。

二、保护耕地的法律法规与政府的行政管理

（一）出台区域耕地保护政策

在国家行政管理方面，一是通过国务院《政府工作报告》鼓励开垦增加耕地和批判侵占耕地行为，从 1978 年《政府工作报告》提出要"有计划地开垦荒地，使耕地面积逐年有较多的增加"的耕地保护措施以来，到"耕地保护经济补偿"概念提出为止，据不完全统计，至少有 13 年的《政府工作报告》中提出要加强耕地保护（表 3-1）②。

---

① 2004 年 8 月 28 日第十届全国人民代表大会常务委员会第十一次会议通过《全国人民代表大会常务委员会关于修改〈中华人民共和国土地管理法〉》。

② 资料来源：根据有关国土管理部门出台的相关文件整理。

表 3-1　1978～2008 年的《政府工作报告》中有关加强耕地保护的内容

年份	主要内容
1978	有计划地开垦荒地，使耕地面积逐年有较多的增加
1981	基本建设即使非占用耕地不可，用地也要严加限制；农村建房要有规划，绝不能乱占滥用耕地
1982	将滥占耕地建房看作了除了乱砍滥伐森林之外的另一股歪风
1990	各地方凡因建设占用农用土地的，原则上应承担土地开发的义务
1995～1998	建立健全基本农田保护制度
2004	依法加强耕地管理和加快征地改革
2005	严格保护耕地特别是基本农田
2006	切实保护耕地特别是基本农田
2007	一定要守住全国耕地不少于 18 亿亩这条红线
2008	坚持最严格的耕地保护制度，特别是加强基本农田保护

　　二是通过中共中央或者国务院办公厅签发的行政命令，强调耕地保护的重要意义和乱占耕地、减少耕地的危害，要求进一步加强耕地保护。据不完全统计，通过中共中央、国务院或两者联合的方式颁布的耕地管理与保护的行政命令，到"耕地保护经济补偿"概念提出之前，至少有 18 个国家级命令，其中，以 1 号文件的形式出现的命令至少就有 8 个（表 3-2）。

表 3-2　有关耕地管理与保护的行政命令

年份	主要内容
1981	关于制止侵占耕地建房的通知
1982	1982 年 1 月 1 日全国农村工作会议纪要（严格控制企事业单位占用耕地）
1983	当前农村经济政策的若干问题（要"严格控制占用耕地建房"和"爱惜每一寸耕地"）；关于制止买卖、租赁土地的通知（采取一切措施制止乱占滥用和破坏耕地的行为）
1986	关于 1986 农村工作的部署（年内制定"严格控制非农建设占用耕地的条例"）；关于加强土地管理、制止乱占耕地的通知（保护耕地是我国必须长期坚持的基本国策）
1992	关于严格制止乱占、滥用耕地的紧急通知；关于严禁开发区和城镇建设占用耕地撂荒的通知
1993	关于严格审批和认真清理各类开发区的通知
1997	关于进一步加强土地管理切实保护耕地的通知
1998	关于继续冻结非农业建设项目占用耕地的通知
2004	中央关于促进农民增加收入若干政策的意见（要求各级政府要切实落实最严格的耕地保护制度，确定一定比例的国有土地出让金用于农业土地开发和建设高标准基本农田）
2005	关于进一步加强农村工作提高农业综合生产能力若干政策的意见（继续要求"坚决实行最严格的耕地保护制度，切实提高耕地质量"，规定土地出让金和新增建设用地有偿使用费用一定比例保护耕地）

年份	主要内容
2006	关于推进社会主义新农村建设的若干意见（对耕地占用税、土地出让金、新增建设用地有偿使用费的征缴和使用方面做出有利于耕地保护的规定）；关于加强土地调控有关问题的通知
2007	关于积极发展现代农业扎实推进社会主义新农村建设的若干意见（要求"强化和落实耕地保护责任制"，切实提高耕地质量）；关于完善退耕还林政策的通知
2008	关于切实加强农业基础建设进一步促进农业发展农民增收的若干意见（强调"坚持最严格的耕地保护制度，特别是加强基本农田保护"）

三是通过国土资源部或前国家土地管理局发布文件，规范土地利用管理行为和强化耕地保护，据不完全统计，到"耕地保护经济补偿"概念提出之前，至少有 33 个耕地管理与保护文件（表3-3）[①]。

表 3-3　相关耕地管理与保护的文件

年份	文件名称（或主要内容）
1987	关于在农业结构调整中严格控制占用耕地的联合通知
1988	严格限制毁田烧砖积极推进墙体材料改革的意见（严控占用耕地建窑和毁田取土烧砖）
1998	关于坚决贯彻执行中央继续冻结非农业建设项目占用耕地决策的通知
1999	关于切实做好耕地占补平衡工作的通知；关于查处土地违法行为如何适用《土地管理法》有关问题的通知；关于加强土地违法案件查处工作的通知；关于认真贯彻执行《基本农田保护条例》进一步做好基本农田保护工作的通知；关于土地开发整理工作有关问题的通知；关于搞好农用地管理促进农业生产结构调整工作的通知
2000	关于加大补充耕地工作力度确保实现耕地占补平衡的通知；关于加强耕地保护促进经济发展若干政策措施的通知
2001	关于进一步加强和改进耕地占补平衡工作的通知
2002	关于认真做好土地整理开发规划工作的通知
2003	土地开发整理若干意见；关于严禁非农业建设违法占用基本农田的通知；关于进一步采取措施落实严格保护耕地制度的通知
2004	关于完善征地补偿安置制度的指导意见；关于进一步加强新增建设用地土地有偿使用费征收使用管理的通知
2005	关于规范城镇建设用地增加与农村建设用地减少相挂钩试点工作的意见；关于加强和改进土地开发整理工作的通知；关于开展补充耕地数量质量实行按等级折算基础工作的通知；关于进一步做好基本农田保护有关工作的意见；关于开展设立基本农田保护示范区工作的通知；关于进一步加强国土资源执法监察工作的通知；查处土地违法行为立案标准；省级政府耕地保护责任目标考核办法
2006	关于坚持依法依规管理节约集约用地支持社会主义新农村建设的通知；耕地占补平衡考核办法；关于加强生产建设项目土地复垦管理工作的通知
2007	关于在建设项目用地预审中做好实地踏勘和论证工作有关问题的通知
2008	关于促进节约集约用地的通知
2009	关于划定基本农田永久保护的通知
2014	关于强化管控落实最严格耕地保护制度的通知

[①] 资料来源：根据有关国土管理部门出台的相关文件整理。

（二）健全了法律制度体系

在法律法规建设方面，国家陆续通过或颁布了一些法规或规章等，形成了耕地保护的法律法规体系。第一类是通过全国人大常委会批准的《中华人民共和国土地管理法》及其后来的修订版，《土地管理法》于 1986 年第六届全国人大常委会通过，后来经历了两次修订；第二类是通过国务院颁布的《中华人民共和国土地管理法实施条例》（简称《土地管理法实施条例》）及其后来的修订版，《土地管理法实施条例》于 1991 年 1 月开始实施，后来随着《土地管理法》的修订而修订；第三类是专项土地管理办法或条例（表 3-4），包括由国务院签发的文件和国家土地管理部委签发的文件；第四类是全国人大常委会通过"耕地破坏行为"的定罪办法，最高人民法院准予破坏耕地行为入刑（表 3-4）。

表 3-4　相关专项土地管理办法或条例

年份	主要内容
1982	国家建设征用土地条例
1987	建设用地计划管理暂行办法
1994	基本农田保护条例
1996	土地违法案件查处办法；设用地计划管理办法
1997	冻结非农业建设项目占用耕地规定；设立"破坏耕地罪""非法批地罪"和"非法转让土地罪"
1998	基本农田保护条例
1999	土地利用年度计划管理办法；闲置土地处置办法；报国务院批准的建设用地审查办法
2000	基本农田保护区调整划定工作验收办法
2001	建设项目用地预审管理办法
2006	非法转让倒卖土地使用权、非法占用耕地和非法批地等入刑
2007	中华人民共和国耕地占用税暂行条例；实际耕地与新增建设用地面积确定办法

三、西部耕地数量保护现状呼唤经济补偿制度

（一）耕地总量减少

用灰色数列模型将 1987 ～ 1995 年的耕地面积统计数据按照 1996 年及其以后的统计口径进行校正 [1]，绘制曲线图 3-1。

西部耕地数量在保护中呈现整体减少变化，在整体减少中呈现波动状变化。其数量变化的类型特征可以归纳为以下三个方面。

1. 正、负向演变和平衡演变

正向演变是指研究期内的末期耕地数量大于基期耕地数量，耕地总量呈现增加变化。正向演变可能有两种情形：一种是逐年增加型，即年内的耕地增加量大

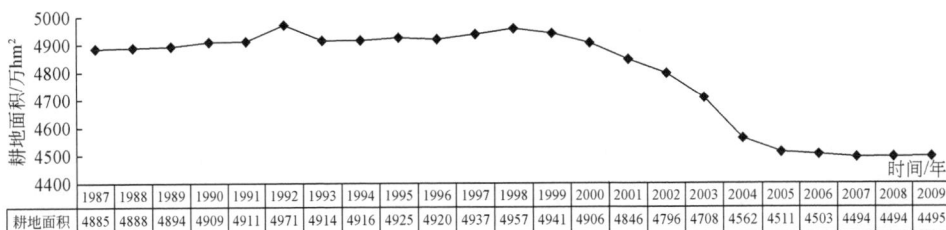

图 3-1　西部地区耕地数量变化

于年内的耕地减少量，年际增量为正数，耕地总量沿时间轴线方向逐年增加引起的耕地总量递增；另一种是波动增加型，即研究期内，有些年份呈现净增加，有些年份呈现净减少，耕地的净增加量整体上大于净减少量引起耕地总量在波动中增加。耕地总量与正向演变相反变化，即为负向演变。耕地总量的负向演变又叫作耕地总量的显性减少，分为逐年减少型和波动减少型。

平衡演变是指研究期内，基期与末期的耕地数量几乎没有变化或者很少变化。平衡演变也可能有两种情形：一种是不变或少变型，即研究区域的地块位置、数量都没有或少有变化，耕地利用受外来冲击少；另一种是增减平衡型，即基期和末期的耕地增加量和减少量基本平衡引起耕地总量少变化。增减平衡型又包括两种类型，一是逐年增减平衡型，即耕地年内的增加和减少量基本平衡，引起基期和末期的耕地增减总量基本平衡；二是期内增减波动平衡型，即可能某些年份的净增量大，某些年份的净减量大，年际净增、净减量波动变化，但研究者关注研究期内的耕地增加量与减少量基本相等。增减平衡型对耕地数量和质量变化具有很强的指示功能。本书认为，增减平衡型重点关注基期和末期的耕地总量增减是否处于动态平衡，这种动态平衡的背后，可能隐藏着熟地大量减少和生地大量增加的土地利用行为，生地的生产能力低于熟地，为此，以增减平衡型为特征的耕地数量平衡演变，在绝对保量的背后隐藏着耕地质量降低，按照质量折算的耕地数量隐形减少。

2. 计划演变与非计划演变

计划演变是指耕地管理行为主体根据经济社会和环境保护需要，有计划地将耕地配置为其他用途引起耕地数量减少的耕地总量演变类型。计划演变具有明确的目的性、计划性和安排性，包括生态退耕、农业结构调整和规划性建设占用。

非计划演变是指耕地数量变化超出了耕地管理行为主体的主导、控制，导致耕地数量减少变化失常，具有非控制性或非约束性，如（自然）灾毁、（政府、农户、其他行为主体）违法占用等。

3. 自然演变与人为演变

自然演变是指耕地数量在自然力的作用下发生用途的改变。耕地是人类利用自然土地的产物，仅靠自然力的作用，不可能将自然土地变为耕地进而增加耕地数量，所以，纯粹的自然力作用只可能导致耕地数量的减少变化。导致耕地数量减少的自然力是灾害，如大型滑坡掩埋耕地导致的减少、地震导致区域性地貌构造的改变引起耕地灭失、泥石流导致流经地区耕地灭失等。根据有关报道，2008 年 "5·12" 汶川大地震导致四川耕地大量灭失，地震损毁灭失耕地 1.17 万 hm^2，其中，有约 1.2 万户、4.1 万人的 0.37 万 hm^2 耕地全部灭失。汶川县原有耕地 0.71 万 hm^2，地震导致灭失土地 0.28 万 hm^2，严重损毁 0.32 万 hm^2，仅存 0.11 万 hm^2 耕地。青川县耕地受损严重，损毁耕地 0.93 万 hm^2，不可复垦的土地较多。四川省绵阳市 9 个县（市、区）耕地不同程度毁损，全市耕地损毁面积达 3.93 万 hm^2 以上，占灾前耕地总面积的 10%，加上震后连续两年的洪灾，损毁耕地达 5.6 万 hm^2，约占灾前耕地总量的 14%。其中，位于龙门山断裂带的北川、平武、安州区（原称安县）和江油 4 个县（市）耕地毁损尤为严重，灾毁耕地面积达 3.80 万多 hm^2。

人为演变又称为行为主体驱动，是指在人的作用下导致耕地数量减少。人为原因引起的减少可能具有计划性或规划性，也可能具有非计划性或偶然性。社会越发达，行为主体的社会责任感越强、管理耕地水平越高、对耕地可持续利用的危机意识越强，耕地数量的人为演变的计划性或规划性就越强，耕地减少的速度就越可控。驱动耕地数量演变的行为主体是耕地经营、耕地非农化审批与利用过程中的组织或个人，包括政府的各级土地管理部门、村组（社）、企业和农户。

（二）在全国的地位下降

西部地区耕地面积在全国的地位变化见图 3-2。2009 年相对于 1987 年，西部地区耕地占全国的耕地比例下降了 0.4 个百分点。占全国的整体地位下降，意味着在相同时间段的全国耕地数量整体减少大盘中，西部地区耕地数量减少速度相对较快。西部地区耕地数量下降速度较快，一方面可能与国家的宏观政策如生态退耕有关，另一方面可能因为与行为主体在贯彻国家耕地数量保护政策时存在差距。

分析西部地区占全国耕地面积比例的阶段变化，呈现 "增—降—增" 变动。1987～1998 年，西部地区占全国的比重在波动中呈现较小的上升变动，由 1987 年的 37.33% 上升到 1998 年的 38.12%，增加了 0.79 个百分点；1998～2005 年，西部地区耕地占全国的比例整体呈现较大的下降变动，2005 年比重下降至 36.84%，下降了 1.28 个百分点，这个时期正是西部大开发政策背景下，退耕还林还草政策的关键时期；2005 年以来，西部地区耕地在全国的地位又呈现上升趋势，2009 年占全国的比重上升为 36.93%，4 年间增加了 0.09 个百分点，这个时期正是退耕还林还草政策逐步完成、淡出时期。显然，西部地区耕地在全国的地位变化与退耕还林的相关政策变化密切相关，随着退耕还林的减少，西部地区耕地减少速度相对于中东部变慢，在全国的整体地位将进一步提升。

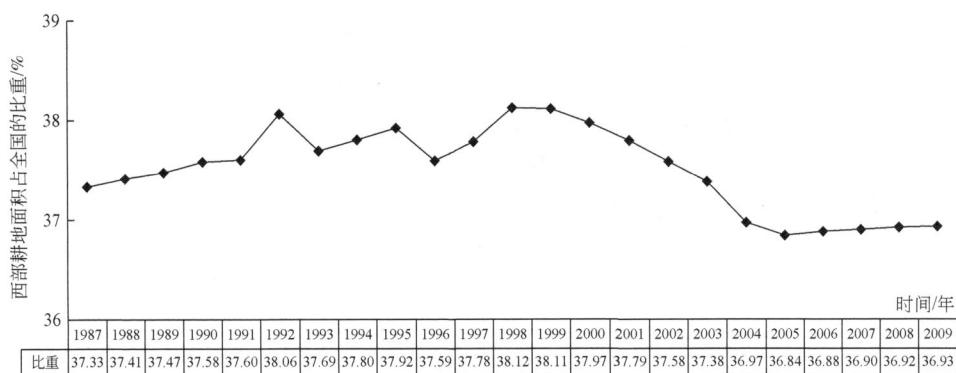

图 3-2　西部耕地在全国的地位变化

时间/年	1987	1988	1989	1990	1991	1992	1993	1994	1995	1996	1997	1998	1999	2000	2001	2002	2003	2004	2005	2006	2007	2008	2009
比重	37.33	37.41	37.47	37.58	37.60	38.06	37.69	37.80	37.92	37.59	37.78	38.12	38.11	37.97	37.79	37.58	37.38	36.97	36.84	36.88	36.90	36.92	36.93

（三）耕地保护中的政策失效与政府失灵呼唤经济补偿制度

如前所述，我国和西部地区实施了最为严厉的耕地保护制度，但西部地区耕地数量在 2009 年为 4495.0542 万 hm²，2009 年的耕地数量在时间序列上较 1987 年减少 390.0717 万 hm²，同期人均耕地数量减少；占全国耕地面积的地位尽管在阶段上呈现"增—降—增"变动，但整体上由 1987 年的 37.33% 下降到 2009 年的 36.93%。在实施耕地保护的大背景下，西部的人均耕地数量和耕地总量与全国、中部和东部一样呈现下行趋势变动，占全国的地位 2009 年相对于 1987 年下降，意味着西部耕地数量的减少速度快于全国平均水平，说明西部地区耕地数量保护不但存在着政策失效和政府失灵现象，而且西部地区较中东部的失效和失灵问题有过之而无不及。为此，要保护西部地区的耕地，除了应该坚持执行既有的政策和行政管理之外，还应该另外寻求原因——即探索如何对耕地保护行为主体的耕地保护行为经济补偿问题。

第二节　机会成本影响西部地区地方政府耕地保护行为

机会成本内涵表明，耕地农业用途和非农业用途的收益互为机会成本，保护耕地农业用途则须放弃非农业用途，放弃非农用途而放弃的收益则是保护耕地农业用途的机会成本，反之相反。如果保护耕地的农业用途，则将单位面积土地上的非农用途收益与农业用途收益之差定义为机会成本差，可以用来评价耕地农业用途机会成本的得与失。

一、保护耕地农业用途的机会成本分析方法

用 N 表示单位面积农用地收益（非农用途的机会成本），Q 表示单位面积城镇及交通等非农用途土地的非农收益（保护耕地农业用途的机会成本），M 表示保护耕地农业用途的机会成本差。则：

$$M=Q-N \qquad\qquad （3-1）$$

如果 $M > 0$，说明因保护农业用途、放弃非农用途而放弃的收益多，机会成本高、损失大；M 的绝对值就是耕地农业用途配置的机会成本损失量，其值越大，耕地保护的机会成本损失越大。反之则相反。

保护耕地农业用途的机会成本主要集中在三个方面：一是经济增加值总量方面的机会成本，即单位面积土地上的第二、三产业经济增加值总量为保护耕地农业用途的机会成本；二是地方政府税收方面的机会成本，即单位面积土地上的第二、三产业创造的税收收入总量为保护耕地农业用途的机会成本；三是土地出让收益方面的机会成本，即单位面积土地上出让后的收入总量为保护耕地农业用途的机会成本。为此，保护耕地农业用途的机会成本差由增加值的机会成本差、税收收益的机会成本差、土地使用权出让的机会成本差三部分组成。

二、耕地非农化的机会成本小、收益高

非农化后的耕地主要用于交通、城镇建设、农村居民点建设和水利设施建设。农村居民点不创造 GDP，涉农水利设施不创造非农 GDP，无论是第二产业还是第三产业的 GDP 只能够依托于交通、城镇用地。所以，增加值总量方面的机会成本是单位土地面积上的第二、三产业的 GDP 收益，即单位面积的城镇土地和交通用地收益。

（一）增加值的机会成本差

1. 单位面积城镇与交通用地的增加值

2010 年，全国城镇与交通用地总量为 114 745 km²，城镇及交通用地创造 GDP 总量为 396 509.1 亿元，每平方米 GDP 高达 345.56 元；同期，西部地区平均值为 236.34 元 /m²。西部 12 省（自治区、直辖市）单位面积的城镇与交通用地创造 GDP 的能力差异很大，其值介于 84.54 ～ 326.72 元 /m²（表 3-5）。

表 3-5 2010 年单位面积城镇与交通用地的 GDP

区域	非农产业 GDP/ 亿元	城镇与交通用地 /km²	单位面积城镇与交通用地的 GDP/（元 /m²）
全国	396 509.10	114 745	345.56
西部	70 707.17	29 917	236.34
内蒙古	10 576.71	4 488	235.67
广西	7 894.79	3 041	259.61
重庆	7 240.20	2 216	326.72
四川	14 702.59	5 409	271.82
贵州	3 977.13	2 356	168.81
云南	6 115.80	2 906	210.45
西藏	438.74	519	84.54
陕西	9 135.03	2 864	318.96
甘肃	3 521.47	2 087	168.73
青海	1 215.51	697	174.39
宁夏	1 530.36	769	199.01
新疆	4 358.84	2 566	169.87

就单位面积城镇与交通用地的 GDP 而言，仅重庆、四川、广西、陕西超过西部地区平均水平。地方政府保护 $1m^2$ 的耕地意味着放弃 $1m^2$ 的城市与交通建设用地，保护 $1m^2$ 耕地在增加值方面的机会成本，按照 2010 年全国平均生产力水平就为 345.56 元，西部平均水平为 236.34 元。

2. 单位面积耕地种植农业的增加值

鉴于耕地保护与耕地非农化互为机会成本的关系，单位面积耕地种植农业的增加值是单位面积非农用地的增加值的机会成本。要从增加值角度分析耕地保护的机会成本损失，就必须首先计算出单位面积耕地种植农业的增加值。在知道了耕地保护的机会成本和耕地非农化的机会成本后，再计算二者之差，就可以分析出机会成本损失。2009 年西部 12 省（自治区、直辖市）单位面积耕地种植农业增加值情况见图 3-3。按照平方米计算，西部 12 省（自治区、直辖市）单位面积耕地种植业创造的增加值介于 0.56 ～ 2.49 元 /m²，西部平均值为 1.27 元 /m²。换算成公顷，四川、重庆、广西和新疆超过 1.5 万元 /hm²，陕西、宁夏和甘肃超过 1 万元 /hm²，其余的都在 1 万元 /hm² 以下。

2010 年比 1999 年的增长情况见图 3-4。除贵州和西藏外，增率都超过百分之百，其中，陕西超过百分之二百，也就是说，2010 年在 1999 年基础上都翻番有余，增速很快。

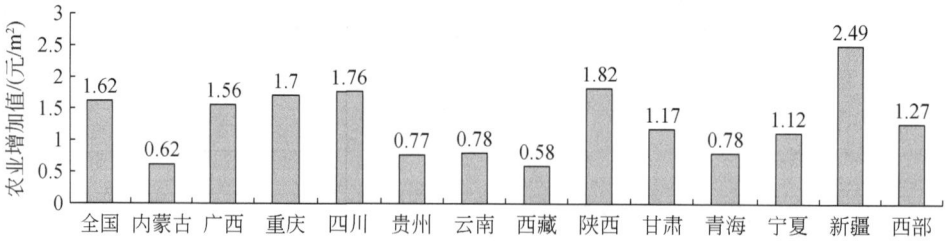

图 3-3　2009 年单位耕地面积种植农业的增加值

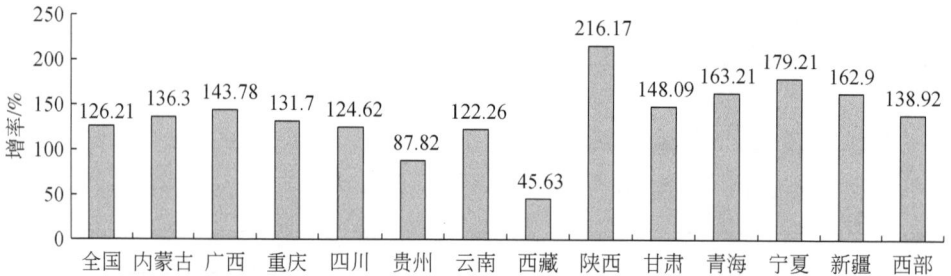

图 3-4　2010 年单位面积耕地种植农业增加值比 1999 年的增率

3. 增加值在保护单位面积耕地用途的损失量

根据前面的计算结果,依据机会成本损失的计算公式,可得到西部及各省(自治区、直辖市)2009 年单位面积耕地创造 GDP 的机会成本损失量,结果展现在图 3-5 中。在西部,基于 GDP 的机会成本损失量,最高的省(自治区、直辖市)达 325.02 元/m^2,最少的也高达 83.96 元/m^2,西部地区平均机会成本损失量高达 235.07 元/m^2。

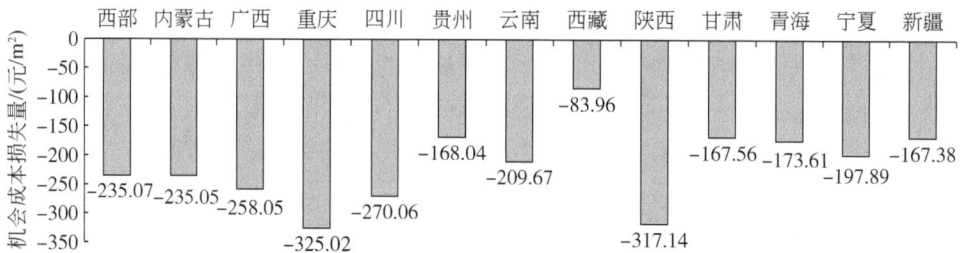

图 3-5　西部 2009 年单位面积耕地创造 GDP 的机会成本损失量

单位面积创造 GDP 的能力,非农用途的土地要远远强于农业用途的土地。从平均水平看,全国的非农用途土地上创造的 GDP 是农业用途的 213 倍,西部地区的平均水平为 186 倍,西部各省(自治区、直辖市)之间的差异很大,内蒙古为 382 倍,新疆最小,为 68 倍(图 3-6)。农业生产条件越差的省(自治区、直辖市),非农用途与农业用途创造 GDP 能力的差距越大,倍数关系越高,放弃耕地非农化的配置的机会成本损失越大。

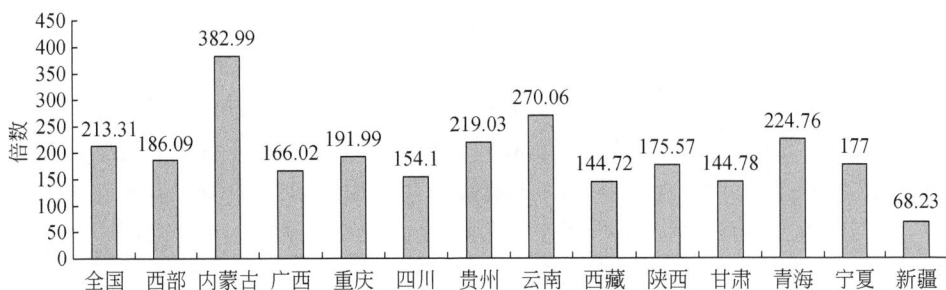

图 3-6　土地非农用途与农业用途创造 GDP 能力的倍数关系

（二）税收收益的机会成本差

保护耕地就意味着新增城市与交通用地数量受到限制。耕地非农化用于城市与交通建设，成为了以第二、三产业为对象的企业发展载体，企业生产经营要按照相关原则向地方政府和国家缴纳各种税收。新增城市与交通用地数量受到限制后，按照单位面积计算的新增税收就会减少。

1. 单位面积城镇与交通用地的税收收益

我国推行地税和国税分开的制度，地方政府耕地保护在税收方面的机会成本应该是地税收益。

表 3-6　2010 年西部地区单位面积城镇与交通用地的地税收入

区域	地税收入 / 亿元	城镇与交通用地 /km²	单位面积城镇与交通用地的地税收入 /（元 /m²）
全国	40 613.04	114 745	35.39
西部	7 873.414	29 917	26.32
内蒙古	1 069.98	4 488	23.84
广西	771.99	3 041	25.39
重庆	952.07	2 216	42.96
四川	1 561.67	5 409	28.87
贵州	533.73	2 356	22.65
云南	871.19	2 906	29.98
西藏	36.65	519	7.06
陕西	958.21	2 864	33.46
甘肃	353.58	2 087	16.94
青海	110.22	697	15.81
宁夏	153.55	769	19.97
新疆	500.58	2 566	19.51

注：地税收入和城镇与交通用地资料来源于《中国统计年鉴 2011》，单位面积城镇与交通用地的地税收入为计算值

表 3-6 中，2010 年全国的地税收益为 40 613.04 亿元，每平方米的城镇与交通用地的地税收益为 35.39 元，同期，西部地区每平方米为 26.32 元，西部比全国平均水平低 9.07 元。西部各省（自治区、直辖市）之间的收益差异很大，其中西藏最低，重庆最高。分析表明，在耕地资源总量一定的条件下，地方政府每保护 $1m^2$ 的耕地就意味着放弃 $1m^2$ 的城市与交通用地。保护 $1m^2$ 耕地在地税方面的机会成本，按照 2010 年全国平均税收收益水平为 35.39 元，西部平均水平为 26.32 元，各省（自治区、直辖市）的机会成本介于 7.06 ～ 42.96 元 /m^2。

2. 地方政府保护耕地用途的税收损失量

2000 年起，我国开始逐步取消农业税，2006 年 1 月 1 日起废止《中华人民共和国农业税条例》，农业税全面取消。对于地方政府财政来说，保护耕地用于农业生产，除了完成上级政府规定任务后的政绩收益外，财政收入为 0。根据税收方面的机会成本和机会成本损失的计算公式，可得到西部及各省（自治区、直辖市）2009 年保护单位面积耕在税收方面的机会成本损失量，结果见图 3-7。

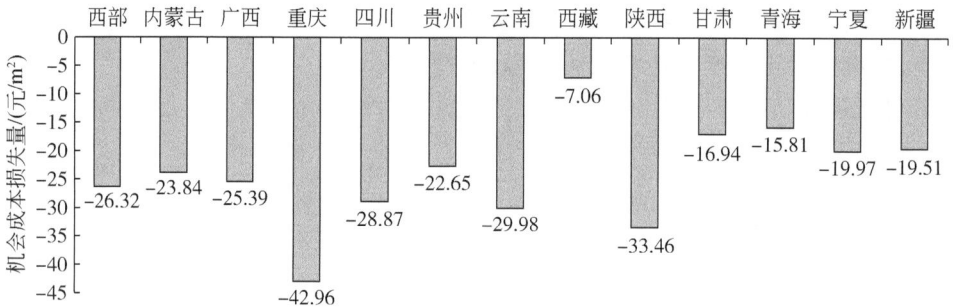

图 3-7　西部 2009 年保护单位面积耕在税收方面的机会成本损失量

按照 2010 年的水平，每放弃 $1m^2$ 耕地的非农化，地方政府的税收损失量，西部地区平均值为 26.32 元 / 年，重庆市损失最大，其值高达 42.96 元 /m^2，西藏损失最小，其值为 7.06 元 /m^2，西部各省（自治区、直辖市）损失的税收量介于 7.06 ～ 42.96 元 /m^2。

（三）土地使用权出让的机会成本差

地方政府依据《土地管理法》规定，通过土地征收和依法补偿的手段，实现农业用地向非农业用地的性质转变、集体土地向国有土地的转变，然后通过土地出让获取土地增值利益。地方政府将耕地配置为农业用途就意味着放弃土地征收机会，其机会成本就等于土地出让收入扣除土地征收和出让过程中的相关成本。计算公式为：土地出让净收益＝土地出让收入－土地出让成本，其中，土地出让成本包括拆迁款、补偿款和各项税费等。

1. 出让单位面积土地的收益

土地出让就是在土地国有的前提下，国家以土地所有者的身份将土地使用权在一定年限内让渡给土地使用者。为了公共需要的目的，地方政府依据《土地管理法》规定通过依法征收或者征用手段将农地非农化，土地所有权属由农村集体所有变更为国有土地，通过开发等增值环节后，按照土地出让金纯收益定额标准①出让，用还原利率法可以将土地出让金纯收益折算为建设用地的年收益，其中，土地还原利率采用安全利率加风险调整值法确定，安全利率取存款利率。以贷款利率为参考基数，用贷款利率减去经营成本和资本成本的差值作为风险调整值。资本成本为存款利率与超额利润之和。全社会平均利润率一般为 10% ～ 15%，银行为高利润行业，利润取 20%，则资本成本为"存款利率 ×（1+0.2）"。如果取一年期存款利率 2.25%、贷款利率 5.58%，在其他因素忽略不计的情况下，资本经营风险调准值为 5.88%–2.25% ×（1+0.2）=2.88%。土地还原利率为 r =2.25%+2.88%=5.13%。根据《土地管理法》，居住用地最高使用权年期为 70 年，其他类用地为 50 年，出让土地的使用年期 n 介于 50 ～ 70 年，按照 50 年和 70 年将土地出让平均纯收益标准还原成年收益，结果列在表 3-7 中。

表 3-7　土地出让平均纯收益标准及土地出让年收益

等级	一等	二等	三等	四等	五等	六等	七等	八等	九等	十等	十一等	十二等	十三等	十四等	十五等
标准 /（元/m²）	160	125	105	90	75	65	59	53	47	41	35	30	25	20	15
50 年期 /[元/（m²·年）]	8.94	6.99	5.87	5.03	4.19	3.63	3.30	2.96	2.63	2.29	1.96	1.68	1.40	1.12	0.84
70 年期 /[元/（m²·年）]	8.46	6.61	5.55	4.76	3.97	3.44	3.12	2.80	2.49	2.17	1.85	1.59	1.32	1.06	0.79

注：标准为出让平均纯收益标准，年收益按照 50 年和 70 年将土地出让平均纯收益标准还原成年收益

1998 ～ 2009 年西部地区国有土地累计出让 361 067.35 hm²，出让收益累计 47 999 114.3 万元，每公顷土地出让收益 132.94 万元；西部各省（自治区、直辖市）每公顷出让收益差异较大（表 3-8）。

表 3-8　1998 ～ 2009 年西部地区的出让单位面积国有土地的

平均纯收益　　　　　　　　　（单位：万元 /hm²）

区域	全国	内蒙古	广西	重庆	四川	贵州	云南	西藏	陕西	甘肃	青海	宁夏	新疆	西部
纯收益	164.00	65.88	79.75	221.07	273.89	156.19	53.30	75.58	102.74	48.85	105.60	53.19	63.09	132.94

注：据《中国国土资源年鉴》（2004 ～ 2010 年）数据计算

---

① 财政部、国土资源部的通知关于印发《用于农业土地开发的土地出让金收入管理办法》（财综 [2004]49 号）。

西部各省的国有土地出让纯收益差异很大（表 3-9）。以 2009 年为例，2009 年西部出让国有土地 48 140.27hm²，纯收益总额高达 963.08 亿元，单位面积纯收益高达 196.67 万元 /hm²。四川的平均值高达 471.45 万元 /hm²，而青海为 68.34 万元 /hm²。显而易见，在 2009 年非农化 1hm² 耕地的经济纯收益为 68.34～471.45 万元，即非农化土地出让收益为 68.34～471.45 元 /m²。相反，保护 1hm² 耕地用作农业用途，地方政府只能获取上级政府的肯定，经济上不但没有好处，可能还有耕地保护的支出成本。

表 3-9　2009 年西部地区出让单位面积国有土地的平均纯收益

[单位：元 /（m²·年）]

区域	内蒙古	广西	重庆	四川	贵州	云南	西藏	陕西	甘肃	青海	宁夏	新疆	西部
纯收益	90.06	130.20	458.23	471.45	236.70	78.55	182.84	162.36	112.16	68.34	94.66	138.97	196.67

2. 地方政府保护耕地用途的土地出让机会成本损失量

耕地未被征收之前属于集体所有，只能依法流转不能出让，承包耕地的流转收益归农户，未承包耕地的流转收益归集体所有；地方政府组织农户或集体管理农业用途的耕地是一种责任，没有经济收益。根据土地出让收益方面的机会成本及机会成本损失计算公式，可计算出 2009 年基于土地出让的机会成本损失量。从西部地区平均值来看，放弃出让权利，每保护 1m² 的耕地，机会成本损失 196.67 元 /（m²·年），其中，四川放弃耕地出让的机会成本损失最高，达 471.45 元 /（m²·年），云南的机会成本损失也比较大，达 78.55 元 /（m²·年）。西部地区放弃土地出让的机会成本损失见图 3-8。

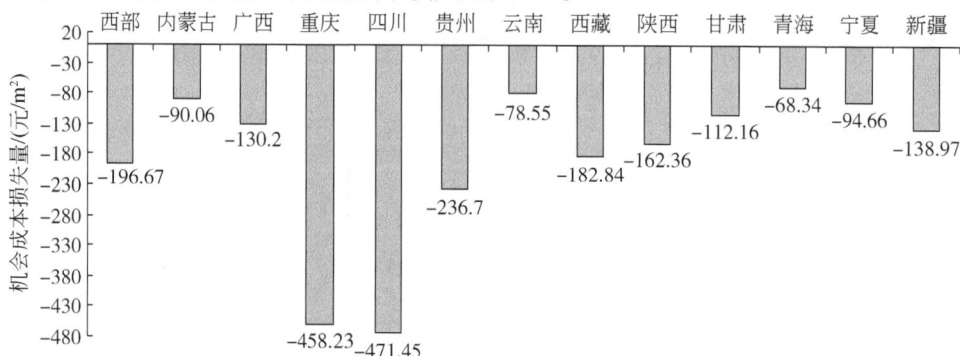

图 3-8　西部地区放弃土地出让的机会成本损失

相反，将耕地转为建设用地出让，地方政府不但能够获得土地出让金收入，而且随着城镇空间扩张，吸纳人口的能力增强、产业承载能力和集聚能力增强、城镇之间的联系加强，创造 GDP 的能力得到迅速提升，地方政府还能够获取更多的税收收入。

三、机会成本最小化对地方政府转变耕地用途的影响

（一）地方政府追求土地用途配置机会成本最小化目标的去耕地化行为

从增加值、地方税收、土地出让收益等方面计算西部地区地方政府保护耕地农业用途的机会成本差见表3-10。有关调查研究显示，城乡工矿用地的生产效率是耕地的37.3倍，交通用地的生产效率是耕地的5.8倍[2]。保护耕地农业用途相较于转变耕地为非农业用途的机会成本不是最小化的选择，即转变为非农业用途都能够获利，保护耕地的机会成本很高。为了减少机会成本损失、增加收益，地方政府在主观上总是愿意放弃收益最小的农业用途方面，将耕地配置在收益最大的非农用途方面，特别是放弃城镇周边的城镇扩张区域的耕地农业用途，通过土地利用总体规划修编的机会，将耕地保护区域规划为城镇发展的扩张区域，有步骤地实现耕地非农化。

表3-10　西部地区地方政府保护耕地农业用途的机会成本差

[单位：元／（m²·年）]

机会成本差	均值	最大值	最小值
增加值	235.07	325.02	83.96
地方税收	26.32	42.96	7.06
土地出让收益	196.67	471.45	78.55

去耕地化是行为主体重新配置耕地用途的行为。地方政府依据自己的权限，将耕地配置在能够创造更大价值的方面，放弃价值创造能力弱的用途配置方面。依据不同行为主体的可选择机会，政府将耕地配置为非农建设用途属于行为主体的去耕地化行为。耕地是稀缺资源，保护耕地就是将耕地配置给农业用途，在农业用途中将条件优越的耕地配置为基本农田用于发展种植业。放弃耕地配置为非农业用途的最大收益就是保护耕地数量的机会成本。

地方政府去耕地化是追求机会成本最小化的必然结果。机会成本最小化是在既定的经济资源和生产技术条件下，在将一定资源用于某种产品生产时，行为主体应放弃的用于其他可能得到的最小收益。机会成本是关于某种选择后的有关损失的一种描述，在经济学家眼中，损失属于成本范畴，成本与利润属于此消彼长的互动关系。利润最大化是经济活动的基本原则，其基本前提是成本最小化。在其他成本已经实现了最小化的情况下，进一步降低成本的途径就是包括机会成本在内的行为决策成本最小化。为此，行为主体在做选择时应当遵循机会成本最小化法则，即选择价值最高、机会成本最小的经济活动，不选择机会成本高的

经济活动。在现实经济活动中,当行为主体面临的行为决策选择项很多的情况下,要真正做到机会成本最小化的选择很困难,经济学家往往要求行为决策者选择机会成本相对较小经济活动,"力求"机会成本小一些就成为经济活动行为方式的重要准则之一。

(二)地方政府去耕地化可能通过违法途径

因为上级政府的非农建设用地指标配置满足不了本级城市发展和经济建设需要,在招商引资建设项目过程中,可能会通过未批先用、边批边用等手段违规占用耕地;村组集体处于经济利益的考虑,可能将集体所有的耕地违规建设成为厂房并租赁等。表 3-11 为西部 2001 ~ 2010 年累计违法占用耕地情况,累计量为 38 715.73hm² 耕地。

表 3-11 2001 ～ 2009 年西部地区土地违法案件及其涉及土地和耕地面积

年 份	2001	2002	2003	2004	2005	2006	2007	2008	2009	累计
案件 / 件	53 368	41 471	38 235	25 300	21 309	23 402	22 998	13 190	11 329	250 602
涉及土地面积 /hm²	6 411.33	5 892.86	9 630.83	24 799.69	9 604.35	16 282.35	21 445.49	17 311.11	6 938.83	118 316.84
涉及耕地面积 /hm²	2 102.21	2 134.42	4 184.60	10 461.29	2 872.90	4 115.08	6 124.12	4 540.10	2 181.01	38 715.73

资料来源:表中数据是根据《中国国土资源统计年鉴》(2002 ～ 2010 年)资料计算整理而得

表 3-12 是西部地区各类行为主体在 2001 ～ 2010 年累积违法占用的耕地情况,各省(自治区、直辖市)违法占用量不等,西藏总量最少,为 218.77hm²;贵州总量最大,为 12 293.64hm²,其他 10 个省(自治区、直辖市)介于两者之间。

表 3-12 西部地区各类行为主体违法占用的耕地面积

区域	内蒙古	广西	重庆	四川	贵州	云南	西藏	陕西	甘肃	青海	宁夏	新疆
面积 /hm²	3 738.25	1 734.28	2 541.9	6 071.99	12 293.64	2 164.75	218.77	6 784.58	1 259.13	319.06	875.08	714.3

资料来源:表中数据是根据《中国国土资源统计年鉴 2010》资料计算整理而得

表 3-13 是通过解译卫星照片资料得到的四川省绵阳市涪城、游仙和安州区三个县级行政区 2010 ～ 2011 年违法占用耕地的基本情况。违法占用耕地的案例宗数在 2011 年达 3587 宗,占违法占用土地总案例数的 70.28%;违法占用耕地的面积为 997.28hm²,占违法占用土地总面积的 65.38%,耕地是行为主体违法占用的重灾区。分析违法占用土地的用途表明,用于建造建制镇的比重,涪城区、游仙区和安州区分别为 39.43%、60.52%、30.93%;用于交通用地的比重,涪城区和游仙区分别为 21.87% 和 37.46%;用于风景名胜和特殊用地的比重,安州区

为 25.30%。建制镇建设、交通建设、风景名胜和特殊用地都属于政府性的安排，其违法主体是地方政府。

表 3-13　四川省绵阳市涪城区、游仙区、安州区违法占用耕地面积概况（单位：hm²）

类型	涪城区		游仙区		安州区	
	案例数	地面	案例数	地面	案例数	地面
水田	721	246.57	731	195.25	—	—
水浇地	12	3.91	30	12.07	—	—
旱地	645	243.79	787	149.26	—	—
总计	1378	494.27	1548	356.58	661	146.43

注：表中的数据由调查资料整理计算得来，其中安州区的数据有部分缺失

据报道，陕西省铜川、渭南等 6 个地市在 2012 年国家土地督察中，发现违法违规出让土地项目 187 个，违法违规占用土地共涉及 485 宗，总面积达 1964.9hm²，其中，铜川、渭南的违规审批临时用地涉及 43 个项目，占地 216hm²；未报即用、边报边用、未供先用等土地违法违规问题 150 宗，涉及土地 691.87hm²。行为主体违法占用耕地，超出了上级政府耕地非农化的计划配置范围，其隐蔽性、无规律性、偶发性等特征，增加了耕地数量年际演变的不确定性。

第三节　耕地保护国家基金制度约束地方政府耕地非农化

追逐土地利用效率导致耕地数量减少，就需要建立耕地保护基金实施耕地质量提升工程或土地开发、整理等数量增加工程以平衡耕地减少。追逐土地利用效率的非农业因素减少了耕地，耕地保护资金来源当然要依靠非农收益；地方政府是耕地非农用途配置主体，理当成为耕地保护资金筹集主体。

一、耕地保护基金的发展

耕地保护基金不是一个新名词，成都于 2008 年 1 月就率先构建了耕地保护基金制度[①]，后来，佛山、西安、重庆、郑州等相继建立了自己的耕地保护基金。成都模式的耕地保护基金由市、区（市、县）两级共同筹集，包括新增建设用地土地有偿使用费、一定比例的土地出让收入、土地税收返还地方政府部分；耕地实行类别保护，人民政府与耕地保护责任人签订《耕地保护合同》，对耕地保护地块、面积、级别、期限和补贴资金及违约责任等内容进行约定；补贴分别按照

---

① 关于印发《成都市耕地保护基金筹集与使用管理实施细则（试行）》的通知，2008 年 7 月 10 日。

基本农田和一般耕地 400 元/亩、300 元/亩标准发放，耕地保护补贴的 10% 用于耕地流转担保资金和农业保险补贴、90% 用于承担耕地保护农户的养老保险补贴。国土资源行政主管部门为每个农民发放耕地保护卡，并与社保、银行联网，实现"一卡通"。成都市耕地保护基金制度运行好、影响大，学术界的跟进研究成果较为丰富 [3-7]。

二、耕地保护基金成都模式推广的问题

1）资金筹集来源问题。耕地保护基金主体来源于土地收益，其实质是以耕地转用出让获取的资金来保护耕地，农地非农化退出就意味着耕地保护基金失去来源，耕地保护行为将失去持续的资金支持。为此，要筹集可持续利用的耕地保护基金，就需要不断地推动耕地非农化，这与耕地保护的指导思想背道而驰。

2）欠发达地区资金不足问题。土地收益与土地指标有关，受地理区位影响，成都土地指标多，出让收益多，加上上级政府返还的新增建设用地土地有偿使用费和耕地占用税多，土地收益占到四川一半以上，个别年份超过了三分之二 [8]（图 3-9），巨额的土地财政收入支撑成都市创新性地提出耕地保护基金制度。成都以外的四川地区的地方财政就无力组织大量的耕地保护基金，如 2008 年，成都以外的四川地区保护耕地面积为 362.06 万 hm^2，按照 80% 为基本农田和成都市耕地保护补贴标准，最少需要耕地保护资金 206.37 亿元，而土地收益仅为 70.82 亿元，即使全部用于耕地保护还缺 135.55 亿元；再如 2009 年，保护耕地面积为 364.14 万 hm^2，最少需要耕地保护资金 207.56 亿元，而土地收益仅 168.49 亿元，即使全部用于耕地保护还要缺 30.07 亿元。各地区土地出让纯收益和需求的耕地保护基金计算结果列在表 3-14 和表 3-15 [1]，可以看出成都以外的四川各地市州土地出让收益无法支撑耕地保护基金制度。西部地区需要的耕地保护基金见表 3-16 [2]，成都模式在西部的推广存在筹集资金困难问题。

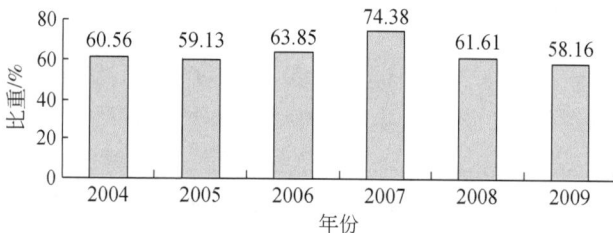

图 3-9　2004 ～ 2009 年成都土地出让纯收益占四川全省的比重

---

① 数据是根据 2005 ～ 2001 年《四川统计年鉴》的相关数据整理、计算的结果。
② 数据是根据 2005 ～ 2011 年《中国统计年鉴》的相关数据整理、计算的结果。

表 3-14　2004 ~ 2009 年四川省各地的土地出让纯收益　（单位：万元）

年份	2004	2005	2006	2007	2008	2009
四川省	2 113 172.10	2 630 110.92	2 991 260.99	5 667 208.41	1 844 665.39	4 026 714.98
成都市	1 279 754.17	1 555 203.51	1 909 949.73	4 215 134.53	1 136 463.51	2 341 853.44
自贡市	13 605.53	23 531.30	36 415.20	91 140.24	50 896.27	57 391.06
攀枝花	42 287.19	56 756.45	82 840.61	136 403.89	48 712.56	111 584.09
泸州市	53 591.06	105 237.90	84 414.26	111 104.58	61 919.35	127 182.65
德阳市	26 425.62	111 841.20	80 768.29	125 876.82	66 840.66	150 748.12
绵阳市	92 402.13	87 422.03	123 429.41	87 330.55	48 378.39	133 705.11
广元市	25 192.89	8 762.60	17 308.83	36 486.33	40 363.03	77 713.11
遂宁市	53 568.85	64 722.50	94 458.5	83 569.20	44 214.36	143 827.68
内江市	40 439.27	37 128.11	38 746.70	73 641.27	20 327.99	46 076.27
乐山市	62 260.33	72 501.48	88 780.42	120 269.80	39 920.52	159 140.21
南充市	122 303.36	123 181.56	79 227.04	103 595.67	43 899.98	218 625.72
眉山市	44 619.15	52 347.44	83 417.18	127 813.68	62 009.22	125 491.20
宜宾市	28 602.43	74 901.63	90 356.28	67 641.37	61 455.74	78 271.48
广安市	37 802.52	28 406.54	44 997.40	50 732.41	16 223.60	47 820.06
达州市	86 220.15	100 513.32	62 464.96	116 417.98	44 576.32	69 369.98
雅安市	16 060.64	20 687.47	15 748.02	33 691.90	13 381.98	31 224.02
巴中市	15 183.21	21 766.33	12 194.62	11 250.83	1 603.38	1 705.14
资阳市	37 711.82	47 265.46	24 197.30	18 123.87	15 998.01	48 342.43
阿坝藏族羌族自治州（以下简称 阿坝州）	11 443.46	11 678.32	4 173.04	10 676.90	8 999.47	3 349.14
甘孜藏族自治州（以下简称甘孜州）	7 856.35	12 035.13	6 889.36	3 823.16	10 820.69	14 506.57
凉山彝族自治州（以下简称凉山州）	15 841.97	14 220.64	10 483.84	42 483.43	7 660.36	38 787.49

表 3-15　2008 ~ 2009 年年末实有耕地面积与耕地保护基金的需求量

区域	2008 年			2009 年		
	耕地面积 / 万 hm²	需求的保护基金 / 亿元	土地出让纯收益 / 亿元	耕地面积 / 万 hm²	需求的保护基金 / 亿元	土地出让纯收益 / 亿元
全省	395.95	225.69	184.47	397.61	226.64	402.67
成都市	33.89	19.32	113.65	33.47	19.08	234.19
自贡市	13.24	7.55	5.09	13.36	7.62	5.74
攀枝花	3.47	1.98	4.87	3.95	2.25	11.16
泸州市	20.92	11.92	6.19	20.95	11.94	12.72
德阳市	18.87	10.76	6.68	18.6	10.6	15.07
绵阳市	28.08	16.01	4.84	27.99	15.96	13.37
广元市	16.43	9.37	4.04	16.6	9.46	7.77

续表

区域	2008 年			2009 年		
	耕地面积 / 万 hm²	需求的保护基 金 / 亿元	土地出让纯收 益 / 亿元	耕地面积 / 万 hm²	需求的保护基 金 / 亿元	土地出让纯收 益 / 亿元
遂宁市	15.44	8.8	4.42	15.45	8.8	14.38
内江市	16.37	9.33	2.03	16.46	9.38	4.61
乐山市	15.05	8.58	3.99	15.1	8.6	15.91
南充市	29.92	17.05	4.39	30	17.1	21.86
眉山市	17.24	9.83	6.20	17.09	9.74	12.55
宜宾市	24.1	13.74	6.15	24.35	13.88	7.83
广安市	16.83	9.59	1.62	16.9	9.63	4.78
达州市	28.57	16.28	4.46	29.43	16.77	6.94
雅安市	5.65	3.22	1.34	5.54	3.16	3.12
巴中市	15.32	8.73	0.16	15.27	8.7	0.17
资阳市	27.44	15.64	1.60	27.3	15.56	4.83
阿坝州	5.95	3.39	0.90	5.99	3.41	0.33
甘孜州	9.1	5.19	1.08	9.09	5.18	1.45
凉山州	34.08	19.42	0.77	34.74	19.8	3.88

注：耕地面积数据来自《四川省统计年鉴》（2009～2011 年），其余为计算结果

表 3-16　西部地区耕地保护基金的需求量

区域	内蒙古	广西	重庆	四川	贵州	云南	西藏	陕西	甘肃	青海	宁夏	新疆
耕地面积 / 万 hm²	714.72	421.75	223.6	594.74	448.53	607.21	36.16	405.03	465.88	54.27	110.71	412.46
耕保基金 / 亿元	407.39	240.4	127.45	339	255.66	346.11	20.61	230.87	265.55	30.93	63.1	235.1
占地方财政 /%	30.03	25.37	8.56	16.58	33.07	31.15	37.64	15.39	59	20.38	28.69	32.63

三、耕地保护国家基金的运作管理

耕地保护基金对耕地保护很重要，但各自依据自身力量建立耕地保护基金，存在资金来源与耕地保护意义相冲突、资金数量不足等问题。要协调重要性与存在问题之间的矛盾，耕地保护国家基金就成为自然的想法。本书定义耕地保护国家基金为地方政府缴纳、国家统一管理、统一调配、专门用于耕地保护的基金。

（一）缴纳主体

地方政府是耕地保护国家基金的缴纳主体。地方政府既是区域耕地保护的责任主体，又是促进区域经济发展、劳动者就业、提供公共服务和提高社会福利水

平的责任主体。地方政府通过区域土地用途的合理配置，提高土地的经济密度，创造更多、更高的经济收益是必要的；同时，地方政府又是代表中央政府管理耕地的责任主体，出于国家粮食安全的需要，按照国家总体规划与要求，使区域耕地数量处于合理的保护水平也是必需的。根据地方经济发展必要性和保护耕地必须性的要求，基于地区非农收益水平，地方政府应该适度履行耕地保护的经济责任。鉴于各区域都存在耕地非农化行为，差别只在于非农化区域面积的大小而非有无，所以，各地的地方政府都是耕地保护基金的筹集主体。地方政府向中央政府缴纳耕地保护国家基金，对地方政府而言就形成经济负补偿；经济负补偿是地方政府作为耕地保护主体未完全履行好职责而应付出的代价。

（二）缴纳载体与依据

各个省（自治区、直辖市）城镇用地和交通用地是价值创造的主要空间，理应成为耕地保护国家基金的缴纳载体。区域国土资源包括农业用地、非农业用地、未利用地三种基本类型。税收等价值创造主要来源于城镇居民点和交通用地等非农用地空间上的第二、第三产业，农业用地特别是耕地既是保护对象又具有GDP、税收等价值创造的弱质特性。

税收为耕地保护国家基金计算的依据。耕地或农地转为建设用地后，地方政府可以获得GDP增加值收益、税收收益、土地出让收益等（已在本章第二节讨论）。其中，GDP增加值是表征地方经济发展规模、水平、分析国民经济结构和发展速度的经济指标，只有税收和土地出让收益对地方财政产生影响。土地出让收益属于一次性买卖，各区域地方政府一般是依据上级政策规定的比例用作耕地保护，从而不纳入计算耕地保护国家基金范畴；税收是地方政府将耕地转为建设用地后的长期、稳定收益，应该成为计算耕地保护国家基金的主体。

（三）计算方法与缴纳金额

1）计算方法。计算各区域的耕地保护国家基金，简单而有效的办法是：以各区域地税收入为基数，地方政府按照规定的比例从地税收入中提取相应金额并缴纳到国库中的耕地保护国家基金名下。

2）缴纳金额。本章第二节研究表明，2010年西部地区地税收入总额为7873.41亿元，全国为40 613.04亿元，即使各省（自治区、直辖市）把地税收入的1%作为耕地保护国家基金，西部地区地方政府应缴纳耕地保护国家基金78.73亿元；西部各省（自治区、直辖市）差异大（图3-10），西藏仅为0.37亿元，四川高达15.62亿元；全国各省（自治区、直辖市）政府应向中央政府缴纳耕地保护国家资金共计406亿。

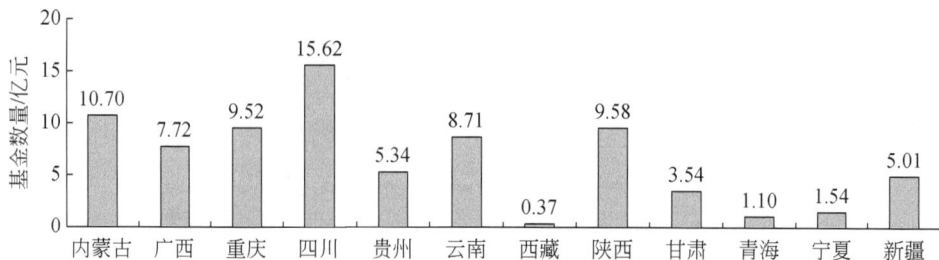

图 3-10　西部地区 2010 年应分担耕地保护国家基金的理论值

（四）管理主体

中央政府为耕地保护国家基金的管理主体。中央政府既是地方政府的上级管理者，同时也是各区域利益之外的第三方，要平衡各区域在耕地非农化收益和耕地保护投入之间的利益关系，单靠地方政府的自觉是不够的，应由对各区域地方政府具有管理职能的中央政府充当第三方，按照规则向地方政府提取耕地保护国家基金。

（五）资金运用

地方政府缴纳耕地保护国家基金，一是让乐于转变耕地用途的地方政府承担耕地保护的经济责任，二是调节不同区域耕地非农化收益差距，三是开发耕地保护资金的筹集、积累渠道。各地区的城市化水平和经济发展水平有差异，非农建设用地数量有显著差异，单位非农用地承载的经济收益必然存在着差异。非农建设用地多的区域，税收收入多，耕地保护国家基金的缴纳数量就多；相反，耕地保护国家基金的缴纳数量就少。按照这种思路，发达地区，非农化用地多，经济发展水平高，单位面积非农用地承载的收益高，按照相同收取原则，地方政府向中央政府缴纳的耕地保护基金就多，相反，落后地区地方政府向中央政府缴纳的耕地保护基金就少。

地方政府缴纳的耕地保护国家基金，在中央政府的宏观调控下全额用于耕地保护，按照各省（自治区、直辖市）保护耕地的数量及要求，由国家把耕地保护资金补偿给需要资金的地区，其实质仍然构成了耕地保护区际补偿。在中央政府统一调剂、调配下的区际补偿，使非农产业反哺农业、发达地区支持发展中地区落地，形成耕地保护资金筹集与运用的长效机制。即使按 1% 提取各地方政府的地税收益作为耕地保护国家基金，西部地区地方政府 2010 年共计应缴 78.73 亿元，西部地区差异显著。耕地保护国家基金全额用于耕地保护，中央政府按耕地保护数量、标准补偿西部地区地方政府，2010 年能得到 149.84 亿元，比缴纳总额多

71.11 亿元，从而解决耕地保护补偿缺乏资金的问题。

第四节　本 章 小 结

地方政府是西部耕地数量保护的责任主体，西部耕地在保护中数量不断减少、在全国的地位不断下降。地方政府的耕地非农化行为是除了退耕还林、自然灾害等因素外，耕地减少的主因。转变耕地农业用途为非农业用途，其单位面积上的税收收益年均值为 26.32 元 $/m^2$、各省（自治区、直辖市）介于 7.06 ～ 42.96 元 $/m^2$，非农化土地出让收益为每平方米 68.34 ～ 471.45 元，GDP 收益为 236.34 元 $/（m^2 \cdot 年）$、西部地区介于 84.54 ～ 326.72 元 $/（m^2 \cdot 年）$，收益高、机会成本低是用途转变的基本特征。机会成本损失小、高收益是驱动地方政府合法与非法转变耕地用途的主因。

要保护耕地，需要让耕地减少者 "出血"，即建立耕地非农化推动者出钱的负补偿机制——耕地保护基金制度。考虑地方政府都有耕地非农化行为，差别只在于多少，对耕地保护伤害只在于大小，故都应该承担耕地保护经费筹集职责。首先把地方政府都作为耕地保护经济补偿的补偿主体（即耕地保护资金的筹集者）；然后以地税收益为依据，城镇居民点用地和辖区交通用地等价值创造空间为载体，向国家缴纳耕地保护基金；最后，城镇居民点用地和辖区交通用地多的地区，多缴纳耕地保护基金，反之则相反。耕地保护基金制度对地方政府构成 "经济负补偿"。

要保护耕地，需要让耕地保护者得利。中央政府充当第三方，管理地方政府缴纳的耕地保护金。然后把地方政府都作为耕地保护经济补偿的补偿受体（即从中央政府那里得到耕地保护金），接受中央政府的耕地保护经济补偿（国家按照各省（自治区、直辖市）保护耕地数量支付耕地保护补偿金）。西部地区的地方政府，作为补偿主体，向国家缴纳的少；作为补偿受体，接受国家补偿的多，从而解决耕地保护补偿缺乏资金的问题。

参 考 文 献

[1] 岳云华，冉清红，孙传敏，等 . 政府在耕地减少中的责任和在耕地保护中的作为 . 国土与自然资源研究，2011, (2): 34-42.

[2] 曲福田，陈江龙，陈雯 . 农地非农化经济驱动机制的理论分析与实证研究 . 自然资源学报，2005, (2): 231-241.

[3] 董祚继，蒋美生，杜杰灵 ."保田钱"大不易——对成都市耕地保护基金制度的思考 . 中国土地，

2008, (6): 58-60.

[4] 马义华, 李太后. 成都市耕地保护基金制度的实践与思考. 改革与战略, 2012, (8): 21.

[5] 贾祥飞, 冉清红, 刘雪莉, 等. 基于问卷调查的成都耕地保护基金问题研究. 绵阳师范学院 学报, 2013, 32(5): 83-90.

[6] 刘小庆, 蔡银莺. 农户对耕地保护基金实施满意度评价及影响因素分析——以成都市永安镇、 金桥镇和崇州市江源镇为例. 中国农业大学学报, 2014, (3): 216-233.

[7] 余亮亮, 蔡银莺. 政策预期对耕地保护经济补偿政策农户满意度影响的实证研究——以成都 市耕地保护基金为例. 中国土地科学, 2015, (8): 33-40.

[8] 成都市统计局, 国家统计局成都调查队, 成都市统计学会. 成都统计年鉴 2011. 北京. 中国 统计出版社, 2011.

第四章 西部地区地方政府耕地保护外部性价值的区际补偿

地方政府出于粮食安全与管理职责，需要保护本行政辖区居民需要的耕地。如果保护本行政辖区居民需求之外的耕地，则投入的耕地保护资金随着粮食等产品贸易外流形成外部性损失。西部地区耕地保护外部性价值区际补偿，关键在于计算地方政府耕地保护外部性区际补偿金，实施区际补偿有利于促使耕地数量不足、粮食等产品调入区域的地方政府承担耕地保护性投入的经济责任，减轻耕地盈余、粮食调出地区地方政府耕地保护资金筹集压力。依托区域耕地盈余／赤字面积，或依托粮食贸易量，都是计算耕地耕地保护外部性补偿金的可选项。本章拟通过对比两种补偿方式，研究耕地保护外部性补偿金标准和补偿额度，结合西部地区耕地资源保护的实情讨论后得出结论与建议。

第一节 基于耕地数量的地方政府保护耕地外部性价值

基于区域耕地数量评价地方政府保护耕地外部性价值的实质是以区域耕地盈余／赤字量，结合单位耕地面积的年度粮食安全价值，评价地方政府耕地保护外部性价值。以区域耕地盈余／赤字面积为载体的相关研究成果不少见[1-4]，然而系统评价西部的研究却比较少。

一、地方政府耕地保护的外部性价值

中央政府关心全国耕地总量是否满足国民对于粮食安全的需求状况，在国家内部区域，即使耕地资源数量不足、粮食安全依托本区域耕地无法得到保障，也可以通过国内粮食贸易，使国民对粮食数量、质量需求和相伴的粮食安全得到有效保证。耕地数量不足的国内区域，居民在粮食贸易中支付了购买粮食的价格，但并没有支付附加在粮食贸易之上的粮食安全价值的价格。也就是说，耕地数量充足的粮食输出地区，也是粮食安全的无偿输出地区；粮食进口的地区，也是粮食安全的免费输入地区。从外部性角度思考，鉴于粮食的需求收入弹性系数小，

粮食生产区域居民对粮食的人均需求有限，保护农业用地数量越多质量越高、组织农户生产粮食越多的地方政府，伴随粮食贸易无偿输出的粮食安全价值就越大，相反越小。所以，地方政府为了粮食安全而保护耕地农业用途行为具有外部性。

二、地方政府保护耕地外部性价值计算方法

要计算地方政府保护耕地农业用途的外部性价值，需要进行一些相关假设。

首先假定粮食安全由居民所在地的地方政府负责。粮食安全与社会稳定密切相关，粮食短缺就会使社会稳定受到挑战，地方政府是区域社会稳定的责任主体，当然也就成为粮食安全的责任主体，为此，假定区域粮食安全由地方政府负责，保护与辖区居民粮食安全需求相一致的耕地数量属于地方政府的应尽职责。

按照辖区负责的原则，如果地方政府保护耕地的数量超过了满足本行政辖区居民可持续发展的需求，那么超过需求的保护数量的成本投入就是为国家粮食安全作的贡献，对本行政辖区以外的地方政府而言就是一种不支付成本的额外收益，对本行政辖区的地方政府而言就是一种无法通过市场价格形式获取收益的正外部性损失。地方政府保护耕地的外部性损失，就是超过本辖区居民和食品加工的粮食需求，为辖区以外的居民提供粮食安全保障的那部分耕地的粮食安全收益。

W 代表地方政府保护耕地的外部性损失，ΔS 表示行政辖区为辖区以外的居民提供粮食安全保障的那部分耕地，A 代表单位耕地面积的年度粮食安全价值。则:

$$W=\Delta S \cdot A \qquad (4-1)$$

如果 $W>0$，就意味着满足行政辖区内居民粮食需求生产的耕地数量有盈余，盈余耕地服务区外居民，地方政府保护耕地农业用途有外部性损失。

用 S_1 表示行政辖区耕地总面积，S_2 表示满足行政辖区内居民粮食安全所需的人均耕地数量（即人均耕地警戒值），P 表示行政辖区的人口数量，于是有

$$\Delta S=S_1-P \cdot S_2 \qquad (4-2)$$

刘慧芳[5]、陈丽等[6]、李翠珍等[7]从保障农产品总供给角度，依据替代原则，运用影子价格法，以新垦耕地的投入成本（V_1）及收益损失（V_2）之和表示无限年期耕地粮食安全价格，再利用收益还原利率计算单位耕地面积的年度粮食安全价值 A:

$$A=r\,(V_1+V_2) \qquad (4-3)$$

其中，

$$V_2=\frac{b \times 40\%}{1+r_1}+\frac{b \times 30\%}{(1+r_1)^2}+\frac{b \times 20\%}{(1+r_1)^3}+\frac{b \times 10\%}{(1+r_1)^4}$$

式中，b 为耕地单位面积种植农业经济产出价值，其值为农业经济产值 / 耕地面积（表 4-1）；r_1 表示研究期内的折现率。人均耕地警戒值 S_2 可以使用冉清红[8]的《中国耕地警戒值研究》中西部相关地区的成果。

表 4-1　西部地区耕地经济产出价值均值　　　　（单位：元 /hm²）

区域 年份	全国	内蒙古	广西	重庆	四川	贵州	云南	西藏	陕西	甘肃	青海	宁夏	新疆	西部
2006～2010	23 288	9 811	25 500	21 001	26 798	10 245	12 775	11 057	1 9067	11 710	11 030	12 187	21 724	16 740
2007～2010	24 697	10 390	26 993	22 484	29 015	10 839	13 383	11 618	20 583	12 519	12 031	13 207	23 226	17 879
2008～2010	26 179	10 955	28 311	24 017	31 305	11 544	14 093	11 890	22 278	13 411	13 029	14 246	24 743	19 062

注：表中 b 值依据《中国统计年鉴》（2007～2011 年）中的数据计算

三、地方政府耕地保护外部性区际补偿金

西部地区耕地开垦费计算，统一取全国标准耕地收益还原率，r_1 =3.72%。参照《全国土地开发整理规划（2001—2010 年）》[9] 各类新增耕地面积投入成本及新增耕地后备资源类型（包括土地开发、耕地整理和土地复垦等）中，新开垦单位面积耕地投资标准，确定 V_1 为 121 500 元 /hm²。一般认为新垦耕地的土壤熟化期为 4 年，耕地开垦后的前 4 年存在收益损失，收益损失率为区域耕地产值（b）的 40%、30%、20% 和 10%，利用 2006～2010 年西部地区耕地单位面积种植农业经济产出价值 b（表 4-1），计算收益损失（V_2）和粮食安全价值（A）（表 4-2）。

表 4-2　西部地区新开发耕地的收益损失和耕地粮食安全价值（单位：元 /hm²）

区域	新开发耕地收益损失值（V_2）			耕地粮食安全价值（A）		
	5 年平均值	4 年平均值	3 年平均值	5 年平均值	4 年平均值	3 年平均值
	2006～2010 年	2007～2010 年	2008～2010 年	2006～2010 年	2007～2010 年	2008～2010 年
全国	21 661.81	22 972.42	24 350.93	5 010.66	5 056.53	5 104.78
内蒙古	9 125.90	9 664.47	10 190.02	4 571.91	4 590.76	4 609.15
广西	23 719.35	25 108.09	26 334.06	5 082.68	5 131.28	5 174.19
重庆	19 534.51	20 913.95	22 339.90	4 936.21	4 984.49	5 034.40
四川	24 926.71	26 988.90	29 118.99	5 124.93	5 197.11	5 271.66
贵州	9 529.60	10 082.12	10 737.89	4 586.04	4 605.37	4 628.33
云南	11 882.93	12 448.47	13 108.89	4 668.40	4 688.20	4 711.31
西藏	10 284.89	10 806.72	11 059.73	4 612.47	4 630.74	4 639.59
陕西	17 735.56	19 145.70	20 722.34	4 873.24	4 922.60	4 977.78
甘肃	10 892.30	11 644.80	12 474.52	4 633.73	4 660.07	4 689.11
青海	10 259.78	11 190.88	12 119.19	4 611.59	4 644.18	4 676.67
宁夏	11 335.99	12 284.76	13 251.21	4 649.26	4 682.47	4 716.29
新疆	20 207.02	21 604.14	23 015.21	4 959.75	5 008.64	5 058.03
西部	15 571.05	16 630.52	17 730.91	4 797.49	4 834.57	4 873.08

进一步计算得到西部各省（自治区、直辖市）地方政府保护耕地的外部性损失（表4-3）。

表4-3 地方政府保护耕地的外部性价值　　　（单位：亿元/年）

区域	内蒙古	广西	重庆	四川	贵州	云南	西藏
外部性价值	+152.07	+129.42	+20.63	+80.95	+18.16	+79.30	−7.97
区域	陕西	甘肃	青海	宁夏	新疆	西部	
外部性价值	−80.30	−74.57	−22.48	+10.72	+13.99	+315.27	

表4-3中，"−"代表该区域要满足居民当代生活需求水平的耕地数量不足，应该花钱请其他区域为自己保护耕地，所以表现为负外部性；其值代表所在区域的地方政府无偿获取了其他区域地方政府耕地保护的粮食安全价值。"+"代表该区域耕地在满足生产本辖区居民消费需求后有盈余，地方政府保护这些盈余耕地，无偿地为其他区域的粮食安全作贡献，在为其他省区作贡献过程中损失了粮食安全价值，所以表现为正外部性。耕地保护的正外部性损失影响地方政府耕地质量保护性投入积极性。

西藏、陕西、甘肃和青海4个省（自治区）的地方政府保护耕地农业用途行为无外部性损失，属于外部性输入省（自治区），共输入耕地保护外部性价值为185.32亿元；其他8省（自治区、直辖市）都有正外部性损失，共输出耕地保护的正外部性价值为505.24亿元。平衡耕地保护的外部性输出−输入后，西部地区总体仍然是正外部性价值的净输出区，向全国其他省（自治区、直辖市）输出正外部性价值净值共计315.27亿元/年。

第二节　基于粮食区际贸易的耕地保护外部性价值

耕地和人口分布具有不平衡性，粮食或者以粮食作为饲料生产的动物性产品的数量具有地区差异，于是出现了如下状况：有些地区生产的粮食不能满足粮食的基本需求，有些地区在满足粮食的基本需求后还有盈余，于是在粮食多的地区和粮食少的地区之间形成粮食供应能力梯度差、粮食流。随着粮食流动，其负载的耕地保护成本也要流动。

一、粮食为耕地保护外部性价值补偿载体

（一）相关概念

建构耕地保护的区际补偿框架需要首先定义四个基本概念。

1. 区际

区际是行政区域之间关系的简单描述。本书的区域是指省级行政区域，所以，区际关系实际上就是省与省的关系，即省际关系。

2. 粮食区际贸易与贸易量

粮食贸易就是从空间上平衡粮食生产供应波动的方式，其贸易的地域范围越大，覆盖地域的自然、经济条件差异越大，平衡波动的能力就越强。贸易量是贸易双方按照市场交易方式交易的粮食数量的多少。从区域角度看，粮食贸易分为国际贸易、区际贸易和区内贸易等类型，其中，国际贸易是利用国际市场的粮食资源平衡国内供应的波动，区内贸易是微观行为主体依托市场平衡供需关系，区际贸易是在同一个国家不同地区间进行粮食贸易，其要义是在国家粮食安全得到保障的大背景下，国家内部的地区与地区之间因为耕地配置不同而出现粮食产销空间差异，通过地区流动和交换来平衡供需；在粮食资源充足的条件下，区际贸易可以使耕地资源较少、粮食供应不足的地区，以较低成本进口粮食，实现本地区居民对粮食及衍生品的需求；相反，让粮食供给地区获得较大的利润，但其代价是国内粮食市场产生大的非稳定性波动、国家粮食安全受到威胁。

3. 粮食供给与需求平衡

粮食供需平衡涉及国家层面的平衡和区域内的平衡问题。长期来看，国内市场供需应该处于平衡状态。供给来源包括国内生产和国外进口；需求去向包括出口国际市场、种子用粮、国民的口粮消费、国内用于动物性产品（即肉蛋奶鱼，下同）生产用粮，酒类生产和淀粉食品加工用粮、餐饮用粮，储备与耗损等其他用粮。假定国内生产的粮食优先满足国内居民的口粮消费、生产动物性产品用粮、种子用粮、储备与耗损等其他用粮量，其次是满足粮食的国际出口，然后再满足酒类生产和淀粉食品加工用粮餐饮用粮，酒类生产、淀粉食品加工用粮和餐饮用粮的不足部分由国际粮食市场进口填补。为此，构建全国粮食的供-需平衡模式（图4-1）。

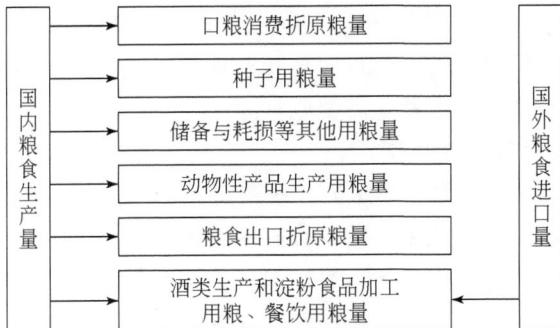

图4-1　全国粮食供-需平衡模式图

在全国粮食的供-需平衡模式控制下，各省处于次级供-需平衡状态。省粮食供给来源包括省内自身的粮食生产、外省粮食调入、国外粮食进口，优先利用省内生产粮食，然后是国内其他省生产的粮食，最后才是国际进口粮食。从次级区域粮食安全出发，假定省内粮食需求去向为：省内城乡居民居家口粮消费、种子用粮、省内城乡居民居家消费动物性产品的耗粮、储备与耗损等其他用粮、满足外省粮食消需求不足的调出、省内酒类生产和淀粉食品加工用粮、餐饮用粮，最后是出口国际市场。上述各种需求去向的不足部分，由省外调入和国际市场进口进行需求平衡，其中国际市场进口粮食只用于平衡酒类生产、食品加工需求和餐饮等其他用途的需求。为此，构建省级粮食供 – 需平衡模式（图 4-2）。

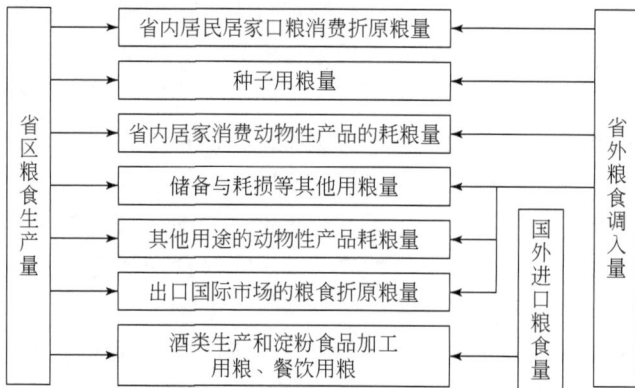

图 4-2　省级粮食供 – 需平衡模式图

由于粮食是我国人民生活的基本必需品、维持生存必不可少的消费品，其供应状况直接影响社会、政治的安定，直至国家的生存；而超越国界的粮食国际贸易很容易受各国的对外贸易政策的变化及相应的关税、非关税壁垒的限制和影响，不利于保障国家粮食安全。为此，我国坚持有限度地利用国际市场粮食资源的原则，国家粮食安全建立在以国内粮食生产供应为主体的基础之上，要保障粮食的国内供应量，必须有足够的生产量。要有足够的粮食生产量，必须要保留足够的耕地数量。耕地不但具有省级的自然分布、规划配置的不平衡性，而且保护耕地需要投入资金和劳动力，也就是需要成本。

4. 粮食承载的耕地保护成本

耕地是农作物的立地环境，保护耕地需要劳动力和资金的投入。耕地多的省，保护耕地的投入就大，耕地生产的粮食和粮食衍生产品的一部分要进入市场并流向省外，这就意味着耕地保护投入有损失，这些损失流失的载体就是粮食及其相关衍生产品；耕地少的省，保护耕地投入就少，尽管因耕地少使自己生产的粮食及衍生产品不能够满足本辖区居民的需要，但在经济一体化趋势越来越强的背景下，可以通过省之间的相互粮食贸易，进口需要的粮食及其制品以解决缺口部分，这就意味着在进口粮食及其衍生产品的同时，其他省的耕地保护的投入也随着粮食贸易流入了进口省，这部分就成为了红利。在粮食及其制品的贸易中，保护耕地愈多、粮食及其制品出口愈多的省，红利流出愈多，耕地保护的损失就愈大；相反，进口粮食及其制品愈多的省，红利流入愈多，不保护耕地的盈利就愈大，于是就形成了保护耕地、生产粮食的省，随着粮食及其制品的出口还要流出耕地保护的投入。为了改变这种局面，学术界提出由耕地不足的发达省对耕地有盈余的发展中省，按照耕地面积的盈余/赤字状况，参照一定标准进行社区之间的补偿，如张效军[10]从耕地保护区域公平的角度出发，界定耕地保护区域责任和义务，测算区域耕地盈余/赤字量、确定补偿标准和管理与监督方式等方面，构建了由部分经济发达、人多地少地区通过财政转移支付等方式，对承担了较多耕地保护任务的地区进行经济补偿，以协调不同区域在耕地保护上的利益关系的耕地保护区域补偿机制框架，并以福建和黑龙江两省为例进行省与省之间耕地保护经济补偿实证研究。本书认为，省与省之间的耕地盈余/赤字量的大小，尽管有非农建设用地影响的原因，但更主要是有历史上行政区划的原因、有人口迁移的原因，而且，耕地盈余/赤字量具有动态的变化过程，理论上说容易掌握，但实际上是最不清楚、最难搞清楚的一件事情，所以，按照盈余/赤字量进行区际补偿操作难度较大。本书认为区际之间应该补偿，只是要寻找一个更加合适、易于操作的载体。省与省之间耕地保护投入红利的流入/流出，实际上是以粮食为载体，在粮食交易中实现的，而省与省之间的粮食流入/流出是容易统计的。借助粮食省际流动量，按照一定标准，由政府之间进行相互补偿，也等于给老百姓进行一定的粮食暗补，具有很强的操作性。

（二）以粮食贸易量为载体的耕地保护区际补偿框架

耕地保护区际补偿就是基于不同区域有对等的耕地保护责任和义务、耕地经营与保护的机会成本高的情况，以行政区域为基本单位，借助某种评价体系或者利益传递媒介，由耕地保护不足的经济利益流入区向耕地保护数量大的经济利益流出区进行经济补偿，以协调不同区域在耕地保护利益关系，从而达到既能满足社会经济发展对农地非农化的合理需求，又能在总体上最大限度地保护有限的耕地资源以保障我国的粮食安全的目标。

耕地保有量和基本农田数量等耕地保护指标的区域差异性较明显，与耕地资源开发利用和区域发展的不平衡有关系。而区域发展不平衡受自然、历史、社会经济等多方面的影响，导致发达地区与落后地区耕地保护指标具有差异性。我国的耕地保护指标分解自上而下，凸现了区域耕地保护制度下保护力度的不均衡性，落后区域由于承担耕地保护的责任而失去有利的发展机会。以粮食贸易量为媒介，其流入省的地方政府为补偿主体、流出省的地方政府为受偿主体，通过一定的方法测量粮食在省与省之间的流出、流入数量，单位重量粮食及相关产品中承载的耕地保护成本，然后合理确定省与省之间的耕地保护经济补偿金数量后，省政府之间通过财政转移支付方式，实现区域之间的相互经济补偿。以粮食贸易量为载体的耕地保护区际经济补偿的基本框架见图4-3。

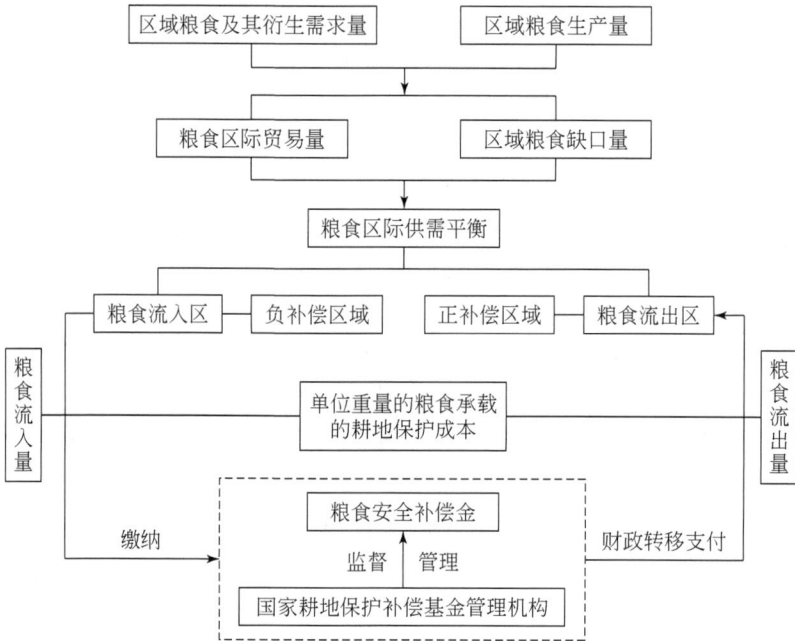

图 4-3　以粮食贸易量为载体的耕地保护区际补偿框架

（三）耕地保护区际补偿的意义

1）完善耕地保护制度。通过构建耕地保护区域补偿机制，明晰区域耕地保护责任和义务，充分体现耕地资源价值，提高耕地非农化的成本。这对完善耕地保护制度，抑制非农建设对耕地的不合理需求具有重要的意义。

2）协调区域经济利益。我国是人口大国，对粮食的消费必须立足于自力更生，而不能过多依赖进口。因此，保护耕地和确保粮食安全是各区域的责任和义务，而不能因为某一地区经济发展较快，就可以占用更多的耕地，把耕地保护的责任和义务推卸到经济欠发到和粮食主产区。我国在对基本农田的划定时只是简单地规定"各省、自治区、直辖市划定的基本农田应当占本行政区域内耕地的百分之八十以上"，基本没有考虑区域的自然条件和耕地的质量等因素，更没有考虑区域人口因素和为满足国家自给率情况下区域粮食自给所应承担的耕地保护的责任和义务。这势必会造成经济发达地区和粮食主销区大量合法或非法地占用耕地，迫使中央政府要求欠发达地区和粮食主产区过多地保护耕地。这就涉及区域间的公平性问题，需要建立区域间的利益调节和补偿机制，使需要占用耕地的地区能有地可用，耕地保护的地区有意愿和激励来保护耕地。

3）解决政府管理失灵。我国耕地数量的减少和质量的下降对我国粮食安全和社会稳定构成威胁。在耕地保护中，耕地保护产权不清、耕地价值的不完全体现（市场失灵）和耕地保护制度的不完善（政府失灵），使我国实行的世界上最为严厉的耕地保护制度并没有达到预期的目标。经济发展需要占用一定数量耕地，耕地保护需要制度约束与激励，使需要占用耕地的地区有地可用，耕地保护的地区有意愿和激励来保护耕地。因此，缓解耕地保护（吃饭）与经济发展（建设）间的尖锐矛盾，建立耕地保护区域补偿机制就显得非常必要。

二、粮食区际贸易数量测算

以粮食为补偿媒介，除了直接的粮食贸易流动量外，还需要将贸易流动的动物及相关产品通过一定方法折算为粮食，计算出跨区域贸易流动的最小贸易量。当然，如果以粮食和动物及相关产品为补偿媒介，可以以商务部门关于实际流动量的大数据为依据。

（一）区域间粮食需求测算方法

1. 省内居民居家口粮消费总量

依据城镇人口数和城镇居民人均口粮消费量计算城镇口粮消费总量，依据乡村人口数和乡村人均口粮消费量计算乡村口粮消费总量，进而计算省内居民居家口粮消费总量。用 Q_i^k 表示第 i 省居民居家口粮消费总量，p_i^c 表示第 i 省城镇人口数，p_i^x 表示第 i 省乡村人口数，M_i^c 表示第 i 省城镇居民人均口粮消费量，M_i^x 表示第 i 省乡村居民人均口粮消费量，则：

$$Q_i^k = p_i^c \cdot M_i^c + p_i^x \cdot M_i^x \tag{4-4}$$

2. 动物性产品消费量的耗粮量

动物性产品消费量分为省内居民的动物性产品消费量和其他用途的动物性产品的耗粮总量。依据城镇人口数和城镇居民人均肉、蛋、奶、鱼等动物性产品的消费量计算城镇居民肉蛋奶鱼等动物性产品消费总量，依据乡村人口数和乡村居民人均肉蛋奶鱼等动物性产品的消费量计算乡村居民肉蛋奶鱼等动物性产品消费总量，进而计算省内城乡居民居家消费肉蛋奶鱼等动物性产品的总量，再结合粮食与猪肉、牛肉、羊肉、禽肉、禽蛋、牛奶、鱼等之间的转化系数，计算生产省内城乡居民居家消费肉蛋奶鱼等动物性产品的耗粮总量。依据肉蛋奶鱼等动物性产品的生产总量和省内城乡居民居家消费总量，计算其他用途的需求总量；然后再计算肉、蛋、奶、鱼等动物性产品的其他用途耗粮总量。

用 Q_i 表示第 i 省城乡居民肉蛋奶鱼等动物性产品的消费量、Q_i^h 表示第 i 省城乡居民消费肉、蛋、奶、鱼等动物性产品的耗粮量，p_i^c 表示第 i 省城镇人口数，p_i^x 表示第 i 省乡村人口数，分别用 m_{ij}^c、m_{ij}^x 表示第 i 省城镇居民和乡村居民人均消费的猪肉、牛肉、羊肉、禽肉、禽蛋、牛奶及制品、鱼肉。$j=1$，2，3，…，7，用 1，2，3，…，7 分别代表猪肉、牛肉、羊肉、禽肉、禽蛋、牛奶及制品、鱼肉。则：

$$Q_i = \sum_{j=1}^{7} p_i^c \cdot m_{ij}^c + \sum_{j=1}^{7} p_i^x \cdot m_{ij}^x \qquad (4\text{-}5)$$

用 δ_j 表示生产单位重量的猪肉、牛肉、羊肉、禽肉、禽蛋、牛奶及制品、鱼肉的耗粮量，则：

$$Q_i^h = \sum_{j=1}^{7} p_i^c \cdot m_{ij}^c \cdot \delta_j + \sum_{j=1}^{7} p_i^x \cdot m_{ij}^x \cdot \delta_j \qquad (4\text{-}6)$$

生产单位重量的肉蛋奶鱼等动物性产品的耗粮数量，又叫作粮 – 肉、粮 – 蛋、粮 – 奶、粮 – 鱼转化系数。用 w_j 表示某种畜产品的产量，w_l 表示生产某种畜产品的耗粮量，则：

$$\delta_j = \frac{w_l}{w_j} \qquad (4\text{-}7)$$

猪肉、牛肉、羊肉、禽肉、禽蛋、奶的转化系数根据上述公式，利用国家发展与改革委员会价格司编制的《全国农产品成本收益资料汇编 2010》中的相关数据计算各省单位重量肉蛋奶鱼产品的耗粮数量，缺失省的转化系数采用全国平均转化系数值。2009 年单位肉蛋奶鱼等动物性产品的耗粮数量结果见表 4-4。鱼的转化系数为 0.770[11]。

表 4-4　2009 年单位肉、蛋、奶、鱼等动物性产品的耗粮数量　（单位：kg/kg）

项目 区域	猪肉	牛肉	羊肉	禽肉	禽蛋	奶
全国平均	1.829	0.898	1.040	1.751	1.658	0.369
内蒙古	1.803	—	—	1.420	1.662	0.372
广西	1.687	—	—	1.608	—	0.416
重庆	1.597	—	—	0.000	1.572	0.356
四川	1.591	—	—	0.000	1.548	0.382
贵州	1.707	—	—	0.000	0.000	0.367

续表

项目 区域	猪肉	牛肉	羊肉	禽肉	禽蛋	奶
云南	2.006	—	—	2.007	1.901	0.292
西藏	—	—	—	—	—	—
陕西	1.931	0.850	1.144	—	1.768	0.358
甘肃	2.061	—	—	—	1.572	0.357
青海	1.845	—	—	—	—	0.369
宁夏	1.999	1.187	1.027	1.648	1.603	0.353
新疆	1.867	0.490	0.640	—	1.850	0.383

注：表中数据是根据《全国农产品成本收益资料汇编 2010》资料中各地区主产品产量与耗粮量计算整理的结果，空格因缺资料而取全国平均值

3. 省内种子用粮数量

用 Q_i^z 表示第 i 省种子用粮数量，q_j^z 表示第 i 省第 j 种种子数量，β_j 表示第 j 种种子用粮量占粮食生产量的比重。于是：

$$Q_i^z = \sum_{j=1}^{n} \beta_j \cdot q_j^z \qquad (4-8)$$

4. 储备与耗损用粮

按照联合国粮食及农业组织（FAO）统计数据中关于中国的储备与耗损用粮数量占粮食生产量的百分比推算。用 Q_i^t 表示第 i 省储备与耗损用粮量，q_j^t 表示第 i 省第 j 种储备与耗损用粮量，β_j 表示第 j 种储备与耗损用粮量占粮食生产量的比重。于是：

$$Q_i^t = \sum_{j=1}^{n} \beta_j \cdot q_j^t \qquad (4-9)$$

5. 省内粮食出口国际市场的数量

用 Q_i^c 表示第 i 省出口国际市场的原粮数量，q_j^c 表示第 i 省出口国际市场的第 j 种精粮数量，β_j 表示第 j 种精粮－原粮的折算系数。于是：

$$Q_i^c = \sum_{j=1}^{n} \beta_j \cdot q_j^c \qquad (4-10)$$

6. 酒类生产和食品加工用粮

酒类生产的用粮数量，计算办法同肉蛋奶鱼消费的耗粮数量，其中，白酒和白酒的粮－酒转化系数分别为 2.3 和 0.172。省内食品工业加工淀粉食品的用粮数量，按照 FAO 统计数据中关于中国的粮食加工数量占粮食生产量的百分比推

算。用 Q_i^j 表示第 i 省加工用粮数量，q_j^i 表示第 i 省第 j 种加工用粮数量，β_j 表示第 j 种加工用粮量占粮食生产量的比重。于是：

$$Q_i^j = \sum_{j=1}^{n} \beta_j \cdot q_j^i \tag{4-11}$$

（二）区域间粮食的供需平衡分析

1. 数据来源

粮食国际出口量、乡村居民人均口粮量、乡村居民人均猪牛羊肉、禽肉、蛋、鱼、酒的消费量等数据来自《中国农村统计年鉴 2011》[12]。各省（自治区、直辖市）粮食生产量、猪肉、牛肉、羊肉、禽肉、蛋、奶、鱼、白酒和啤酒生产量、城镇和乡村人口数、全国城镇居民人均口粮量、猪肉、牛羊肉、禽肉、蛋、奶、鱼、酒的消费量来自《中国统计年鉴 2011》[13]。

2. 数据处理

1）技术路线图。图 4-4 为省级城乡居民口粮、肉蛋奶鱼酒的耗粮量生成技术路线。值得注意的是，该技术路线图中包含了三个平衡：一是区域的粮食生产–消费平衡，二是区域肉蛋奶鱼酒的生产–消费平衡，三是区域肉蛋奶鱼酒生产耗用粮食量平衡。本书假定各省的口粮量、肉蛋奶鱼酒量、生产肉蛋奶鱼酒的耗粮量都处于平衡状态。对于粮食生产量、肉蛋奶鱼酒的生产量低于需求量的省，必须从粮食生产–消费量、肉蛋奶鱼酒的生产–消费量有盈余的省调入粮食和肉蛋奶鱼酒，以平衡居民消费需求和省内的其他需求。调入的省称为粮食和肉蛋奶鱼酒赤字省，调出的省称为盈余省。省与省之间的粮食、肉蛋奶鱼酒的调入、调出量，作为省与省之间耕地保护补偿的依据。

2）数据处理说明。鉴于海水捕捞和淡水捕捞的鱼类不需要饲料用粮，为此，在进行鱼产品生产量统计时，本书从统计数据中筛选了人工养殖的淡水鱼和海鱼产量，也就是说，纳入本书研究中的鱼类生产量不包括天然生产的鱼类产量。鉴于统计年鉴的酒类消费统计中未对啤酒进行单独统计，而生产统计中按照白酒、啤酒分类统计的事实，笔者在计算过程中，按照白酒、啤酒的转化系数，将啤酒生产量转化成为白酒生产量，然后再进行各省的酒类生产–消费平衡。肉类消费统计中，统计年鉴将农村居民人均消费的猪、牛、羊肉进行整体统计，将城镇居民人均消费的牛羊肉进行整体统计，为了便于进行生产–消费平衡，本书利用猪、牛、羊肉年生产量分别占猪牛羊肉年生产总量的份额对农村居民人均消费的猪牛羊肉进行分解，用牛、羊肉年生产量分别占牛羊肉年生产总量的份额对城镇居民人均消费的牛羊肉进行分解。鉴于各省的种子用粮量、加工用粮量、其他用粮数量难以获取，而 FAO 的数据统计中对我国的种子用粮量、加工用粮量、其他用粮数量进行了统计，为此，可以计算出上述各类用粮数量占全国年生产量的份额，然后，再假定各省的上述各项用粮量占省生产量的比重与全国保持一致。在此基础上，用各省的粮食生产量乘以相应的用粮份额，就能够得到各省的种子用粮量、加工用粮量、其他用粮数量。

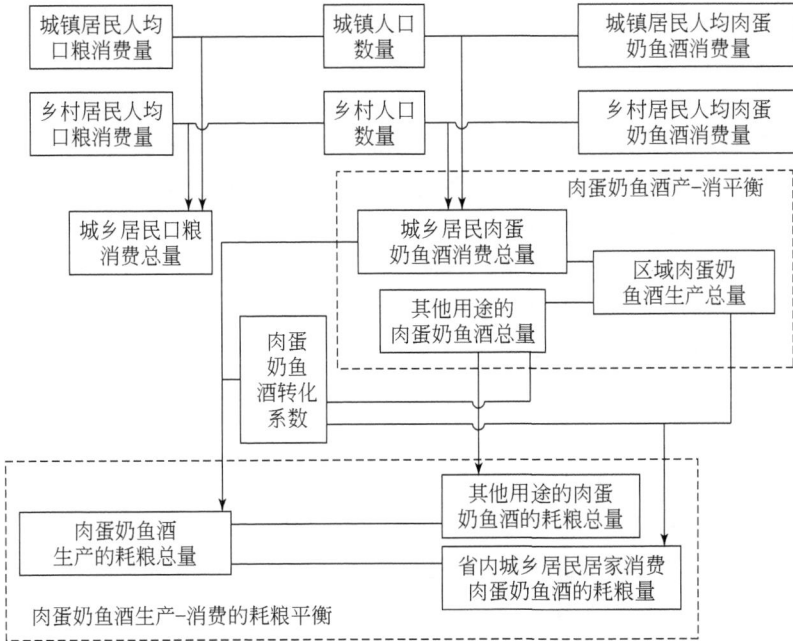

图 4-4　城乡居民口粮、肉蛋奶鱼酒消费及耗粮量技术路线

3. 粮食供需平衡分析

利用粮食、肉蛋奶鱼酒生产量，城镇人口及人均粮食、肉蛋奶等粮食消费量，农村人口及人均粮食、肉蛋奶等粮食消费量等数据，利用式（4-1）计算省居民的口粮量，式（4-2）、式（4-3）、式（4-4）计算省居民动物产品消费量的耗粮量，式（4-5）计算省种子用粮数量，式（4-6）计算省储备与耗损用粮量，式（3-7）计算省出口国际市场的原粮数量，式（4-8）计算省酒类生产和淀粉食品加工用粮。

估计种子用粮量，一是用播种面积乘以亩均种子用量数量，鉴于亩均种子用量数量缺乏统计、计算缺乏依据，这种方法的运用有困难；二是采用经验法进行估计，郜若素[14]、陈国强[15]按照粮食产量的 5% 估计种子用粮；三是用多年的种子总量占粮食需求总量的比重进行估计，据周津春[16]计算，我国多年稳定在 2% ～ 3%，本书取中间值 2.5%。FAO 确定的结构储备用粮量为粮食年消费量的 17% ～ 18%，其中，当年新增的后备储备粮占年消费量的 5% ～ 6%，上年结转的周转储备粮占 11% ～ 12%[17]，本书取后备储备粮占年消费量的 5.5%。粮食损耗量及其在粮食消费中的占比反映了粮食消费效率，损耗总量和比率越小，说明粮食消费利用率越高。陈国强[18]认为1%，程国强[19]参照世界各国粮食的耗损情况，结合我国的粮食生产、收获、储备和运输等实情，确定粮食耗损率为4%，肖国安[20]采用2%，高帆[21]在计算谷物浪费量时采用5.2%。本书采用中间值4%。城乡居民的口粮年消费量、肉蛋奶鱼消费的用粮量、酒消费用粮量是依据统计年鉴的相关数据，按照本节"一、粮食为耕地保护外部性价值补偿载体"中的相关方法计算而来。加工与餐饮用粮，有用经验法计算[22]，但本书是将加工与餐饮用粮作为国内粮食消费的最后去向，不足部分由国际进口进行补充，在计算上就很简单，即采用国内粮食生产量与消费量的平衡算法，用国内粮食生产量减去加工与餐饮用粮以外的用粮总量。

将国内生产的粮食首先满足城乡居民口粮消费、各省肉蛋奶鱼酒生产用粮、种子、储备与耗损后，再用于酒类生产、淀粉食品加工、出口等其他需要，其他需求用粮国内供给不足部分由国际市场进口平衡；各省自己生产的粮食，优先满足本省城乡居民的口粮消费和肉蛋奶鱼酒生产用粮、种子、储备与耗损，盈余部分用于安排其他需求，其他需求中优先用于本省的酒类生产、淀粉食品加工、餐饮等，然后是满足缺粮省、国际市场需求。通过粮食贸易促使粮食在省与省之间流动，实现各省的粮食供需平衡。按照这种思路安排国内粮食消费去向，全国粮食的生产-消费处于"自平衡"状态，根据上述描述的相关标准和算法，分析2010年国内粮食的供需平衡状况，结果见表4-5。

表4-5　2010年国内粮食的供需平衡分析　　　　（单位：万t）

区域	粮食生产量	粮食需求量									供-需平衡
		出口原粮	种子用粮	酿酒耗粮	加工与餐饮用粮	口粮	肉蛋奶鱼耗粮量	储备	耗损	小计	
全国	54 647.7	123.6	1 366.2	2 318.8	2 313.2	21 052.8	22 281.6	3 005.6	2 185.9	54 647.7	0
内蒙古	2 158.2	7.0	54.0	116.9	91.4	398.3	761.3	118.7	86.3	1 633.8	+524
广西	1 412.3	0.2	35.3	23.8	59.8	750.1	867.7	77.7	56.5	1 871.1	-459
重庆	1 156.1	0.1	28.9	48.5	48.9	423.5	419.9	63.6	46.2	1 079.7	+76
四川	3 222.9	1.2	80.6	386.1	136.4	1 267.8	1 479.0	177.3	128.9	3 657.3	-434
贵州	1 112.3	0.0	27.8	37.5	47.1	559.1	338.2	61.2	44.5	1 115.3	-3
云南	1 531.0	0.1	38.3	100.6	64.8	701.3	618.7	84.2	61.2	1 669.1	-138
西藏	91.2	0.0	2.3	2.3	3.9	71.3	36.6	5.0	3.6	125.0	-34
陕西	1 164.9	0.2	29.1	35.4	49.3	552.0	322.2	64.1	46.6	1 098.9	+66
甘肃	958.3	0.0	24.0	11.3	40.6	505.8	163.2	52.7	38.3	835.8	+122
青海	102.0	0.0	2.6	4.9	4.3	99.6	48.5	5.6	4.1	169.6	-68
宁夏	356.5	0.0	8.9	3.1	15.1	104.3	84.5	19.6	14.3	249.7	+107
新疆	1 170.7	2.9	29.3	24.3	49.6	416.8	248.3	64.4	46.6	882.3	+288

注：表中"-"代表调入，"+"代表调出

显然，西部地区中的广西、四川、贵州、云南、西藏、青海等处于粮食总量供应不足状态，缺口范围介于-3 万～ 459 万 t，缺口总量为 -1138 万 t。而内蒙古、重庆、陕西、甘肃、宁夏、新疆 6 省（自治区、直辖市）处于粮食总量供大于求的状态，超需求的范围介于 66 万～ 524 万 t，超过总需求的总量为 1183 万 t。整体上，研究期内供给量稍大于需求量，属于有一定盈余的区域。

4. 动物性产品供需平衡分析

国内生产的肉蛋奶鱼等动物性产品的需求去向主要有 5 个方面的用途：城乡居民的居家消费、食品加工、餐饮、储备和出口，本书把食品加工、餐饮、储备和出口统称为肉蛋奶鱼的其他用量。按照供需平衡理论，长期来看，肉蛋奶鱼等动物性产品的国内生产量在城乡居民的居家消费量和其他用量之间，必然达成供 – 需平衡状态。依据统计数据和转化率，按照本节"一、粮食为耕地保护外部性价值补偿载体"中的算法，计算 2010 年全国的肉蛋奶鱼的供需平衡，结果见表 4-6。

表 4-6　2010 年国内生产的肉蛋奶鱼供需平衡 　　（单位：万 t）

项目	猪肉	牛肉	羊肉	禽肉	禽蛋	奶类	鱼
生产量	5071.20	653.10	398.90	1802.70	2762.70	3748.00	3828.80
居家消费量	2340.64	259.35	159.40	994.72	1061.58	938.78	1342.60
其他用途量	2730.59	393.70	239.46	807.96	1701.16	2809.18	2486.20

各省的肉蛋奶鱼，除了城乡居民的居家消费之外，还用于食品加工、餐饮、储备、出口（国际市场、省际贸易）等其他用途。经济发展水平不同，各省的餐饮、储备等其他用途的人均数量有差别。鉴于各省其他用途的需求去向和结构数据难以获取，本书假定各省肉蛋奶鱼其他用途的人均数量与全国一致，计算各省肉蛋奶鱼其他用途需求量，进而构建各省的供需平衡关系。全国肉蛋奶鱼其他用途需求量，除以全国的人口数量，得到人均数量（表 4-7）。

表 4-7　全国肉蛋奶鱼其他用途的人均需求量 　　（单位：kg/ 人）

项目	猪肉	牛肉	羊肉	禽肉	禽蛋	奶类	鱼
人均需求量	20.36	2.94	1.79	6.03	12.69	20.95	18.54

将表 4-7 中的人均需求量乘以各省的人口数量，得到各省肉蛋奶鱼其他用途需求量（表 4-8）。西部地区肉蛋奶鱼酒的供给量等于各省的生产量与省外调入量之和；需求量等于城乡居民居家消费量与其他用途需求之和。长期来看，各省的供需处于平衡状态，即，生产量 ± 省外调入（出）量＝城乡居民居家消费量＋其他用途量。为此，各省之间的调入、调出量就等于生产量减去需求量。据此思路，计算肉蛋奶鱼在 2010 年的省与省之间的可能调入、调出量，结果见表 4-9。

表 4-8　2010 年西部肉蛋奶鱼的其他用途需求量　　（单位：万 t）

项目	猪肉	牛肉	羊肉	禽肉	禽蛋	奶类	鱼
全国	2730.59	393.70	239.46	807.96	1701.16	2809.18	2486.20
内蒙古	51.09	7.37	4.48	15.12	31.83	52.56	46.52
广西	100.78	14.53	8.84	29.82	62.79	103.68	91.76
重庆	60.20	8.68	5.28	17.81	37.50	61.93	54.81
四川	169.80	24.48	14.89	50.24	105.78	174.68	154.60
贵州	77.99	11.25	6.84	23.08	48.59	80.24	71.01
云南	94.31	13.60	8.27	27.90	58.75	97.02	85.87
西藏	5.91	0.85	0.52	1.75	3.68	6.08	5.38
陕西	78.69	11.35	6.90	23.28	49.02	80.95	71.64
甘肃	54.27	7.82	4.76	16.06	33.81	55.83	49.41
青海	11.59	1.67	1.02	3.43	7.22	11.92	10.55
宁夏	13.07	1.88	1.15	3.87	8.14	13.45	11.90
新疆	44.84	6.47	3.93	13.27	27.94	46.13	40.83

表 4-9　肉蛋奶鱼在省间的可能贸易量　　（单位：万 t）

项目	猪肉	牛肉	羊肉	禽肉	禽蛋	奶类	鱼
全国	0.00	0.00	0.00	0.00	0.00	0.00	0.00
内蒙古	−14.37	+34.09	+69.90	−2.82	+2.94	+875.68	−47.17
广西	+38.95	−12.34	−8.31	+39.87	−61.96	−118.03	+66.02
重庆	+6.71	−9.78	−5.64	−9.61	−27.50	−80.85	−52.61
四川	+102.88	−12.00	−4.37	−13.21	−16.70	−154.37	−91.62
贵州	−15.85	−7.81	−5.86	−25.44	−49.55	−89.31	−69.12
云南	+38.09	+2.57	−1.29	−22.56	−57.40	−53.72	−72.78
西藏	−6.77	+11.69	+6.87	−2.48	−4.02	+21.64	−5.56
陕西	−35.93	−7.38	−2.97	−26.72	−22.77	+68.06	−74.23
甘肃	−33.63	+2.36	+5.13	−17.75	−31.56	−30.80	−51.93
青海	−9.01	+4.30	+5.89	−5.07	−7.88	+10.94	−11.47
宁夏	−10.86	+3.75	+4.35	−5.27	−3.72	+67.14	−4.19
新疆	−43.54	+22.23	+34.05	−8.88	−12.93	+75.69	−36.17
西部	+16.67	+31.68	+97.75	−99.94	−293.05	+592.07	−450.83

表 4-9 中"+"表示省区满足自身需求之外有盈余，是调出省，表中的正值表示调出数量，"−"表示该省不能满足自身需求，属于生产－消费赤字省，是调入省，表中的负值表示调入数量。西部地区，猪肉、牛肉、羊肉、奶类的生产量大于可能的需求量，禽肉、禽蛋和鱼肉的生产量低于可能的需求量。

（三）区域间粮食与衍生产品的贸易最小量

1. 区域粮食基本需求与省际贸易最小量

（1）区域的粮食基本需求与非基本需求

区域的粮食基本需求是与城乡居民可以持续生产、生活有关的粮食类型，包括城乡居民口粮、肉蛋奶鱼生产用粮、种子用粮、储备与耗损等其他用粮等类型。相应地，粮食（国际、国内）出口、酒类生产和食品加工、餐饮用粮属于与城乡居民可持续生产、生活无关的，与提升生活品质有关的需求类型，称为区域粮食其他需求。

对于国家而言，粮食生产－消费平衡或者生产量适当大于基本需求量就能维护国家的粮食安全。对于省而言，在国家粮食需求平衡的大背景下，即使省内部不平衡，也能够通过国内省与省之间的流动满足省内的粮食安全目标；但从粮食安全责任角度而言，只要各省生产的粮食能够满足本行政辖区城乡居民口粮消费、肉蛋奶鱼生产用粮、种子用粮、储备与耗损等其他用粮等需求，就是对国家粮食安全的贡献。正是基于这种认识，本书把城乡居民口粮、肉蛋奶鱼生产用粮、种子用粮、储备与耗损等其他用粮称为区域粮食的基本需求。区域粮食的基本需求是基于区域粮食生产量现状、粮食－动物产品转化率现状、口粮消费现状等因素，出于区域粮食安全的责任和义务，按照相关原则、标准和计算方法等确定种子、储备与耗损等其他、动物耗粮和城乡居民耗粮数量。研究表明，2010 年我国有19 个省（自治区、直辖市）自主生产的粮食在满足了区域粮食基本需求后盈余 9886 万 t，北京、天津、辽宁、上海、浙江、福建、湖北、广东、海南、广西、西藏、青海 12 个省（自治区）自主生产的粮食在保障区域粮食的基本需求方面缺口 5130 万 t，基本需求的盈余量－缺口量平衡后，全国尚余粮食 4756 万 t，国家粮食安全完全有能力保障。

（2）跨省的可能调出量和最小调入量

如果区域粮食的生产量大于区域粮食的基本需求量，则可以认为供需处于盈余状态，区域粮食的生产量能够满足本行政辖区的基本需要，即使不从区域外调入粮食，也能够维持区域的生产和生活需要，同时还有一定的满足区域粮食的其他需求的能力；相反，如果区域的粮食生产量小于区域粮食的基本需求量，则供需处于赤字状态，要维持本行政辖区的基本需要必须从区域外调入粮食。为满足区域粮食的基本需求而调入的粮食量为最小调入量。

上述研究表明，全国 2010 年北京等 12 省（自治区、直辖市）保障区域粮食的基本需求方面缺口 5130 万 t，需要借助贸易流从省外部调入，所以，当年的粮食最小贸易量为 5130 万 t，其中西部的广西、青海和西藏至少需要分别调

入 –375、–58、–28 万 t（表 4-10）。

表 4-10　西部地区粮食满足基本需求后的盈余量和最小调入量　（单位：万 t）

区域	盈余省满足粮食基本需求后的盈余量（跨省的可能调出量）	赤字省满足基本需求需要跨省的最少调入量
全国	9886	–5130
西部	1927	–460
内蒙古	739.6	
广西		–375
重庆	174	
四川	89.3	
贵州	81.5	
云南	27.3	
西藏		–28
陕西	150.9	
甘肃	174.3	
青海		–58
宁夏	124.9	
新疆	365.1	

2. 区域肉蛋奶鱼基本需求与最小贸易量

各省的肉蛋奶鱼生产量不等于需求量。肉蛋奶鱼的需求量分为城乡居民居家消费需求量，以及餐饮、食品加工、（国际、省内）出口等其他消费需求量。出于粮食安全的考虑，满足城乡居民居家消费需求的肉蛋奶鱼生产量是本行政辖区的责任和义务。用肉蛋奶鱼的生产量减去城乡居民居家消费量，其值如果大于 0，说明本行政辖区生产的肉蛋奶鱼能够满足城乡居民居家消费需求；相反，就必须从省外调入才能满足城乡居民居家消费需求，其调入量为肉蛋奶鱼等动物性产品的最小贸易量。从省外调运肉蛋奶鱼等产品，就相当于调运兄弟省的粮食，也就相当于兄弟省帮助缺粮省保护了耕地。

2010 年，西部地区和全国的猪肉、牛肉、羊肉、禽肉、禽蛋、奶类和鱼等城乡居民基本生活消费需求的动物性产品盈余 / 赤字量见表 4-11，全国猪肉盈余省的盈余总量 2783.19 万 t，赤字省的赤字量为 52.59 万 t，盈余 / 缺口平衡后可用于其他消费需求的数量为 2730.59 万 t；全国牛肉盈余省的盈余总量为 433.78 万 t，赤字省的赤字量为 40.08 万 t，盈余 / 缺口平衡后可用于其他消费需求的数量为 393.70 万 t；全国羊盈余省的肉盈余总量为 271.33 万 t，赤字省的赤字量为 31.88 万 t，盈余 / 缺口平衡后可用于其他消费需求的数量为 239.46 万 t；全国禽肉盈余省的盈余总量为 856.99 万 t，赤字省的赤字量为 49.02 万 t，盈余 / 缺口平衡后可用于其他消费需求的数量为 807.96 万 t；全国禽蛋盈余省的盈余总量为

1756.32 万 t，赤字省的赤字量为 57.16 万 t，盈余 / 缺口平衡后可用于其他消费需求的数量为 1701.16 万 t；全国奶类盈余省的盈余总量为 3070.34 万 t，赤字省的赤字量为 261.16 万 t，盈余 / 缺口平衡后可用于其他消费需求的数量为 2809.18 万 t；全国鱼肉盈余省的盈余总量为 2573.65 万 t，赤字省的赤字量为 87.45 万 t，盈余 / 缺口平衡后可用于其他消费需求的数量为 2486.20 万 t。

表 4-11　基于城乡居民基本生活消费需求的动物性产品
盈余 / 赤字量的分布　　　（单位：万 t）

项目	猪肉	牛肉	羊肉	禽肉	禽蛋	奶类	鱼
全国	2730.59	393.70	239.46	807.96	1701.16	2809.18	2486.20
内蒙古	+36.72	+41.45	+74.38	+12.30	+34.77	+928.24	−0.65
海南	+20.80	+0.19	+0.07	+10.86	+0.04	−5.11	+26.69
重庆	+66.91	−1.10	−0.36	+8.20	+10.00	−18.93	+2.20
四川	+272.68	+12.48	+10.52	+37.03	+89.08	+20.31	+62.98
贵州	+62.14	+3.44	+0.98	−2.36	−0.96	−9.07	+1.89
云南	+132.39	+16.17	+6.98	+5.34	+1.35	+43.30	+13.09
西藏	−0.87	+12.54	+7.39	−0.73	−0.34	+27.71	−0.18
陕西	+42.76	+3.97	+3.93	−3.43	+26.25	+149.01	−2.58
甘肃	+20.64	+10.18	+9.89	−1.69	+2.25	+25.04	−2.51
青海	+2.58	+5.97	+6.91	−1.64	−0.66	+22.86	−0.92
宁夏	+2.22	+5.63	+5.49	−1.40	+4.43	+80.59	+7.72
新疆	+1.30	+28.70	+37.99	+4.39	+15.01	+121.83	+4.66

注：　"−"表示自主生产的动物性产品不能够满足城乡居民基本生活消费需求的省，其值表示缺口量；"+"表示自主生产量在满足城乡居民基本生活消费需求后有盈余的省，其值表示盈余量

西部 12 省（自治区、直辖市）中，西藏的猪肉缺口 0.87 万 t，除西藏外的 11 个省（自治区）盈余总量 780.07 万 t，盈余 / 缺口平衡后，可用于其他消费需求的数量为 779.21 万 t；重庆的牛肉缺口 1.1 万 t，除重庆外的 11 个省（自治区）盈余总量 142.73 万 t，盈余 / 缺口平衡后可用于其他消费需求的数量为 141.63 万 t；重庆的羊肉缺口 0.36 万 t，此外的 11 个省（自治区）盈余总量为 165.00 万 t，盈余 / 缺口平衡后可用于其他消费需求的数量为 164.64 万 t；贵州、西藏、陕西、甘肃、青海和宁夏等 6 个省（自治区）的禽肉缺口 11.26 万 t，其余盈余 136.96 万 t，盈余 / 缺口平衡后可用于其他消费需求的数量为 125.70 万 t；贵州、西藏和青海等 3 个省（自治区）的禽蛋缺口 1.96 万 t，其余 9 个盈余 183.96 万 t，盈余 / 缺口平衡后可用于其他消费需求的数量为 182.00 万 t；广西、重庆和贵州等 3 个省（自治区）的奶类缺口 42.35 万 t，其余 9 个盈余 1418.88 万 t，盈余 / 缺口平衡后可用于其他消费需求的数量为 1376.54 万 t；内蒙古、西藏、陕西、甘肃和青海 5 个省（自治区）的鱼肉缺口 6.85 万 t，其余 7 个盈余 250.32 万 t，盈余 / 缺口平衡后可用于其他消费需求的数量为 243.48 万 t（表 4-11）。

3. 肉蛋奶鱼居家消费不足部分折粮与省际间接粮食贸易最小量

本行政辖区内生产的肉蛋奶鱼不能满足城乡居民对肉蛋奶鱼居家消费需求的省，通过省外调入弥补不足。鉴于生产动物性产品需要粮食作为饲料，在跨省区调入、调出肉蛋奶鱼的过程中伴随着粮食流动。除了城乡居民基本消费中需要动物产品外，酒类生产、食品加工等其他方面也需要动物产品，但其他方面需要的动物产品难以区分省内需求和省外需求量，为此，本书只考虑肉蛋奶鱼产品用于满足城乡居民居家消费部分的跨省流动情况，属于跨省的最低流动量。

在表 4-11 中，列出了西部地区属于"–"的省，负值代表肉蛋奶鱼等最小贸易流入量，据此可以测算出承载的最小粮食贸易量。尽管不同省粮–肉、粮–蛋、粮–奶、粮–鱼转化率不同，但由于需要调入肉蛋奶鱼的省，并不清楚其进口的肉蛋奶鱼分别来自哪些省、各自有多少数量等信息，所以，利用各省的差异性转化率来计算肉蛋奶鱼流动过程中携带的粮食数量的意义不大，为此，本书采用全国的平均转化率来计算跨省流动的肉蛋奶鱼数量的折粮数量，结果见表 4-12。

表 4-12　城乡居民居家消费的肉蛋奶鱼跨省流动量的折粮　　（单位：万 t）

项目	猪肉	牛肉	羊肉	禽肉	禽蛋	奶类	鱼	合计
全国	−95.25	−36	−33.15	−85.89	−94.78	−98.2	−67.33	−510.6
内蒙古	—	—	—	—	—	—	−0.5	−0.5
广西	—	—	—	—	—	−5.4	—	−5.4
重庆	—	−0.98	−0.38	—	—	−7.12	—	−8.48
四川	—	—	—	—	—	—	—	—
贵州	—	—	—	−4.13	−1.59	−3.41	—	−9.13
云南	—	—	—	—	—	—	—	—
西藏	−1.57	—	—	−1.28	−0.57	—	−0.14	−3.56
陕西	—	—	—	−6.01	—	—	−1.99	−8
甘肃	—	—	—	−2.96	—	—	−1.94	−4.9
青海	—	—	—	−2.88	−1.09	—	−0.71	−4.68
宁夏	—	—	—	−2.45	—	—	—	−2.45
新疆	—	—	—	—	—	—	—	—

注："–"表示有城乡居民居家消费的动物性产品折粮量净流入的省，其值代表伴动物性产品进口而承载的粮食数量；"—"表示没有城乡居民居家消费的动物性产品折粮流入的省

就全国肉蛋奶鱼贸易量折粮而言，猪肉贸易承载的粮食间接贸易至少为95.25 万 t，牛肉贸易承载的粮食间接贸易量至少为 36 万 t，羊肉贸易承载的粮食间接贸易量至少为 33.15 万 t，禽肉贸易承载的粮食间接贸易量至少为 85.89 万 t，禽蛋贸易承载的粮食间接贸易量至少为 94.78 万 t，奶类贸易承载的粮食间接贸易量至少为 98.20 万 t，鱼肉贸易承载的粮食间接贸易量至少为 67.33 万 t。动物产品跨省流动量折粮合计 510.6 万 t。

就西部地区肉蛋奶鱼贸易量折粮而言，西藏猪肉流入承载的间接粮食贸易量最少为 1.57 万 t；重庆牛肉、羊肉流入承载的间接粮食贸易量最少量分别为 0.98万 t 和 0.38 万 t；贵州、西藏、陕西、甘肃、青海和宁夏等 6 个省（自治区）禽肉流入承载的间接粮食贸易量最少为 19.73 万 t；贵州、西藏和青海等 3 个省（自治区）禽蛋流入承载的间接粮食贸易量最少为 3.25 万 t；广西、重庆和贵州等 3个省（自治区、直辖市）奶类流入承载的间接粮食贸易量最少为 15.92 万 t；内蒙古、西藏、陕西、甘肃、宁夏和青海 5 个省（自治区）鱼肉流入承载的间接粮食贸易量最少为 5.27 万 t。

省际粮食间接流动的最小量。城乡居民居家消费的肉蛋奶鱼等动物性产品跨省流动量的折粮分析表，揭示了以肉蛋奶鱼为载体的粮食流动量，我们称这部分粮食流动为间接流动量。全国有 22 个省（自治区、直辖市）的肉蛋奶鱼等动物性产品的生产量小于城乡居民居家消费量，其中西部涉及 9 个省（自治区、直辖市），必须从省外调入；调入的动物性产品折合成为粮食为 510.6 万 t，其中西部为 47.1 万 t，占国内省际流动量的 9.22%。

三、区域间粮食贸易承载的耕地保护外部性成本

供需平衡分析表明，对于各省生产的粮食、肉蛋奶鱼等而言，有些省在满足了本省的各项需求之后还有盈余，有些省满足不了本省的需求，需要从外省调入才能平衡本省的需要，省之间存在食用物品贸易。中央政府要求地方政府进行资金、人力等资源保护性投入，耕地保护性投入随着粮食、肉蛋奶鱼等跨省外流，给调出省的地方政府造成了经济损失，给调入省区地方政府带来了无形的经济收益。调出越多，耕地保护性投入成本的损失愈多；相反，调入越多，调入省地方政府无形获取的耕地保护性投入收益愈多。所以，定量分析单位重量粮食存在的耕地保护成本能够。要研究单位重量粮食承载的耕地保护成本，首先需要确定区域单位耕地面积的数量。

（一）确定区域单位耕地面积粮食产量

区域单位耕地面积粮食产量为 C_l，粮食生产总量为 C_l^z，区域耕地面积为 S，β 表示粮食作物播种面积占粮经作物播种面积的份额。则：

$$C_l = \frac{C_l^z}{S \cdot \beta} \tag{4-12}$$

西部地区每公顷耕地的粮食产量计算结果见表 4-13。

表 4-13　西部地区每公顷耕地的粮食产量

区域	区域耕地面积 S/hm²	粮食占粮经作物播面的份额 β	区域粮食总产量 /（万 t） C_l^z	每公顷耕地的粮食产量 C_l/（t/hm²）
全国	121 715 891.81	0.7466	54 647.71	6.013
内蒙古	7 147 243.04	0.7927	2 158.20	3.809
广西	4 217 519.76	0.6236	1 412.32	5.370
重庆	2 235 932.01	0.7289	1 156.10	7.094
四川	5 947 398.55	0.7352	3 222.90	7.371
贵州	4 485 297.25	0.6651	1 112.30	3.729
云南	6 072 059.95	0.7428	1 531.00	3.394
西藏	361 631.29	0.7146	91.20	3.529
陕西	4 050 347.65	1.0000	1 164.90	2.876
甘肃	4 658 767.49	0.7852	958.30	2.620
青海	542 719.26	0.5066	102.00	3.710
宁夏	1 107 062.10	0.7480	356.50	4.305
新疆	4 124 563.70	0.5385	1 170.70	5.271
西部	44 950 542.05	0.5385	14 436.42	4.364

（二）确定单位耕地面积上的动物性产品的产量

猪肉、牛肉、羊肉、禽肉、禽蛋、牛奶及制品、鱼肉等动物性产品从粮食转化而来。可以根据这些产品与粮食的转化系数，及单位耕地面积的粮食产量，计算单位耕地面积上的动物性产品的产量。用 C_j 表示区域单位耕地面积上动物产品的产量，δ_j 表示生产单位重量的动物性产品的耗粮量，j=1，2，3，…，7，用 1，2，3，…，7 分别代表猪肉、牛肉、羊肉、禽肉、禽蛋、牛奶及制品和鱼肉。计算公式为

$$C_j = \frac{C_l}{\delta_j} \tag{4-13}$$

西部地区每公顷耕地的肉蛋奶鱼的产量计算结果见表 4-14。

表4-14　西部地区每公顷耕地的肉蛋奶鱼的产量　　（单位：t/hm²）

项目\区域	全国	内蒙古	广西	重庆	四川	贵州	云南	西藏	陕西	甘肃	青海	宁夏	新疆
猪	3.29	2.11	3.18	4.44	4.63	2.18	1.69	1.93	1.49	1.27	2.01	2.15	2.82
牛肉	6.70	4.24	5.98	7.90	8.21	4.15	3.78	3.93	3.38	2.92	4.13	3.63	10.76
羊肉	5.78	3.66	5.16	6.82	7.09	3.59	3.26	3.39	2.51	2.52	3.57	4.19	8.24
禽肉	3.43	2.68	3.34	4.05	4.21	2.13	1.69	2.02	1.64	1.50	2.12	2.61	3.01
禽蛋	3.63	2.29	3.24	4.51	4.76	2.25	1.79	2.13	1.63	1.67	2.24	2.69	2.85
奶	16.29	10.25	12.90	19.94	19.31	10.15	11.61	9.56	8.04	7.33	10.05	12.18	13.77
鱼	7.81	4.95	6.97	9.21	9.57	4.84	4.41	4.58	3.74	3.40	4.82	5.59	6.85

注：表中数据为计算结果

（三）确定单位重量粮食及相关产品承载的耕地保护成本

用 F 表示粮食生产省投入在单位耕地面积上的耕地保护成本，N_i 表示单位重量粮食产品承载的耕地保护成本，N_j 表示单位重量动物性产品承载的耕地保护成本。那么：

$$\begin{cases} N_i = \dfrac{F}{C_i} \\ N_j = \dfrac{F}{C_j} \end{cases} \qquad (4\text{-}14)$$

目前，成都按照基本农田 6000 元 /hm²（即 400 元 / 亩）、一般耕地 4500 元 /hm²（即 300 元 / 亩）的标准[①]，佛山按照经济发达区 7500 元 /hm²（即 500 元 / 亩）、经济欠发达区 3000 元 /hm²（即 200 元 / 亩）的标准[②]，对补偿对象进行耕地保护的经济补偿。无论是成都还是佛山，政府投入的补偿资金就是为了粮食安全而投入的耕地保护成本。基本农田的划定比例根据《土地管理法》的规定应不低于 80%，以基本农田比重下限和一般农田比重上限对成都的耕地保护补偿标准进行加权平均，则成都市政府投入的耕地保护成本为 5700 元 /hm²（即 380 元 / 亩）。假定各省地方政府耕地保护补偿投入成本都按照 5700 元 /hm²（即 380 元 / 亩）的标准，对农村集体经济组织和农民进行耕地保护经济补偿，运用式（4-11）和式（4-12），就可以计算出各省生产单位重量粮食承载的耕地保护成本，以及生产单位重量畜产品、水产品和酒类产品承载的耕地保护成本。结果见表 4-15。

① 2008 年 1 月 15 日，《成都市耕地保护基金使用管理办法（试行）》（成府发〔2008〕8 号）。
② 2010 年 3 月 18 日，广东省佛山市印发《佛山市基本农田保护补贴实施办法》（佛府办〔2010〕63 号）。

表 4-15　2010 年西部地区单位重量商品粮食和动物性产品
承载的耕地保护成本　　（单位：元 /t）

区域＼项目	粮食	猪肉	牛肉	羊肉	禽肉	禽蛋	奶	鱼
全国	948	1734	851	986	1660	1572	350	730
内蒙古	1496	2698	1344	1556	2126	2487	556	1152
广西	1061	1791	953	1104	1706	1760	442	817
重庆	804	1283	722	836	1407	1263	286	619
四川	773	1230	694	804	1354	1197	295	595
贵州	1529	2609	1373	1589	2677	2535	562	1177
云南	1679	3369	1508	1746	3371	3192	491	1293
西藏	1615	2954	1450	1680	2829	2678	596	1244
陕西	1982	3827	1685	2267	3471	3505	709	1526
甘肃	2176	4484	1954	2262	3810	3420	778	1675
青海	1537	2835	1380	1598	2691	2548	567	1183
宁夏	1324	2647	1572	1360	2183	2122	468	1020
新疆	1081	2019	530	692	1894	2001	414	833
西部	1421	2646	1264	1458	2460	2392	514	1095

注：表中数据为计算结果，西部取 12 省（自治区、直辖市）的平均值

四、地方政府耕地保护外部性区际补偿金

地方政府耕地保护外部性区际补偿金，就是以省级行政区为单位，粮食调入区地方政府为了弥补粮食调出区地方政府保护耕地投入的成本损失，按照一定标准向中央政府缴纳的耕地保护资金。科学、合理地确定耕地保护外部性区际补偿金标准有利于抑制地方政府耕地减少行为、激励耕地盈余区地方政府保护耕地行为。耕地保护外部性区际补偿金标准 = 最小贸易量 × 单位重量产品承载的耕地保护成本。计算结果见表 4-16。

表 4-16　西部地区地方政府耕地保护外部性区际补偿金的标准　　（单位：亿元）

区域	全国	西部	内蒙古	广西	重庆	四川	贵州	云南	西藏	陕西	甘肃	青海	宁夏	新疆
地方政府应收入金额	937.2	273.8	110.6		14	6.9	12.5	4.6		29.9	37.9		16.5	39.5
地方政府应缴纳金额	-486.3	-65.4		-39.8					-4.5			-8.9		

表 4-16 表明，西部除广西、西藏和青海外的 9 个省（自治区、直辖市），其地方政府应从中央政府那里得到 273.8 亿元耕地保护补偿金；广西、西藏和青海 3 个省（自治区），因依托本省耕地资源生产的粮食不足而需要从省外调入，省外地方政府保护耕地的投入，伴随粮食调入而流入，这 3 个省（自治区）的地

方政府就成为了西部地区耕地保护外部性价值的负补偿主体，应向国库缴纳 65.4 亿耕地保护补偿金，进一步分析发现，广西、西藏和青海 3 个西部省（自治区），耕地数量减少、粮食满足基本需求不足与政策性退耕还林有关。西部省地方政府耕地保护补偿金的净收益应为 208.4 亿元，这部分净收益的经费来源，由其他省缴入国库的耕地外部性补偿金通过转移支付补偿西部相应的省地方政府。

表 4-16 还表明，从全国来看，地方政府应向国库缴纳的耕地外部性区际补偿金为 486.3 亿元，应收入的耕地保护外部性区际补偿金为 937.2 亿元，二者缺口 450.9 亿元。考虑生产粮食的周期性、供 – 需的滞后性等特点，粮食产区的盈余量大于需求省区的需求量是保障粮食安全的前提等因素，粮食生产区的盈余量（可能调出量）大于粮食缺口区的可能调入量可能长期存在，因而这种现象是调出、调入省的最小贸易量的计算方式不同所致。①对于调出省而言，国家应鼓励粮食产区的生产，作为受偿对象的耕地保护经济补偿标准，等于粮食基本需求满足后的盈余量（即跨省的可能调出量）与单位重量产品承载的耕地保护成本的乘积；如果只按照实际调出量来计算，则会因为国际贸易干扰而出现产量大、贸易流小、补偿金额少的局面，进而影响地方政府保护耕地的积极性。②对于粮食缺口的调入省而言，从粮食安全的角度，仅将地方政府假定为居民食物消费安全的责任主体，仅考虑居民消费行为而计算粮食的调入量，所以，应缴纳的补偿金标准等于满足基本需求需要跨省的最小调入量与单位重量产品承载的耕地保护成本的乘积。另外，同类产品在同一个省，在调出的同时还可能有调入的行为，省与省之间有相互贸易的行为，这些都是形成上述差异的重要因素。为此，耕地保护外部性区际补偿金收支平衡后的缺口，是粮食生产的安全性、粮食消费的现实性相互矛盾的必然结果，且不可避免和长期存在，国家政府应在粮食安全战略眼光的高度看待这种缺口，安排财政资金平衡收支关系。

第三节　地方政府耕地保护外部性区际补偿运行管理

一、耕地保护外部性区际补偿主体与对象

耕地盈余、粮食调出地区的地方政府为补偿受体，耕地数量赤字、粮食调入地区的地方政府为补偿主体。补偿主体负责筹集耕地保护补偿资金，补偿受体按照国家相关规定和政策用好耕地保护补偿资金，发挥补偿资金的耕地保护效用，最大限度地提高耕地保护的性价比。研究表明，多数省既有调出也有调入，在很多省际之间形成互为补偿主体和补偿受体的关系。

耕地盈余地区，地方政府的耕地保护性投入随着粮食贸易外流；耕地数量赤字的粮食进口地区，在较少的耕地保护性投入背景下通过粮食贸易实现了粮食安全，自然应该向牺牲自己发展机会而保护耕地的粮食调出省给予相应的经济补偿。

二、耕地保护外部性区际补偿金的标准与激励—约束作用

（一）标准讨论

基于西部地区的区域耕地盈余 / 赤字量，结合单位耕地面积的年度粮食安全价值，评价了西部地区地方政府耕地保护外部性价值，结果见表 4-3。基于西部地区粮食区际贸易，结合单位重量的粮食承载的耕地保护成本，评价了西部各省地方政府耕地保护外部性价值，结果见表 4-16。对比表 4-3 和 4-16 的讨论如下。

1）西部地区的内蒙古、重庆、四川、贵州、云南、宁夏、新疆 7 个省（自治区、直辖市），按照两种方案计算得到的地方政府耕地保护外部价值都属于净输出地区。说明西部地区耕地保护对西部以外的省粮食安全作出了贡献是毋庸置疑的。国家建立耕地保护外部性区际补偿金，中部、东部地方政府通过耕地保护外部性区际补偿平台，对西部地区地方政府的耕地保护投入进行经济补偿是必要的。长期以来，西部欠发达省在财政资金有限的情况下保护耕地并为其他地区提供粮食安全服务，影响了地方发展和保护耕地积极性。从长远看，依靠落后地区筹资保护耕地的做法难以持续，保护西部地区耕地资源的资金投入不能单靠西部地区地方政府自己有限的财政投入，还应该要考虑在西部以外的省。

2）西藏、青海 2 个省（自治区），按照两种方案计算得到的地方政府耕地保护外部价值，都属于净输入地区。西藏和青海位于青藏高原，属于高寒地区，生态脆弱，数量有限、质量差的耕地不利于种植业发展，同时也是国家生态建设需要而实施退耕还林还草地区，显然需要国家扶持，净输入的耕地保护外部性价值应由国家配置，两种方法计算出来的净输入值作为国家配置资金的范围。

3）陕西、甘肃 2 个省（自治区），按照区域耕地盈余 / 赤字量计算，属于耕地保护外部性价值的净输入区，2 个省（自治区）位于黄土高原，水土流失严重，生态脆弱，加上退耕还林还草，耕地资源数量不足、质量不高是实情。按照区际粮食贸易计算，是耕地保护外部性价值的净输出区，不过，区际粮食贸易中包含动物及其副产品的折粮量，考虑了非耕农用地生产动物性产品的能力，参照耕地资源状况，不作为省对陕西、甘肃实施区际补偿的依据。净输入的耕地保护外部性价值应由国家配置，国家配置的高限值为净输入量。

4）广西按照粮食区际贸易计算，是耕地保护外部性价值属于净输入区，这与广西居民消费构成中的非植物类食物需求量较大引起的动物产品折粮有关，通

过调整消费结构可以控制。按照区域耕地盈余／赤字量计算，属于耕地保护外部性价值的净输出区，耕地资源数量本身是有盈余的，其净输出的耕地保护外部性价值应该得到补偿，可以作为补偿的高限值。

（二）区际补偿金的额度范围

经过上述讨论后可以认为，两种方式都有可行性，计算结果都有合理性。为此，耕地保护外部性区际补偿金的额度见表4-17。

表4-17　西部地区地方政府耕地保护外部性区际补偿金的额度范围（单位：亿元）

区域	西部	内蒙古	广西	重庆	四川	贵州	云南	西藏	陕西	甘肃	青海	宁夏	新疆
低限	+273.80	+110.60	—	+14.00	+6.90	+12.50	+4.60	-4.50	—	—	-8.90	+10.72	+13.99
高限	+315.27	+152.07	+129.42	+20.63	+80.95	+18.16	+79.30	-7.97	-80.30	-74.57	-22.48	+16.50	+39.50

注："-"代表耕地保护外部性净输入，"+"代表耕地保护外部性净输出。对于耕地保护外部性的净输出省，其耕地保护外部性区际补偿由其他省缴纳的补偿金进行补偿；对于耕地保护外部性的净输入省，其耕地保护外部性区际补偿由国家财政资金配置

（三）区际补偿的激励—约束作用

对于粮食及动物性产品调出地区的地方政府，按照调出的数量和单位重量产品承载的耕地保护成本，由调入地区的地方政府通过财政转移支付方式，借助"地方政府耕地保护外部性区际补偿金"平台，对调出地区的地方政府给予经济补偿。粮食和动物性产品调出地区的地方政府，因为保护耕地、出口粮食和动物性产品得到经济补偿，保护耕地的经济利益不受或少受损失，同时得到政治利益。耕地保护越多，调出的粮食和动物性产品可能就越多，得到的经济补偿数量可能就越大，从经济补偿角度看就是正经济补偿行为。正经济补偿对耕地保护行为主体具有激励作用。

粮食调入地区的地方政府，承担调入粮食承载的耕地保护成本。调入的粮食和动物性产品越多，支出的耕地保护成本也就越多，地方财政通过转移支付平台发生的支出行为也就越多，对粮食调入地区的地方政府而言，这种经济支出行为就是耕地保护不足、粮食和动物性产品供应不足的经济代价。从经济补偿角度看就是负经济补偿行为，负经济补偿对行为主体的耕地减少行为具有一定的抑制作用。

三、耕地保护区际补偿机制运行管理

中央政府和地方政府合作建立三位一体的耕地保护外部性价值区际补偿的运行管理机制（图4-5），中央政府以第三方参与区际补偿的监督与运行管理过程。

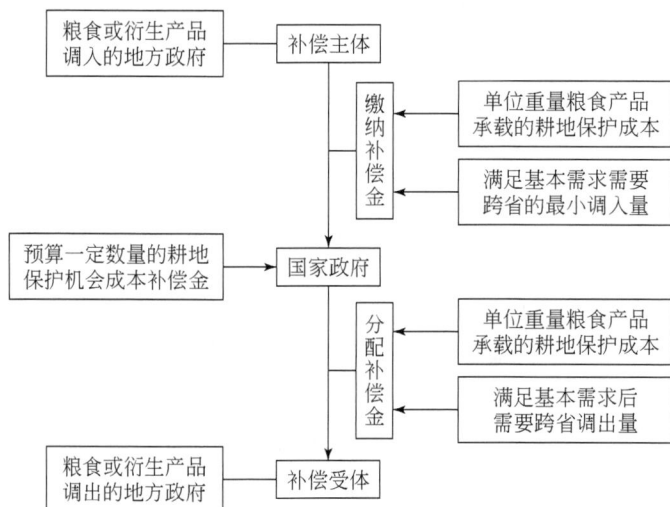

图 4-5　耕地保护区际补偿机制运行管理机制

（一）第三方管理与监督职能

中央政府确定相关职能部门履行第三方职能，负责耕地保护区际补偿金的核算、协调及资金流动和使用的监管。

根据当年的耕地保护资金投放额度、保护的耕地面积、粮食产量、动物性产品产量和饲料粮消耗量等基本数据，核算单位重量粮食和动物性产品承载的耕地保护成本；依据粮食、动物性产品的官方调出/调入数据和单位重量物品承载的耕地保护成本，核算调入方的应收补偿资金数量、调出方的应支补偿金数量，再与经济补偿主体和补偿受体进行对接。然后利用转移支付平台，监管双方的耕地保护补偿资金的转移和使用情况。经济补偿实行年补偿制度，补偿方每年补偿一次，被补偿方按照耕地保护的年度计划进程合理使用。

（二）国家统筹是保障

国家统筹具有两方面的含义：一是管理粮食调入方缴纳的耕地保护外部性区际补偿金并做好调出方的分配工作，二是通过国家财政安排好地方政府缴纳收入－分配支出资金的不足部分，确保区际经济补偿的资金流动畅通。

耕地保护的根本目的在于国家的粮食安全，在世界经济一体化快速发展的今天，国家把耕地保护确定为基本国策的最大受益者是中央政府而不是地方政府，要让地方政府很乐意地承担耕地保护成本有阻力。以粮食和动物性产品为载体的耕地保护区际补偿机制，就是要让粮食和动物性产品进口的省区为耕地保护成本的买单。地方政府都希望把钱拿进而不愿意拿出，如果没有中央政府的政策性支持，让地方政府为进口粮食和动物性产品的耕地保护成本买单可能无法实现。为此，中央政府从制度、管理与监督上进行统筹是完成耕地保护区际补偿的关键。

第四节　本章小结

地方政府保护耕地需要投入资金，单位重量的粮食承载着地方政府投入的耕地保护成本。同时，地方政府又是粮食安全的责任主体，作为责任主体就应该承担为粮食安全而保护耕地的相关成本。现实中，耕地保护数量不足、粮食输入省的地方政府没有支付耕地保护成本，构成耕地保护外部性收益；耕地保护数量盈余、粮食输出省的地方政府没有地方收取耕地保护成本，构成耕地保护外部性损失。对西部地区耕地保护外部性价值进行评价表明：西部地区是耕地保护外部性价值的净输出地区，西部地区输出的耕地保护外部性价值具有显著差异。

以粮食贸易量为基础的地方政府耕地保护外部性区际补偿机制，在中央政府统筹下，耕地保护数量不足、粮食输入区的地方政府作为耕地保护经济补偿主体，分担耕地保护成本；耕地保护数量盈余、粮食输出区的地方政府作为耕地保护经济补偿受体，接受经济补偿。研究表明，西部地区是耕地保护正外部性价值净输出区，西部地区地方政府是经济补偿的补偿受体。通过中央政府统筹、调配，地方政府就可以得到耕地保护经济补偿资金273.8亿～315.27亿元/年，从而解决西部地区地方政府耕地保护补偿缺乏资金的问题。

参 考 文 献

[1] 牛海鹏，张安录. 耕地保护的外部性及其测算——以河南省焦作市为例. 资源科学，2009，31(8)：1400-1408.

[2] 牛海鹏，张安录. 耕地利用效益体系重构及其外部性分析. 中国土地科学，2009，23(9)：25-29.

[3] 牛海鹏. 耕地保护的外部性及其经济补偿研究. 武汉：华中农业大学博士学位论文，2010.

[4] 高艳梅. 耕地保护区域经济补偿研究——以广东省广州市和茂名市为例. 科技信息，2013，21：42-44.

[5] 刘慧芳. 论我国农地地价的构成与量化. 中国土地科学，2000，14(3)：15-18.

[6] 陈丽，曲福田，师学义. 耕地资源社会价值测算方法探讨：以山西省柳林县为例. 资源科学，2006，28(6)：86-90.

[7] 李翠珍，孔祥斌，孙宪海. 北京市耕地资源价值体系及价值估算方法. 地理学报，2008，63(3)：321-329.

[8] 冉清红 . 中国耕地警戒值研究 . 重庆：西南大学博士学位论文 , 2009.

[9] 中华人民共和国国土资源部 . 全国土地开发整理规划 (2001—2010 年), 2003.

[10] 张效军，欧名豪，李景刚，等 . 中国区域耕地赤字 / 盈余预测 . 经济学家 , 2006, (3)：41-48.

[11] 肖国安 . 中国粮食市场研究 . 北京：中国农业出版社，2008：35.

[12] 中华人民共和国国家统计局农村社会经济调查司 . 中国农村统计年鉴 2011. 北京：中国统
     计出版社 , 2012.

[13] 中华人民共和国国家统计局 . 中国统计年鉴 2011. 北京：中国统计出版社 , 2012.

[14] 郜若素，马国南 . 中国粮食研究报告 . 北京：北京农业大学出版社 , 1993.

[15] 陈国强 . WTO 农业规则与中国农业发展 . 北京：中国经济出版社 , 2000.

[16] 周津春 . 居民食物消费变动对粮食需求的影响研究 . 北京：中国农业大学博士学位论文 ,
     2006.

[17] 颜加勇 . 国家储备粮保障体系建设研究 . 南京：南京农业大学硕士学位论文 , 2006 年 .

[18] 陈国强 . 世界贸易体系中的中国农业，北京论坛文明的和谐与共同繁荣——对人类文明方
     式的思考 . "世界贸易组织，政府，企业" WTO 分论坛论文集 , 2005：84-90.

[19] 程国强，胡冰川 . 新一轮农产品价格上涨影响分析 . 管理世界 , 2008, (1)：57-62, 81, 187-
     188.

[20] 肖国安 . 未来十年中国粮食供求预测 . 中国农村经济 , 2002, (7)：9-14.

[21] 高帆 . 中国农业的挑战与粮食安全目标的实现 . 江海学刊 , 2006, (4)：74-78, 238.

[22] 肖国安 . 中国粮食安全研究 . 北京：中国经济出版社 , 2005.

第五章 西部地区地方政府和城镇居民集约利用城镇用地助推耕地保护的经济补偿

第一节 城镇居民点用地与耕地保护的关系

耕地是城镇居民点建设用地的重要组成部分。对 2006～2010 年新增城镇居民点建设用地的构成分析表明，城镇居民点建设用地中包含大量耕地。全国城市新征城市建设用地 7103.4km²，其中 42.5% 的征用土地属于城市周边的优质耕地；同期，西部地区城市新增加 1766.90km² 的城市建设用地面积中耕地占到 44.4%，其中，四川、陕西、甘肃、青海和宁夏等省（自治区），耕地征用比重超过了征用土地的 50%，陕西高达 70%[①]（表 5-1）。

表 5-1 2006～2010 年西部地区设市城市新征城市
建设用地中耕地的比重 （单位：%）

区域 年份	全国	内蒙古	广西	重庆	四川	贵州	云南	西藏	陕西	甘肃	青海	宁夏	新疆	西部
2006	48.7	7.6	36.9	54.3	69.2	55	65.4	50.0	14.1	63.0	20.0	48.4	21.4	53.0
2007	36.8	22.0	39.5	44.3	45.6	62.5	51.3	—	23.8	73.6	83.3	67.5	21.6	49.9
2008	45.9	30.7	32.3	43.2	39.5	13.6	38.6	—	51.6	60.3	0	42.7	43.3	40.9
2009	37.5	17.7	28.4	44.5	51.6	31.6	33.1	—	57.7	54.7	57.1	32.6	53.8	38.5
2010	43.2	9.9	39.8	29.6	52.8	5.7	51.6	24.1	73.7	52.9	—	75.9	28.8	46.3
均值	42.5	21.4	35.6	43.0	51.2	32.6	42.2	37.3	70.0	58.1	53.3	51.5	32.5	44.4

从城镇建设用地与保护耕地的关系来看，集约利用城镇居民点用地就是保护耕地。集约利用城镇居民点用地的实质是通过追加单位城镇用地面积上的资金投入量，对城镇用地设施进行内涵式深度开发，实现城镇土地高效利用、提高经济效益[1]；通过集约利用化解城镇发展中的用地粗放与人均耕地锐减之间的矛盾[2]；通过挖掘城市内部土地利用潜力，实现城镇土地利用从"量"的扩张到"质"的提升[3]。对已有城镇居民点用地集约利用提高承载能力就有助于控制城镇空间扩张，控制城镇空间外延式空间扩张就减少了耕地占用机会和比例，进而实现耕地保护。归根到底，集约利用城镇居民点用地与保护耕地是一脉相承的。

---

① 资料来源：根据 2007～2011 年《中国城市建设统计年鉴》中原始数据计算整理。

第二节　地方政府粗放利用城镇用地损害耕地保护的经济约束机制

对地方政府的城镇居民点用地利用状况进行评价，是选择对其激励还是约束为主的经济补偿机制的前提。

一、地方政府行为的约束主体

上级地方政府是下级地方政府城镇土地利用行为的约束主体。依据《土地管理法》《国务院关于促进节约集约用地的通知》（国发〔2008〕3号）《关于节约集约利用土地规定》（国土资源部令第61号），县级以上地方国土资源主管部门是代表地方政府协调同级相关职能部门、把节约集约利用城镇居民点用地目标和政策措施纳入地方经济发展框架和并实施考核的牵头单位，地方政府是行政辖区内的城镇居民点用地管理主体、节约集约利用的规划审批主体，引导工业向开发区集中、人口向城镇集中、住宅向社区集中的"三集中布局原则"是集约利用城镇居民点用地的重要途径。地方政府的行为是否符合集约利用法则与要求，需要上级政府进行必要的约束。

二、建立城镇居民点利用状态评价机制

一是分类评价，按照我国城镇用地管理分类，对设市城市、县城、建制镇的居民点建设用地分别进行评价。二是交叉评价，就是本行政辖区的城镇居民点土地利用状态，由区外的地方政府组织专家团队进行评价。

（一）评价依据与方法

依据《城市用地分类与规划建设用地标准》（GB50137—2011）、《镇规划标准》（GB50188—007），结合《中国统计年鉴2011》[4]中的人口数据，评价城镇居民点集约利用程度，依据《城市建设统计年鉴》[5]关于新增城市建设用地中耕地和非耕地数据的构成状况，评价集约利用城镇居民点保护耕地的潜力大小。

GB50137—2011规定，Ⅰ、Ⅱ、Ⅵ、Ⅶ气候区的城市，人均城市建设用地指标控制在$65.0 \sim 115.0m^2$范围；Ⅲ、Ⅳ、Ⅴ气候区的城市，人均城市建设用地指标控制在$65.0 \sim 110.0m^2$范围。GB50188—2007规定，镇人均建设用地控制范围为$60.1 \sim 140.0m^2$。将GB50137—2011的控制上限$110m^2$/人或$115m^2$/人、GB50188—2007标准的控制上限$140m^2$/人作为评价城镇居民点用地是否上限集约利用的基本标准。如果城镇居民人均占用面积超过标准的上限值就视为粗放利

用，反之，就视为实现了集约利用。对粗放利用的，依据人均城镇建设用地控制指标的上限，计算出超标面积。

（二）西部地区城镇居民点用地利用状态

城镇面积应等于城镇人口数量与 GB50188—2007、GB50137—2011 规定的人均面积的乘积。GB50188—2007、GB50137—2011 对城镇人口人均面积是按照"最小值～最大值"的波动范围进行控制的，城镇的合理面积区间应大于等于"城镇人口数 × 人均面积最小值"、小于等于"城镇人口数 × 人均面积最大值"。把实际面积超过"城镇人口数 × 人均面积最大值"的城镇视为面积超过控制标准的城镇，超过的总面积值视为超标面积。

1. 部分设市城市的实有面积超标

对西部地区 2010 年的设市城市建设用地情况进行分析和评价，内蒙古、云南、西藏、宁夏和新疆 5 个省（自治区）的设市城市人均建设用地超过控制上限，超标总量合计为 371.67 km²。同期，全国有 14 个省（自治区、直辖市）设市城市人均建设用地超过城市规划用地标准，最多的高达 183.52 m²/人，14 个省（自治区、直辖市）设市城市建设用地超过控制上限的总量高达 2060.20 km²。西部超标面积占全国设市城市建设用地超标的总量的 18.04%（表 5-2）①。

表 5-2　2010 年西部地区设市城市人口与城市建设用地

指标\区域	城市人口 /万人	城市建设用地 /km²	控制范围 /（km²/人）	气候类型区	人均城市用地 /（km²/人）	超上限的面积 /km²
全国	39 468.80	43 537.33	65.0～115.0		110.31	2 060.20
内蒙古	837.62	1 123.44	65.0～115.0	Ⅶ	134.12	160.18
广西	847.12	908.64	65.0～110.0	Ⅳ	107.26	
重庆	1 059.65	855.67	65.0～110.0	Ⅲ	80.75	
四川	1 583.45	1 610.31	65.0～110.0	Ⅲ	101.70	
贵州	541.70	477.07	65.0～110.0	Ⅴ（Ⅲ）	88.07	
云南	732.41	832.86	65.0～110.0	Ⅴ	113.71	27.21
西藏	44.96	82.51	65.0～115.0	Ⅵ	183.52	30.81
陕西	787.70	704.86	65.0～115.0	Ⅱ	89.48	
甘肃	541.05	594.35	65.0～115.0	Ⅶ	109.85	
青海	118.83	113.45	65.0～115.0	Ⅵ	95.47	
宁夏	224.11	284.37	65.0～115.0	Ⅱ	126.89	26.64
新疆	630.88	852.35	65.0～115.0	Ⅶ	135.10	126.84

① 城市人口和城市建设用地面积资料来源于《中国城市建设统计年鉴 2011》，人均建设用地超标面积等于 GB50137—2011 规定的上限值（即标准 115 m²/人）与人均城市用地之差，人均城市用地和超上限用地的面积为计算结果。

2. 西部地区县城的实有面积超标

对西部地区 2010 年的县城建设用地情况进行分析和评价，除广西、重庆、四川、陕西和甘肃外，其余 7 个省（自治区）的县城人均建设用地都处于超标状态，超过控制上限的土地面积为 661.77 km²。同期，全国 19 个省区的县城人均建设用地量处于超标状态，最大值出现在西藏，为 203.36 m²/人；全国 19 个省（自治区、直辖市）的县城超过控制上限的土地面积合计为 1313.97 km²。西部地区的县城居住人口占全国县城居住人口的比重为 30.21%，不到全国的三分之一；而西部地区县城建设用地超标总量占全国县城城市建设超过控制上限土地面积的 50.36%，西部县城建设用地超标现象十分突出（表 5-3）。

表 5-3　2010 年西部地区县城人口与县城建设用地情况

指标 区域	城市人口 /万人	城市建设用地 /km²	控制范围 /（m²/人）	气候类型区	人均城市用地 /（m²/人）	超上限的面积 /km²
全国	13 749.83	16 023.93	65.0～115.0		116.54	1 313.97
内蒙古	459.67	837.23	65.0～115.0	Ⅶ	185.62	324.63
广西	535.9	557.89	65.0～110.0	Ⅳ	98.06	
重庆	336.41	266.30	65.0～110.0	Ⅲ	70.15	
四川	967.19	916.67	65.0～110.0	Ⅲ	94.50	
贵州	476.33	509.03	65.0～110.0	Ⅴ（Ⅲ）	110.23	1.12
云南	517.75	611.79	65.0～110.0	Ⅴ	112.62	13.58
西藏	74.96	195.31	65.0～115.0	Ⅵ	203.36	66.24
陕西	576.84	658.40	65.0～115.0	Ⅱ	103.83	
甘肃	287.93	339.94	65.0～115.0	Ⅶ	110.46	
青海	96.73	166.05	65.0～115.0	Ⅵ	147.81	31.74
宁夏	77.07	111.33	65.0～115.0	Ⅱ	177.51	48.18
新疆	297.58	501.15	65.0～115.0	Ⅶ	174.24	176.29

注：城市人口和城市建设用地面积来源于《中国城市建设统计年鉴 2011》，县城人均城市用地和超上限的面积为计算结果

3. 绝大多数镇建成区的实有面积超标

对西部地区 2010 年的建制镇建成区的建设用地情况进行分析和评价，西部有资料的 11 个省（自治区、直辖市）中，除广西外，其余 10 个省（自治区、直辖市）的建制镇建成区人均用地都处于严重超标状态，新疆人均超标面积高达 317.59 m²/人；10 个超标省（自治区、直辖市）的建制镇建成区超过控制上限的土地面积合计为 1811.32 km²。同期，全国除西藏缺乏资料、广西不超标外，全国 31 个省（自治区、直辖市）中的 29 个省（自治区、直辖市）的建制镇建成区人均建设用地高于控制范围上限 140 m²，西部新疆人均超标量位居全国首位；全国建制镇建成区人均用地超标省，超过控制上限的土地面积合计为 8585.0 km²，人均建设用地量处于严重超标状态，西部占全国的 21.1%（表 5-4）。

表 5-4　2010 年西部地区建制镇建成区人口与居民点建设用地情况

指标 区域	建成区人口 /万人	建成区用地 /km²	用地控制范围 /（m²/人）	气候类型区	人均用地 /（m²/人）	超上限面积 /km²
全国	16 578.04	31 789.25	60.0 ～ 140.0		191.76	8 585.00
内蒙古	345.35	1011.25	60.0 ～ 140.0	Ⅶ	292.82	527.76
广西	474.00	658.57	60.0 ～ 140.0	Ⅳ	138.94	
重庆	423.81	595.60	60.0 ～ 140.0	Ⅲ	140.53	2.27
四川	861.00	1 508.86	60.0 ～ 140.0	Ⅲ	175.25	303.46
贵州	395.19	774.95	60.0 ～ 140.0	Ⅴ（Ⅲ）	196.10	221.68
云南	295.85	541.32	60.0 ～ 140.0	Ⅴ	182.97	127.13
陕西	414.36	787.21	60.0 ～ 140.0	Ⅵ	189.98	207.11
甘肃	185.33	451.41	60.0 ～ 140.0	Ⅱ	243.57	191.95
青海	38.99	96.96	60.0 ～ 140.0	Ⅶ	248.68	42.37
宁夏	57.39	127.68	60.0 ～ 140.0	Ⅵ	222.48	47.33
新疆	78.98	250.83	60.0 ～ 140.0	Ⅱ	317.59	140.26

注：西藏资料缺失；建制镇"建成区人口和用地面积"原始资料来源于《中国城市建设统计年鉴2011》；表中"用地控制范围"来源于 GB50137—2011 和 GB 50188—2007；建制镇"人均用地与超上限面积"数据为计算结果

（二）粗放利用的超标居民点用地人口承载量大

按照 GB50137—2011 和 GB50188—2007 规定的人均城镇建设规划用地标准上限的要求，对设市城市、县城、建制镇居民点超过人均用地规划标准上限的建设用地进行集约化利用，其人口承载潜力见表 5-5。数据表明，城镇人均建设用地如果按照 GB50137—2011 和 GB50188—2007 标准的上限进行核算，在 2010 年的基础上，全国新增加 9266.87 万、西部新增 2194.1 万城镇人口，城市空间都不需要扩大。

表 5-5　西部地区 2010 年集约化利用城镇居民点的超标用地和人口承载潜力

区域		超过规划上限的 面积 /km²	按照控制上限集约利用	
			标准 /（m²/人）	承载人口数量 / 万人
全国	设市城市	2 060.20	110 ～ 115	1 982.46
	县城	1 313.97	110 ～ 115	1 152.27
	建制镇	8 585.00	140	6 132.14
	合计	11 959.17		9 266.87
西部	设市城市	371.67	110 ～ 115	324.27
	县城	661.77	110 ～ 115	576.03
	建制镇	1 811.32	140	1 293.80
	合计	2 844.76		2 194.10

注："标准"是据 GB50137—2011 和 GB50188—2007 中的规定整理；"超过规划上限的面积和按照控制上限集约利用承载人口数量"数据为计算结果

三、地方政府粗放利用城镇建设用地的约束机制

（一）超过标准的城镇居民点占用耕地数量大

2006～2010 年西部地区的新增城市建设用地中耕地所占比重的平均值高达 44.4%。按照新增城镇用地中的耕地构成比重，2010 年有 2844.76 km² 的超标城镇居民点用地，其占用的占耕地面积多达 1263.1 km²（表 5-6）。

表 5-6　2006～2010 年全国、西部地区的新增城市建设用地中耕地所占比重

区域		超过规划上限的面积 /km²	城镇居民点用地中的耕地比重 /%	超标城镇用地中的耕地面积 /km²
全国	设市城市	2 060.20		875.60
	县城	1 313.97		558.46
	建制镇	8 585.00	42.5	3 648.66
	合计	11 959.17		5 082.66
西部	设市城市	371.67		165.00
	县城	661.77		293.80
	建制镇	1 811.32	44.4	804.20
	合计	2 844.76		1 263.10

注：表中数据为计算结果

（二）利用经济手段约束粗放用地行为

国土资源部《关于节约集约利用土地规定》已经代表中央政府对各级地方政府城镇土地集约利用提出了要求，为了加强地方政府对规定的贯彻和执行力度，上级地方政府需要利用经济手段，对通过优化城镇空间布局、标准控制、市场配置等手段，促进行政辖区内的城镇人口与经济总量增长而城镇用地空间不增的下级地方政府进行经济奖励。对改善城镇居民点用地利用粗放状态缺乏科学规划、具体措施、进展缓慢、效果欠佳的地区，控制其建设用地指标。管理本级行政辖区的地方政府，利用经济手段对辖区内企业的减量用地、提升用地强度、促进低效废弃地再利用的各项行为与活动进行奖励。

第三节　引导城镇居民集约利用居住用地
保护耕地的经济补偿机制

城镇居住用地是城镇居民点用地的重要组成部分。集约利用居住用地有助于推进居民点用地的集约化利用。

一、城镇居民集约利用居住用地的引导主体

依据《土地管理法》《国务院关于促进节约集约用地的通知》《节约集约利用土地规定》，地方政府是本行政辖区内微观行为主体集约利用土地空间的引导主体。

城镇用地空间中的各类企业、事业单位单位、城镇居民等行为主体、进城务工等各类流动性人口都是城镇居民点建设用地的利用主体。其中企业等盈利性经营单位，除了在厂房、商业用房自主建设过程中按照规定缴纳了各类土地使用费、规定占用税外，还向地方政府缴纳了生产经营的税金等，地方政府通过本书第三章所述的负补偿机制，代各类企业履行了耕地保护基金缴纳义务。

城镇居民是除各类集体用地主体之外最大的一类用地主体，居住用地是城镇的主要用地类型之一，控制居住用地，就有利于控制城镇扩张速度，所以，城镇居民是地方政府集约利用居民点用地的主要引导对象。

二、城镇居民控制居住用地需求的机理

1）住宅小户型化。小户型较大户型住宅更能够集约利用土地。同时，城镇家庭小户型化发展快速（图 5-1），住宅小户型化具有广泛的社会基础。1985 ～ 1990 年减少 0.39 人 / 户，年均减少速度为 0.078 人 / 户；在 20 世纪 90 年代减少 0.37 人 / 户，年均减少速度为 0.037 人 / 户；在 21 世纪的第一个 10 年减少 0.25 人 / 户，年均减少速度为 0.025 人 / 户。到 2010 年，全国减少为 2.88 人 / 户；西部地区对 18 100 户居民调查表明，户均人口为 2.90 人 / 户，西部各省（自治区、直辖市）省、市、县、镇尽管有差异，但小户型化都十分显著[①]（表 5-7）。

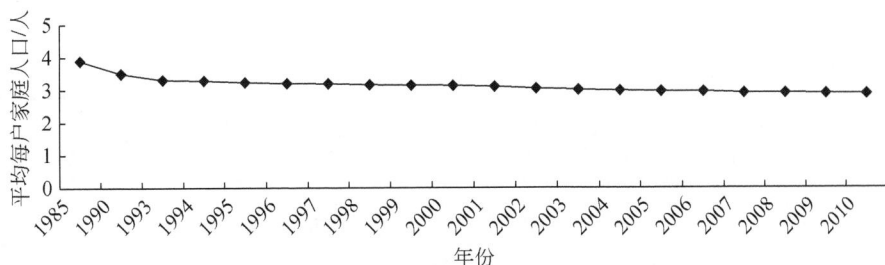

图 5-1　1993 ～ 2010 年全国城镇居民家庭平均每户家庭人口数变化

资料来源：《中国统计年鉴 2011》

---

① 根据《中国统计年鉴 2011》中全国户数和人口数计算整理。

表 5-7　　2010 年部份省、市、县户均人口数　　　　（单位：人 / 户）

区域	全国	内蒙古	广西	重庆	四川	贵州	云南	西藏	陕西	甘肃	青海	宁夏	新疆
省	3.23	2.89	3.47	2.95	3.02	3.66	3.47	4.17	3.28	3.57	3.44	3.23	3.37
市	3.10	2.90	3.41	2.75	2.87	3.55	3.12	2.96	3.32	3.33	3.13	3.03	3.08
县	3.36	2.88	3.51	3.16	3.12	3.70	3.60	4.39	3.26	3.70	3.52	3.44	3.60

2）住宅高层化。高层住宅较多层住宅更能集约利用土地空间[1]。人均住宅面积相同时，采取不同的建筑方式，人均占用的居住区面积是不一样的。中高层、高层建筑人均占用的居住面积较小，多层、低层建筑人均占用的居住面积较大（表 5-8）。据表 5-8 可以得到不同建筑方式之间的用地关系（表 5-9）。按照人均住宅 35.0 m^2/ 人的标准，人均住宅用地面积和人均居住区用地面积都随着建筑层高的增加而减少，在同样多的人均住宅建筑面积情况下，人均住宅用地的关系是，多层为低层的三分之二，中高层为多层的三分之二至五分之四，高层为中高层的三分之二至二分之一，高层为低层的三分之一；人均居住区用地的也具有同样的关系特征。所以，在同样多的人均住宅建筑面积情况下，人均住宅用地面积和人均居住区用地面积都随着建筑层高的增加而减少。

表 5-8　　不同建筑方式下的人均住宅用地与居住区用地的对照　　　（单位：m^2/ 人）

建筑方式	人均住宅用地面积		人均居住区用地最小值	
	建筑气候区划 Ⅰ、Ⅱ、Ⅵ、Ⅶ	建筑气候区划 Ⅲ、Ⅳ、Ⅴ	建筑气候区划 Ⅰ、Ⅱ、Ⅵ、Ⅶ	建筑气候区划 Ⅲ、Ⅳ、Ⅴ
低层	31.8	26.9～29.2	53.0～63.6	44.9～58.3
多层	20.6	18.4～19.4	34.3～41.2	30.7～38.9
中高层	17.5	14.6～15.9	29.2～35.0	24.3～31.8
高层	10.0	10.0	16.7～20.0	16.7～20.0

表 5-9　　不同建筑方式下的人均住宅与居住区之间的用地关系　　　（单位：%）

建筑方式	人均住宅用地最小值		人均居住区用地最小值	
	建筑气候区划 Ⅰ、Ⅱ、Ⅵ、Ⅶ	建筑气候区划 Ⅲ、Ⅳ、Ⅴ	建筑气候区划 Ⅰ、Ⅱ、Ⅵ、Ⅶ	建筑气候区划 Ⅲ、Ⅳ、Ⅴ
多层占低层的比重	64.78	68.40	66.44	64.72	64.78	68.37	66.72
中高层占多层的比重	84.95	68.40	66.44	85.13	84.95	79.15	81.75
高层占中高层的比重	57.14	68.40	66.44	57.19	57.14	68.72	62.89
高层占低层的比重	31.45	37.17	34.25	37.19	31.45	37.19	34.31

---

[1] 据厉伟查证国外资料表明，9～10 层和 16～17 层建筑分别比 5 层建筑节约用地 23%～38% 和 32%～49%，参见厉伟. 城市化进程与土地持续利用. 南京：南京大学博士论文，2010。

3）减少投机性需求。当城镇居民将商品住宅作为投资时，对住宅的需求量就很大，投资需求的住宅越多，通过城镇住宅拉动城镇空间扩展的速度就越快，"摊大饼"式城市空间发展方式，必然要侵占耕地。所以控制住宅投资需求对建设城镇住宅用地、缓解城市扩张、保护耕地具有重要作用。

三、引导机制的主要类型与运行管理

（一）政府干预价格机制引导城镇居民购买小户型住宅

限制中、小户型住宅价格，引导居民购买、居住容积率较大的住宅区，节约居住用地空间。要通过政策手段促使开发商改变"小户型平米价格高、大户型平米价格低"的现状，利用价格优势引导居民向中小户型住宅区集中。现实中，小户型平米价格高、大户型平米价格低，加上居民的购买力越来越强，对未来经济发展乐观向上的预期，城市居民都更加趋向于购买较大面积的住宅。买大住宅的人多了，住宅用地的比重就会上升。在控制城市建设用地的条件下，住宅用地上升就会压缩城市建设中的其他用地类型，就会增加城市道路的拥挤和恶化城市环境；如果又要大住宅，又要宽道路、高城市绿化率等，势必就要扩张城市空间，就要进一步侵占城市周边的耕地，这无形中增加了城市人口与城市空间之间的矛盾。所以，地方政府利用政策手段，促进开发商调整大、中、小住宅的价格结构，有助于控制住宅用地扩张。

（二）政府干预物业管理机制引导城镇居民购买小户型住宅

在城市化发展的背景下，购买住宅是居民自己的事情，但城市管理是政府的事情，居住用地及其居住小区的管理属于城市管理的重要组成部分，管好城市居住区，就等于管好城市三分之一左右的区域。

政府通过城管工作精细化管理，将居住小区物业管理企业纳入自己的监管范畴，监督各小区的物业管理公司按照现代企业建设与管理的要求，将物业管理收费项目与标准、小区公共空间租赁或商业性广告经营收费项目与标准、小区服务性停车收费等各类项目，按照收支两条线的企业财务管理模式进行管理。在维持物业管理正常运转的同时，将经营性收入，特别是容积率大的小区，通过补贴等方式让利于小区居民，引导居民集中。

政府直接补贴物业管理费，引导居民向容积率大的小区集聚。政府可以对部分人口集聚能力强、有利于城市人口疏解功能和有利于人口分布合理布局的居住小区，直接进行物业管理费补贴，减少物业管理公司向居民收取的额度，吸引城市居民购买和入住。

（三）住宅用地征收耕地保护税抑制投机性需求

城镇住宅建设需要占用耕地，抑制投机性需求有利于缓解住宅需求增长速度。城市中的每位居民都是耕地城市化的使用者，都要对城市建设占用耕地承担各自的责任。

一直以来，在居民购买住宅时，按照住宅的套数和大小一次性征收税率不等的购置税等，以及在一些城市试点和处于热议中的房产税，其实都是"一锤子"的买卖，而且在城市土地国有制的背景下，城市中的个人房产，还不是完全意义下的绝对拥有权、处置权的财产，对这样的财产征收房产税还有些勉强。

以住宅为载体，以城镇居民住宅的"大数据信息"为依据，制定住宅用地耕地保护税的税率标准，居民按照占用的住宅面积和相应的税率纳税，大住宅多纳税、小住宅少纳税，让全民参与控制城市中的住宅用地增长，进而控制城镇扩张，对保护耕地具有重要意义；按照住宅用地面积征收的耕地保护税，全额进入国库并用于耕地保护。住宅用地耕地保护税征收机制具有每户城市公民参与耕地保护的属性，对抑制城市住宅过分需求、超前需求、投机需求都有很好的作用，又开辟了耕地保护资金的稳定来源。

第四节　本章小结

城镇居民点建设用地构成中耕地超过四成，城镇居民点用地利用粗放损害耕地保护，控制城镇居民点扩张就控制了耕地减少。西部设市城市、县城、建制镇三类居民点超过城镇建设用地控制标准上限的土地面积合计为 2844.76 km^2，多占用耕地 1263.1km^2。相反，集约利用能在 2010 年基础上至少承载 2194.1 万人口而不需要空间扩张，节约耕地 1263.1 km^2。地方政府，城镇居民点用地管理主体，粗放利用的责任主体和被约束的主体，经济补偿主体，上级政府约束粗放利用的经济手段是扣减用地指标。

城镇居民为城镇居民点居住用地的需求主体，其中，投机性住宅的需求者为经济补偿主体，集约利用型住宅的利用者为经济补偿受体，地方政府运用经济政策手段约束商品住宅"小户型平米价格高、大户型平米价格低"的定价行为、按住宅土地面积征收耕地保护税控制城镇居民的投机性住宅需求、经济补贴手段干预物业管理机制引导城镇居民或城市化新落户者购买中小户型住宅等经济激励－约束机制，利用城镇居住用地集约利用的传导作用，推进城镇居民参与耕地数量保护，形成耕地保护共同体。

参 考 文 献

[1] 马克伟 . 土地大辞典 . 长春：长春出版社 , 1991: 838-839.

[2] 许树辉 . 城镇土地集约利用研究 . 地域研究与开发 , 2001, 20(3): 67-69.

[3] 王国恩, 黄小芬 . 城镇土地利用集约度综合评价方法 . 华中科技大学学报 (城市科学版), 2006, (3): 69-74.

[4] 中华人民共和国国家统计局 . 中国统计年鉴 2011. 北京 : 中国统计出版社 ,2011.

[5] 中华人民共和国住房与城乡建设部 . 中国城市建设统计年鉴 (2007 ～ 2011). 北京 : 中国计划出版社 .

第六章 西部地区乡村人口城市化助推耕地保护的经济补偿

普遍认为城市化是耕地减少的主要因素[1-4]，通过比较发现人口城市化增加居民点而减少的耕地比人口留在乡村增加居民点而减少的耕地更少，因而更有助于推进耕地保护。本章旨在研究西部农户人口城市化保护耕地的机理与补偿机制。

第一节 乡村人口城市化推动耕地保护的机理

一个乡村人口转变为城市人口可以节约耕地 $0.0047hm^2$ [5]，乡村人口转移到城市节约的土地面积为 $75m^2$/人[6]。那么，乡村人口城市化节约土地空间的占用，进而实现耕地保护的机理是什么呢？

一、减少居民点建设用地增量实现耕地保护

无论是乡村居民还是城镇居民，其生产和生活都离不开居民点用地。居民点建设需要占据一定数量的耕地。要保护耕地就需要少占居民点用地。要少占居民点用地达到保护耕地的目的，就需要选择具有集约利用居民点用地的人口城镇化。

（一）城市居民点用地标准低于乡村

《城市用地分类与规划建设用地标准》（GBJ 137—90）规定的人均用地上限为 $120m^2$/人，GB 50137—2011 规定的人均用地上限为 $110 \sim 115m^2$。而乡村居民点用地规划标准，GB 50188—93 规定的人均用地上限为 $150m^2$/人，GB 50188—2007 规定的人均用地上限为 $140m^2$/人。乡村居民点较城市居民点的人均建设用地上限，在 2007 前高出 $30m^2$ 人，在 $2008 \sim 2011$ 年高出 $20m^2$/人，在 2011 年以后，高出 $25 \sim 30m^2$/人。假定城市和农村居民点建设都严格执行人均用地规划标准，城市较农村居民点更有利于集约利用土地空间资源，进而实现耕地保护的目的。

（二）人口城市化节约居民点用地的数量大——以 1990 ～ 2010 年为例

假定城市人口和农村人口的自然增长率相同，全国人口平均自然增长率 r_i 就相当于城市人口的自然增长率，$i=1991$，1992，1993，…，2010。以 1990 年的城市人口 30 195 万人为基数（p_{1990}），用公式 $p_i=p_{1990}(1+r_i)$ 计算 1991 ～ 2010 年的自然增长的城市人口数（p_i），计算结果见表 6-1。

表 6-1　1991 ～ 2010 年自然增长的城市人口数　　　（单位：万人）

年份	1991	1992	1993	1994	1995	1996	1997	1998	1999	2000
人口	30 586.93	30 941.74	31 296.02	31 646.85	31 980.73	32 313.96	32 639.04	32 937.36	33 206.79	33 458.50
年份	2001	2002	2003	2004	2005	2006	2007	2008	2009	2010
人口	33 691.04	33 908.34	34 112.13	34 312.37	34 514.47	34 696.71	34 876.09	35 053.26	35 223.97	35 392.69

注：表中自然增长的人口数据为计算结果

就某个具体的城市而言，城市人口有三个来源，一是原有城市人口的自然增长，二是城市空间扩张引起乡村人口城市化的机械增长，三是其他城市人口的机械迁移的结果。而全国城市人口只受自然增长和乡村人口城市化的机械增长的影响。第 i 年的城市人口数（p_i'）与第 i 年的自然增长的城市人口数（p_i）的差值为 p_i''，$p_i''=p_i'-p_i$，p_i'' 就是相应年份机械增长的城市人口数，计算结果见表 6-2，全国城市人口的机械增长量，就是乡村人口城市化数量。

表 6-2　1991 ～ 2010 年全国机械增长的城市人口数　　　（单位：万人）

年份	1991	1992	1993	1994	1995	1996	1997	1998	1999	2000
人口	616	617	644	645	671	1797	1820	1861	1871	1906
年份	2001	2002	2003	2004	2005	2006	2007	2008	2009	2010
人口	1925	1931	1960	1707	1727	1894	2166	1593	1938	2297

注：表中机械增长的城市人口数据为计算结果

当城市和乡村都严格按照村镇和城市建设人均用地标准上限控制时，每城市化一个乡村人口，2007 年前能够节约土地 $30m^2$，2008 ～ 2011 年能够节约农业用地 $20m^2$，2011 年以后能够节约 25 ～ $30m^2$ 的建设用地。用 B_j 表示乡村人口城市化后的居民点建设用地标准节约值，城市化节约的居民点建设用地总量为 B，则 $B=\sum_{i=1991}^{2010} B_j \cdot p_i''$。依据不同时期乡村人口城市化后的居民点建设用地标准节约额和全国机械增长的各年城市人口数，按照公式 $B=\sum_{i=1991}^{2010} B_j \cdot p_i''$ 计算 1991 ～ 2010 年节约的居民点用地，全国共计 8892.73 km^2，合 88.93 万 hm^2（表 6-3）。

表6-3　1991～2010年乡村人口城市化节约的居民点建设用地　（单位：km²）

年份	1991	1992	1993	1994	1995	1996	1997	1998	1999	2000
人口	184.80	185.16	193.12	193.55	201.34	539.03	545.98	558.20	561.17	571.89
年份	2001	2002	2003	2004	2005	2006	2007	2008	2009	2010
人口	577.64	579.21	588.06	512.03	518.07	568.13	649.69	318.57	387.66	459.46

注：城镇人口数量是建制镇、县城和设市城市的常住人口（含暂住人口）之和，原始数据源自《中国城乡建设统计年鉴2011》，其余均为计算结果

（三）城市化人口实际占用的居民点用地数量较少

城市化人口实际占用的居民点用地数量明显低于乡村。乡村居民点建设人均用地数量，1994以来都高于150m²/人，2006年高达197.10m²/人，农村居民点人均用地数量一直在高位上变动[7]。李秉仁[8]的研究表明，1998年全国城市人均建设用地面积为100m²，其中，特大城市为75m²、大城市为88m²，中等城市为108m²，小城市为143m²；建制镇人均建设用地面积为154m²。统计数据表明，全国城市人均建设用地，比城镇村的人均建设用地水平少57m²、比建制镇的人均建设用地少54m²、比农村居民点的人均建设用地少70m²；人均建设用地，特大城市比农村居民点少97m²、大城市比农村居民点少82m²，中等城市比农村居民点少62m²，小城市比农村居民点少27m²，建制镇比农村居民点少16m²。

二、乡村居民点存量用地的退出—复垦增加耕地

城乡居民点用地存量的构成以乡村为主。2010年全国（西藏数据缺失，下同）乡建成区居民建设用地总量7512.06km²，村庄建设用地139 919.98km²，乡村居民点占地合计14 7432.04km²，占到全国居民点建设用地总量的62.63%，超过3/5的居民点用地集中在农村。同年的西部地区，乡建成区用地达2749.94km²，村庄建设用地37 598.46km²，乡村合计40 348.40km²①。

人口城市化，青年人和年轻人进入城镇生活、工作，带动其父母、后代等人进城，对进一步带动青年人和年轻人进城具有示范作用。经过多年城市化发展后，留居在乡村居民点的青年人和年轻人减少、中老年人增多，乡村居民点人口结构逐步老化，随着老化人口的自然死亡，人口稀少村庄和无人村庄会出现、会由少到多，衰落或废弃居民点在地方政府的政策性支持下，将不断退出乡村居民点行列。地方政府通过土地支持和经济补偿措施，对退出的居民点进行复垦或生态利用，有助于从整体上增加耕地数量或改善耕地环境。

---

① 资料来源：中华人民共和国住房和城乡建设部《中国城乡建设统计年鉴2011》，其中，乡村居民点用地面积包括村庄现有面积和乡建成区建设用地面积。

三、减少乡村人口增加农业劳动力经营耕地数量实现耕地保护

人口城市化，农村劳动适龄人口向城镇集聚，由第一产业向第二产业、第三产业转移，经营耕地的农业劳动力必然减少。尽管城市化是耕地数量减少的因素之一，但在实施耕地保护的情况下，通过耕地用途转移的严格控制、通过土地整理、通过农村居民点或宅基地的退出与复垦、通过宜农荒地的开发等多管齐下，耕地数量总量可能不减少或减少的速度要慢于经营耕地的农业劳动力减少速度，最终结果是，农业劳动力经营耕地的人均数量增加，农业劳动力经营耕地的收益增加，保护耕地的积极性增强，耕地得到保护。图 6-1 为全国和西部地区农户家庭人均经营耕地面积在 2000 ～ 2012 年的变化情况[①]，无论是全国还是西部地区，家庭人均经营耕地数量都呈现增长变动。

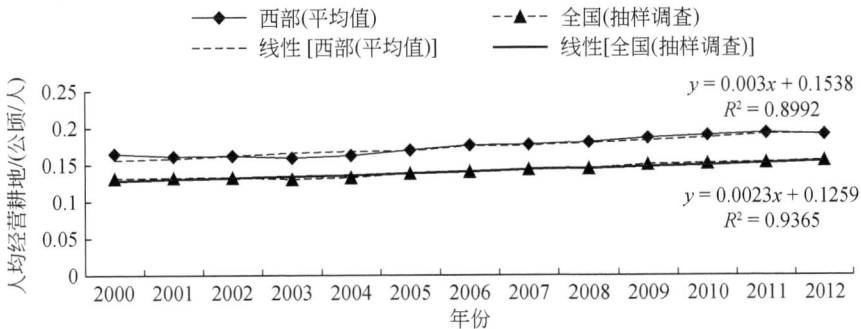

图 6-1　2000 ～ 2012 年西部和全国农户人均经营耕地面积的变化趋势

西部地区的农户家庭人均经营耕地面积增长广泛受到退耕还林的影响，其中，西藏、陕西、青海、宁夏因为退耕还林面积大，农户家庭人均耕地经营数量不增反降（表 6-4）。

表 6-4　2000 ～ 2012 年西部地区农户家庭人均经营耕地面积 （单位：hm²/人）

区域\年份	2000	2001	2002	2003	2004	2005	2006	2007	2008	2009	2010	2011	2012
内蒙古	0.4913	0.4813	0.4833	0.5000	0.5127	0.5527	0.5813	0.5713	0.5780	0.6500	0.6433	0.7147	0.6933
广西	0.0833	0.0840	0.0880	0.0893	0.0907	0.0873	0.0873	0.0880	0.0913	0.0953	0.0953	0.0867	0.0913
重庆	0.0680	0.0673	0.0667	0.0633	0.0633	0.0640	0.0660	0.0673	0.0680	0.0707	0.0793	0.0847	0.0860
四川	0.0687	0.0673	0.0647	0.0627	0.0640	0.0640	0.0653	0.0687	0.0687	0.0680	0.0720	0.0767	0.0760
贵州	0.0707	0.0720	0.0713	0.0707	0.0727	0.0680	0.0687	0.0713	0.0727	0.0740	0.0733	0.0733	0.0787
云南	0.0927	0.0973	0.1000	0.0927	0.0940	0.0933	0.0967	0.0967	0.0953	0.0993	0.1000	0.1040	0.1067
西藏	0.1453	0.1520	0.1553	0.1487	0.1313	0.1320	0.1540	0.1347	0.1347	0.1347	0.1347	0.1193	0.1260
陕西	0.1107	0.1120	0.1113	0.1080	0.1073	0.1227	0.1273	0.1280	0.1280	0.1293	0.1293	0.1013	0.1013
甘肃	0.1620	0.1627	0.1607	0.1567	0.1600	0.1767	0.1700	0.1713	0.1720	0.1747	0.1787	0.1820	0.1813

①资料来源：中华人民共和国统计局：http://data.stats.gov.cn/easyquery.htm?cn=C01。

年份 区域	2000	2001	2002	2003	2004	2005	2006	2007	2008	2009	2010	2011	2012
青海	0.1473	0.1407	0.1353	0.1273	0.1353	0.1300	0.1360	0.1393	0.1527	0.1440	0.1393	0.1600	0.1220
宁夏	0.2587	0.2680	0.2747	0.2433	0.2667	0.2753	0.2847	0.2993	0.3020	0.2900	0.3167	0.2313	0.2460
新疆	0.2800	0.2327	0.2360	0.2493	0.2507	0.2740	0.2787	0.2887	0.3040	0.3067	0.3173	0.3820	0.3840

第二节　农户人口教育城市化保护耕地的经济补偿机制

农户人口城市化的类型多,形成了多种有效的模式[9-14],但大多具有地域性。能够惠及全体并通过自身努力实现城市化的模式,莫过于农户家庭成员通过教育平台——升学或接受技能培训的城市化。教育对城市化影响的研究始于20世纪80年代[15],跟进研究[16, 17]经久不衰,但对其贡献大小评价较少。教育在对城市化作贡献的同时,其传导作用通过提升农业劳动力人均经营耕地数量,惠及农户的耕地保护行为。

一、人口教育城市化对耕地保护的贡献大

(一)评价方法

人口教育城市化对城市人口数量增长的贡献来自两个方面。一方面是通过高等教育或中等职业教育、培训,使出生、成长在乡村的农户青少年人口通过接受教育实现职业和生活方式转变,这部分人口是教育直接相关,称为教育直接城市化人口。另一方面是通过教育已经实现城市化的人口带父母进城生活,同时会生养具有城市型特征的后代,这部分人口与教育间接相关,称为教育衍生城市化人口。基于上述认识,构建农村人口教育城市化对城市人口增量贡献的计量模型,需要涵盖教育直接城市化人口和教育衍生城市化人口这两个变量。用 Q 表示时段 $[t_1, t_n]$(t 的单位为年)内农村人口教育城市化对城市人口的贡献增量, Q_i 表示时段 $[t_1, t_n]$ 内第 i 年的农村人口教育城市化对城市人口的年贡献量(万人/年), q_i 和 q_i' 分别表示时段 $[t_1, t_n]$ 内第 i 年的教育直接城市化人口数量(万人/年)、教育衍生城市化人口数量(万人/年), $i=1, 2, \cdots, n$,则有:

$$Q_i = q_i + q_i' \tag{6-1}$$

$$Q = \sum_{i=1}^{n} Q_i = \sum_{i=1}^{n} q_i + q_i' \tag{6-2}$$

其中，$q_i = \dfrac{M_i^g}{P} \cdot p_x \cdot \beta + \dfrac{M_i^z}{P} \cdot p_x \cdot \lambda$，鉴于 $r_i = \dfrac{p_x}{P}$，于是有：

$$q_i = r_i(\beta \cdot M_i^g + \lambda \cdot M_i^z) \qquad\qquad (6\text{-}3)$$

$$q_i' = q_i \cdot 2\mathfrak{I} + q_i \cdot 2\aleph \qquad\qquad (6\text{-}4)$$

式中，M_i^g 为年大学生毕业人数（万人／年），β 为大学生就业率（％），M_i^z 为年中等职业学校毕业生人数（万人／年），r_i 为年乡村人口比重（％），λ 为中职学生就业率（％），P 为总人口（万人），p_x 为乡村人口数（万人）。$\mathfrak{I}$ 为教育城市化人口携带父母共同生活系数，$0 \leqslant \mathfrak{I} \leqslant 1$；$\aleph$ 为教育城市化人口的生育系数，$0 \leqslant \aleph \leqslant 0.5$。毕业生就业调查和毕业后的跟踪调查表明，大学生通过毕业时的一次性就业和毕业后的自主创业，最终都能够实现充分就业，β 取 1；中等职业技术类学生通过各种途径提升学历水平后有 60％ ～ 70％ 的毕业生能够在城镇找到稳定的、适合自己的职业，λ 取 0.65。对在校大学生进行问卷调查表明[①]，有 50％ ～ 60％ 的学生愿意在成家立业后将农村父母接进城生活，$\mathfrak{I}$ 取 0.55；有 90％ 左右的受访者愿意生养后代，$\aleph$ 取 0.45。

需要进一步说明的是，教育衍生城市化人口中，携带父母进城的总数 $q_i \cdot 2\mathfrak{I}$ 是以其父、母健在为前提的；教育城市化人口的年生育数 $q_i \cdot 2\aleph$，有两个存在前提，一是至少需要夫妻一方是城市化人口，二是研究期人口国策为独生子女政策，其基础数据采集于独生子女政策大背景，实施二胎政策以后的基本模型不会受到影响，但 $\aleph$ 的取值范围需要调整至 $0 \leqslant \aleph \leqslant 1$。

（二）教育对西部农户人口城市化的贡献大

依据式（6-2）可以计算出人口教育城市化对城市人口增量的贡献。公式中的大学生毕业人数、中等职业学校毕业生人数、乡村人口比重、总人口、乡村人口数等基础数据，从中国国家统计局的官网主页[②]统计数据栏目查询获取；大学生就业率、中职学生就业率、携带父母共同生活系数、教育城市化人口生育系数使用经验系数。

表 6-5　2000 ～ 2010 年西部教育城市化的波及人数
及对人口城市化的贡献　　　　（单位：万人）

年份		2000	2001	2002	2003	2004	2005	2006	2007	2008	2009	2010	合计
波及人数	q_i	30.5	32.5	35.3	42.2	63.0	76.8	87.9	98.8	107.9	114.2	125.3	814.3
	$q_i \cdot 2\mathfrak{I}$	33.5	35.8	38.8	46.4	69.2	84.4	96.7	108.7	118.7	125.6	137.8	895.8
	$q_i \cdot \aleph$	13.7	14.6	15.9	19.0	28.3	34.5	39.6	44.5	48.5	51.4	56.4	366.5
	q_i'	47.2	50.4	54.7	65.4	97.6	119.0	136.3	153.2	167.2	177.0	194.2	1262.2
Q		77.7	83.0	90.0	107.6	160.5	195.7	224.3	252.0	275.1	291.2	319.5	2076.6

---

① 资料来源：根据 2010 ～ 2012 年问卷调查数据结果整理。

② 资料来源：中华人民共和国统计局；http://data.stats.gov.cn[2012-05-19]。

从表 6-5 中可看出，2000 年以来，通过高等教育和中等职业技术教育途径，西部由农村向城镇直接转移文化人口 814.3 万；通过这些文化青年进城，带动父辈跟随进城，分享城市化成果的人数近 895.8 万。进城就业、生活的文化青年，其子女一出生就是城市人口身份，受国家生育政策制约的影响，他们不敢多生育，受城市文明和现代生活的影响，其生育观改变，部分育龄妇女不想生育。假定进城的文化青年性别比基本平衡，人人都在该人群中找到自己的对象并结为夫妇，则将生育的城市人口为 366.5 万；事实上，进城就业的男文化青年要多于女文化青年，男文化青年可能找农村女青年结婚，所以，教育城市化人口的婚姻后代可能高于 366.5 万。教育城市化增加西部城镇人口 2076.6 万。

（三）教育推进城市化对耕地保护的贡献大

1. 教育城市化促进居民点集约利用对保护耕地的贡献

如前述，依据《镇规划标准》（GB50188—2007）和《城市用地分类与规划建设用地标准》（GBJ137—2011）的人均用地上限，城市化一个农村人口要节约 25 ~ 30m² 的居民点建设用地。《镇规划标准》（GB50188—2007）的人均用地上限为 140m²/人，《城市用地分类与规划建设用地标准》（GBJ137—2011）的人均用地上限为 110 ~ 115m²，即使城市和农村都严格按照人均用地标准上限控制居民点用地，城市化一个农村人口也能够节约 25 ~ 30m² 的农地。2000 ~ 2010 年，通过教育途径转变身份和在城市就业的人口（表 6-5），可直接节约居民点建设用地 203.56 ~ 244.29km²；如果考虑 2000 ~ 2010 年城市化波及效果中的 366.5 万子女对农村居民点用地的节约问题，则子女节约居民点用地 91.63 ~ 109.95km²。2000 ~ 2010 年西部地区教育人口城市化，直接和间接节约居民点用地合计 295.19 ~ 354.24km²，按照 2006 ~ 2010 年西部地区的新增城市建设用地中耕地所占比重的平均值 44.4% 计算，2000 ~ 2010 年西部地区教育人口城市化，节约耕地面积 131.06 ~ 157.28km²。

2. 教育城市化通过减少农业劳动力增加农户家庭人均经营耕地面积

教育人口城市化使乡村人口减少的直接结果是增加乡村劳动力经营耕地的人均数量，有利于通过规模经营实现耕地保护。2010 年的农业劳动力为 27 930.5 万人，农业劳动力人均经营耕地数量为 0.4358hm²；2000 ~ 2010 年，人口教育城市化减少农业劳动力 2648.58 万，如果不考虑教育城市化对农业劳动力减少的影响，2010 年的农业劳动力将达到 30 579 万，人均经营耕地仅 0.3980hm²，所以，教育城市化可能增加人均经营耕地 0.0377hm²。

二、人口教育城市化保护耕地的补偿思路

以政府为补偿主体，教育为经济补偿载体，农户家庭受教育的各类学生为补偿受体，以补偿学生就读学费为手段，减少农民教育负担，促进农村文化青年接受职业技术教育和普通高等教育，进城就业或自主创业，在条件成熟时带动亲友进城，形成"一人带一家，一家带一队，一队带一村"的良性局面。进城的人多了，留在农村的人就少了，空心村就可以复垦了，人均经营的耕地就多了，土地流转、规模经营保护耕地也就变成现实了。

三、人口教育城镇化保护耕地的补偿方式

（一）恢复各层级的公办免学费教育模式

将收费教育让给民办教育机构经营，让每一位学生都能够在公立学校免学费享受从小学到中等职业技术教育、从小学到高等教育，通过教育途径推进西部地区城镇化，减少乡村人口及其乡村居民点建设对农地的占用，一方面能够有效地保护耕地，另一方面能够推进已经城镇化的土地空间深度开发、集约利用。

我国已经实行了九年制义务教育，近年又实行了中等职业学校免学费教育和免费师范生计划，高中教育和绝大部分大学教育属于有偿教育。有偿教育是在国家财力不足的情况下，以国家为主投入为主，学生家长辅助投入的产物，也是"教育经济"观念助推的产物。从 2012 年起，国家已经明确地按照 GDP 总量的 4%作为投入目标，并已经基本实现了这个投入目标，教育资金投入不足的局面已经完全改变；另外，高等教育进入大众化阶段已经引起了大学生、中专生就业形势发生了根本改变，再继续向老百姓收取学费办教育，一是要增加广大农村学生家庭经济负担，影响家庭困难的学生完成高中学业而提前进入社会，进而让他们损失发展机会，进入"文化缺失致贫"的恶性循环；二是因支付学费额度较大，容易使未及时就业的、家庭经济困难的大学毕业生及其家庭陷入贫困境地，出现"教育致贫"的怪象；三是对于因为支付高额学费和其他开支而耗光家庭积蓄、但又想要自主创业的大学毕业生，也会因为家庭经济困难缺乏创业的入门资本金而影响自主创业，沦为新时代的知识型农民，与老农民争夺耕地经营权。

（二）农民工免学费培训推进教育城市化

建立进城务工农民工的定期免费培训的激励补偿机制。西部地区是我国进城务工人员的主要来源地，定期免费培训（包括进城务工农民工岗前职业培训、农民工就业再就业培训、在岗农民工技能提升培训等）对提高城市化后的农民素质、

就业能力、生活方式的转变及社会的稳定具有积极的促进作用。特别要重视西部地区进城务工的青年农民工培训，增强他们在城市生存、就业与适应的能力，降低农民工、特别是知识型农民工返乡的几率，减小耕地的就业承载压力，也就等于扩大了耕地经营者的经营规模，即使在农业经营利润相对较低的情况下，通过扩大经营耕地规模实现农户总收益增加，进而促进西部地区农村自给自足的小农经济逐步在教育城市化进程中向商品型农业转变，进而实现西部地区耕地保护的目的。

第三节　乡村人口落户城镇—退出宅基地助推耕地保护的经济补偿机制

随着人口城镇化的发展，村庄人口减少而面积增大[①]，表明乡村居民点除了有新增需求外，已经城市化的前农户曾经占据的乡村居民点和宅基地退出少、退出潜力大。乡村居民点和乡村居民宅基地建设往往与耕地有关，激励城市化人口落户城镇—退出宅基地，有利于通过复垦方式增加耕地数量，对保护耕地具有现实意义。

一、务工人员落户城镇助推耕地保护的经济激励机制

进城务工人员本身就是人口城市化的产物。但我国与欧美国家不同的是，很多城市化的农户务工人员，尽管在城市生活了多年，仍然要年复一年的、像候鸟一样返回农村，并且将在城市中赚取的钱财带回乡村，在原居住的修建楼房。其后果是：①进城务工人员是在城市生活、工作多年的农民，农民就要被统计为乡村人口，使统计上的城市化率低于实际上的城市化率，造成城市化水平的统计、评估失真，进而影响到相关的政府决策；②大量的楼房在农村拔地而起，建房必占地，特别是占用农户自己的承包地，导致耕地减少成为必然；③农户建房占用了大量的资金，很多农户在房屋建好以后仍然举家在城市务工，其子女可能会通过读书进城后不再会农村，或者是像父辈一样进城务工且不愿返回乡村，从而导致资金闲置或者利用效率低。

进城务工人员定居城市的经济激励机制可以从以下角度着手构建：①对农户进城长期务工人员在城市购房的实行政府补贴，吸引有条件的进城务工人员在城市购房并定居，减少农村宅基地对耕地的占用，实现耕地数量保护。问卷调查与访谈表明，都市圈的受访者，在城里务工、想买房落户者高达40%；非都市圈的受访者，这一比例占41.3%。调查数据足以说明购房补贴对激励务工人员定居城

① 《中国城乡建设统计年鉴》数据表明，2010～2000年为8.12亿，2010年为7.69亿；村庄居民点面积在乡村人口减少的同时还略有增长，2000年为1355.3万hm²，2000年为1399.2万hm²。

市的吸引力。②将进城务工人员的购房行为纳入到保障性住房的规划范畴，发挥政府主导、政策引导、保障价格补偿农户购买行为的多重优势。③政府作为第三方，购买举家进城的务工人员的承包地经营权，让承包地经营权资本化，为其进城务工、创业、买房提供资金；再将购买的耕地经营权有条件地流转给耕地经营者，促进耕地流转和规模化经营，让有经营能力的纯农户经营更多的耕地，成为商品农业的经营者，进而成为耕地保护者。

二、乡村居民宅基地退出助推耕地保护的激励机制

（一）退出意愿调查与分析

调查[①]表明，政府对闲置宅基地的退出给予补偿，都市圈受访的 4091 人中选择价格合理愿意退出的人占 63.9%、不愿意退出者占 36.1%。非都市圈受访的609 人中选择价格合理愿意退出者占 63.7%、不愿意者占 36.3%。在政府补偿的前提下，近三分之二的受访者愿意退出闲置宅基地；尽管都市圈和非都市圈的受访者人数不同，但愿意退出者的比重接近。农户关心有偿退出问题，对退出的补偿标准并没有特殊要求，主要是看周围的其他人的态度。当政府给出一个退出补偿标准时，都市圈内的农户看周边农户接受自己就接受的人占到 4056 位受访者的 70.8%，不愿退出者占 28.2%；非都市圈农户愿退出的比例稍高于都市圈，占601 位受访者的 73.2%，不愿意退出的占 26.5%，无论是都市圈还是非都市圈，在政府明确开出退出补偿标准时，愿意接受补偿并退出宅基地的都超过三分之二。

（二）补偿激励方式

调查表明，部分原来居住在乡村的居民，已经通过多条途径举家迁往城市居住。其原有的农村宅基地及其附属物，要么卖给附近的居民，要么作为自己的财产放置在原地。卖给乡村居民，就扩大了购买方的宅基地面积；放置在原地，不仅个人的资产闲置，而且因人口外迁、宅基地不减，会增加迁出地居民的人均宅基地面积。为此，本书认为构建政府购买的居民点用地退出经济激励机制的意义重大。

以购买形式支付乡村现金符合退出者的需求。调查表明，都市圈的受访者希望以货币补偿方式退出宅基地者占到受访者的 40.6%，非都市圈的这一比重达到42.9%。从效果看，政府购买有 3 点好处：①帮助外迁的乡村居民盘活闲置资产，有利于将变卖房屋的资金用于在城市创业；②政府购买外迁居民乡村宅基地，然

---

① 2014 年 10 月、2015 年 5 月、2015 年 10 月和 2016 年 5 月先后四次在四川盆地的都市圈和非都市圈进行问卷调查与访谈。

后复垦,可以作为国有土地的储备过程,为通过置换方式增加城市建设用地打基础;③即使外迁乡村居民的邻居有意愿购买,政府也作为第三方优先购买,然后再视其情况,即使以相同价格专卖给乡村居民,也利于减少买卖中的纠纷、利于维护社会稳定与和谐。

第四节 本章小结

减少新增居民点建设用地增量、增加乡村居民点存量用地的退出-复垦耕地、增加务农劳动力经营耕地数量,是人口城市化助推耕地数量保护的三大机理。

乡村居民家庭的学生通过教育实现城市化,推动乡村人口减少,对耕地保护作贡献,成为耕地保护经济补偿的受偿主体。地方政府为推动者,是补偿主体。2000～2010年人口教育城市化直接和间接少占居民点建设用地 $295.19～354.24$ km^2、少占耕地 $131.06～157.28km^2$,减少农村人口助推人均经营耕地面积增加 $0.0377hm^2$。本书提出公办教育恢复各层级免学费的教育模式,借教育强力推进西部地区城镇化,既减少乡村居民点建设新增而保护耕地,又能推进城镇居民点存量土地集约利用。

进城长期务工人员在城市购房、落户,退出宅基地,推动乡村人口减少,对耕地保护作贡献,成为耕地保护经济补偿的补偿受体。地方政府为推动者,是补偿主体。可以将其在城市购首房行为纳入补贴或保障性住房范畴,补贴其农村宅基地退出的行为。

参 考 文 献

[1] 岳云华,冉清红,孙传敏,等.政府在耕地减少中的责任和在耕地保护中的作为.国土与自然资源研究,2011,(2): 34-42.

[2] 曲福田,陈江龙,陈雯.农地非农化经济驱动机制的理论分析与实证研究.自然资源学报,2005,(02): 231-241.

[3] 董祚继,蒋美生,杜杰灵."保田钱"大不易——对成都市耕地保护基金制度的思考.中国土地,2008,(6): 58-60.

[4] 马义华,李太后.成都市耕地保护基金制度的实践与思考.改革与战略.2012,(8): 21.

[5] 贾祥飞,冉清红,刘雪莉,等.基于问卷调查的成都耕地保护基金问题研究.绵阳师范学院学报,2013,32(5): 83-90.

[6] 刘小庆,蔡银莺.农户对耕地保护基金实施满意度评价及影响因素分析——以成都市永安镇、金桥镇和崇州市江源镇为例.中国农业大学学报,2014,(3): 216-233.

[7] 余亮亮, 蔡银莺. 政策预期对耕地保护经济补偿政策农户满意度影响的实证研究——以成都市耕地保护基金为例. 中国土地科学, 2015, (8): 33-40.

[8] 成都市统计局, 国家统计局程度调查队, 成都市统计学会. 成都统计年鉴 2011. 北京. 中国统计出版社, 2011.

[9] 姚士谋, 吴楚材. 我国农村人口城市化的一种特殊形式——试论我国的亦工亦农人口. 地理学报, 1982, 37(2): 101-108.

[10] 傅正德. 我国农业剩余劳动力的转移途径和模式浅议. 经济研究, 1982, (9): 77-79.

[11] 李君哲. 剩余农业劳动力的转移探讨. 财经问题研究, 1983, (6): 63-66.

[12] 伍晓鹰. 人口城市化: 历史、现实和选择. 经济研究, 1986, (11): 25-30.

[13] 尹文耀, 陆杰华, 张兰霞, 等. 农村人口城市化的一种模式及其发展对策——辽宁大型专业市场西柳镇调查. 中国人口科学, 1989, (2): 56-59.

[14] 徐天琪, 叶振东. 中国农村人口城市化的新模式——温州龙港"农民城"外来人口剖析. 中国人口科学, 1994, (3): 49-54.

[15] 马侠. 当代中国农村人口向城镇的大迁移. 中国人口科学, 1987, (3): 4-16.

[16] 彭艳红. 论农村教育优先发展战略. 开发研究, 2011, (4): 1003-4161.

[17] 阳少华. 高等教育的农村人口城市化功能与激励机制构建. 当代经济, 2014, (24): 86-87.

第七章　西部地区耕地经营者保护
耕地质量的经济补偿

耕地经营者保护耕地质量与其在耕地上的种植行为密切结合在一起，种植行为实际上就是耕地经营与耕地保护行为，在耕地经营与耕地保护中获取收益，耕地因耕地经营者获取收益而得到保护；耕地经营者获取收益越少，将劳动力配置在耕地经营与保护活动中的意愿就越弱，耕地受保护的效果就越差，质量就越差；反之则相反。

第一节　耕地质量建设需要耕地经营者
持续投入劳动力

耕地质量常用耕地地力、耕地细碎化程度、耕地坡度和耕地灌溉水平等指标进行评价。要改善西部耕地质量指标，需要耕地经营者持续投入劳动力。

一、耕地地力提升需要持续投入劳动力

耕地（基础）地力是由耕地土壤的地形、地貌、成土母质特征，农田基础设施及培肥水平，土壤理化性状等综合构成的耕地生产能力[①]。其实质是受耕地所在地的微地形部位、微地貌单元、土壤成土母质等立地自然条件，土壤剖面与土体构型、耕作层土壤的理化性状及特殊土壤的理化性状指标等土壤自身条件，田间水利工程、水土保持工程、田园化及植被生态建设、土壤培肥水平等在内的人文条件，这三大类因素共同作用下形成的耕地综合生产能力。为此可以认为，耕地（基础）地力就是耕地生产能力，是耕地用于栽培农作物时在一定时期内单位面积耕地的物质生产力水平，耕地土壤所在的地形、地貌和岩石等自然环境因素，以及农田基础设施等人文因素都是影响耕地地力（或耕地生产能力）的因素。

[①] 《全国耕地类型区、耕地地力等级划分》（NY/T 309—1996）。

（一）耕地地力评价方法

1. 产量引导法

除自然条件以外的产量、肥料投入、作物长势、种植结构等能够反映耕地质量[1]，综合指数法或耕地产出评价法[2]都是耕地质量评价的可选方法。耕地（基础）地力不同，耕地的粮食生产能力就不同，以全年粮食产量水平作为引导因素，将不同产量水平的耕地引入不同的地力等级中得到地力等级①，这种研究方法即为产量引导法。本书认为，耕地粮食产量水平是耕地土壤肥力、耕地立地自然条件，以及农田水利条件和施肥水平等人文条件共同作用的结果，其产量高，也就意味着土壤肥力高、耕地所在的自然环境条件好、农田水利及灌溉条件相对较好，耕地在同地段就属于质量较好的耕地。为此，本章拟用产量水平引导法划分西部地区耕地地力等级，再将耕地地力等级归并为质量类型并进行定性分析。

2. 技术标准

耕地的粮食生产能力用粮食单产水平表示。我国耕地的粮食单产水平为大于1.35 万 kg/hm^2、小于 0.15 万 kg/hm^2。依据耕地基础地力差异构成的粮食生产能力差异，按照级差 0.15 万 kg/hm^2 的标准，将全国耕地划分为 10 个地力等级②，再将 10 个地力等级归并为 5 个质量类型。粮食产量水平引导标准、地力等级和耕地质量类型的对应关系见表 7-1。

表 7-1　耕地单位面积粮食产量与地力等级、
质量类型的对应关系　　　　（单位：万 kg/hm^2）

粮食单产	> 1.35	1.20 ～ 1.35	1.05 ～ 1.20	0.90 ～ 1.05	0.75 ～ 0.90	0.60 ～ 0.75	0.45 ～ 0.60	0.30 ～ 0.45	0.15 ～ 0.30	< 0.15
地力等级	一等地	二等地	三等地	四等地	五等地	六等地	七等地	八等地	九等地	十等地
质量类型	高等地		中高等地		中等地		中低等地		低等地	

注：粮食包括谷物、豆类和薯类折粮。

依据地力等级和粮食单产，将耕地划分为高等地、中高等地、中等地、中低等地和低等地五大耕地质量类型。其中，耕地地力等级为九、十等，单产在 3000 kg/hm^2 及以下的为低等地；耕地地力等级为七、八等，单产介于 3000 ～ 6000 kg/hm^2 的为中低等地；耕地地力等级为五、六等，单产介于 6000 ～ 9000 kg/hm^2 的为中等地；耕地地力等级为三、四等，单产介于 9000 ～ 12 000 kg/hm^2 的为中高等地；耕地地力等级为一、二等，单产大于 12 000 kg/hm^2 的为高等地。

3. 技术路线

西部地区耕地质量特征和地力评价流程技术路线见图 7-1。

---

① 《全国耕地类型区、耕地地力等级划分》（NY/T 309 —1996）。
② 《全国耕地类型区、耕地地力等级划分》（NY/T 309 —1996）。

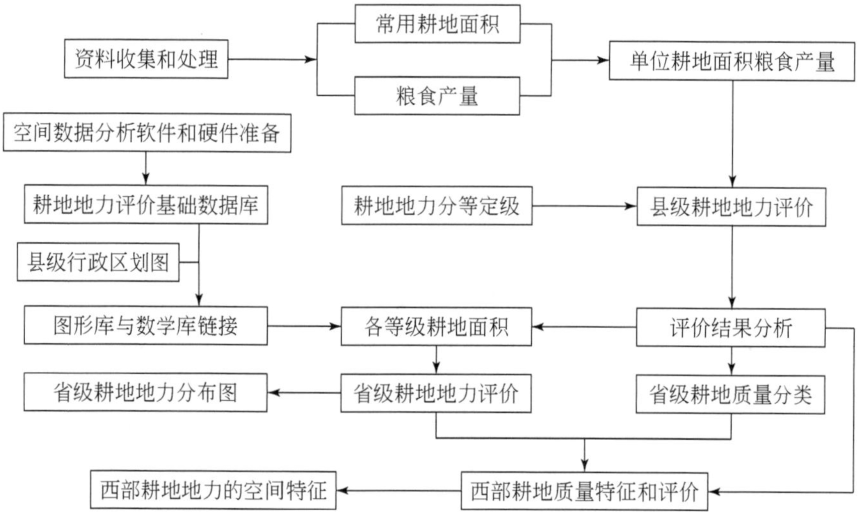

图 7-1　西部地区耕地质量特征和地力评价流程

　　为了便于土地行政管理，以县域行政辖区为研究单位，依据 2009 年的粮食产量水平，将西部地区的各县级行政单位的耕地导入不同的地力等级中，计算各类等级耕地的面积，研究耕地质量构成状况。假定各行政区的常用耕地为粮食生产用地，确定常用耕地单位面积粮食产量，根据全国省级、西部地区各县级行政区根据常用耕地面积和全年粮食产量，计算单位耕地面积的产量水平；依据常用耕地的粮食单产水平与耕地地力等级的对应关系，将各县级行政区的耕地单产水平导入到不同地力等级中；以省级行政辖区为单位将同一地力等级归类，计算各地力等级的比重。

（二）"三分好地、七分差地"是西部耕地地力的基本特征

　　图 7-2 表明，西部地区耕地地力等级比重累计曲线呈向右上方倾斜的曲线，累计曲线的快速上升区分布在中低等地、低等地区域，地力等级越低，比重越小、耕地质量越好，随着地力等级变大，耕地比重增大、耕地质量越差。其中，一、二等地属于质量最好的高等地，其总量仅 30 万 hm²，占西部常用耕地的1.12%；三、四等地属于西部的中高等地，耕地质量很好，处于中等水平之上，总量也仅 260 万 hm² 稍多，占西部耕地的 8.92%；五、六等地属于质量处于中等的中等地，总面积达 514.3 万 hm²，占西部的 17.36%；七、八等地属于质量处于中低层次的中低等地，总面积达 882.4 万 hm²，占西部的 29.78%；九、十等地是质量最差的低等地，面积合计为 1268.2 万 hm²，占西部常用耕地总量的42.81%。

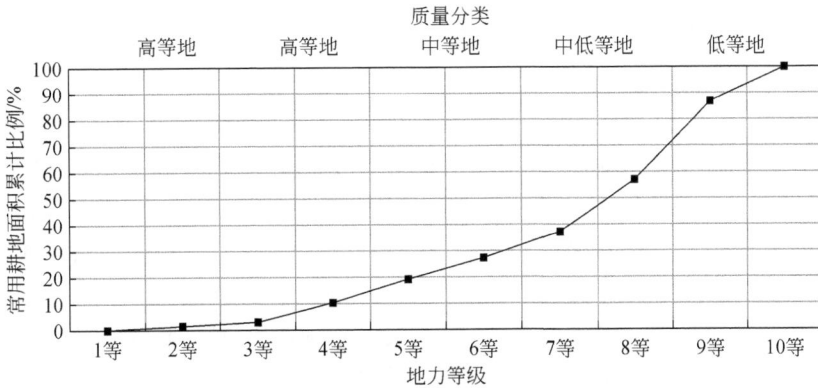

图 7-2　西部耕地地力等级比重累计曲线与质量分类

西部地区质量好的高等地和质量较好的中高等地面积少、比重低，二者合计仅占西部耕地总量的 10.04%，加上质量一般的中低等地，仅占西部耕地总面积的 27.4%；中低产地、低产地占西部耕地总量的 72.6%。如果将中等地、中高等地、高等地统称为"好地"，将中低等地、低等地统称为"差地"，则"三分好地、七分差地"是西部耕地质量特征的基本格局[3]（图 7-3）。

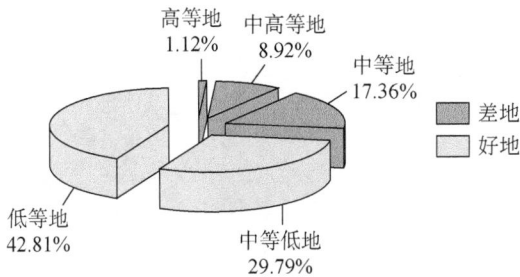

图 7-3　西部地区耕地质量结构

（三）地力提升需耕地经营者持续投入劳动力

地力提升的过程关键在于肥力管理，就是在耕地地力分等定级的基础上，由耕地经营者按照耕地承包或流转要求，对耕地实施改良土壤、培肥地力、种植绿肥、生产和施用有机肥料、秸秆还田等活动；对新开发、复垦和整理耕地后续培肥工作的管理，制定后续培肥方案并组织实施；同时还要组织耕地经营者维护田间基础设施，改善耕作条件等。无论是耕地肥力管理还是田间设施维护，都需要耕地经营者持续投入劳动力。耕地地力提升过程的实质是耕地经营者持续投入劳动力的过程。

二、细碎化耕地规整需要耕地经营者持续投入劳动力

（一）西部地区耕地的细碎化特征显著

本书对西部耕地细碎化状况随机进行了问卷与访谈调查[1]，调查地点见图 7-4。调查数据按照地形类型分类统计（表 7-2）和行政区统计（表 7-3 和表 7-4）两种方式进行统计，结果显示，平坝或平原地块的旱地、水田地块数 993 块，调查面积 592.0 亩，每个地块的平均面积为 0.6 亩/块，最大的旱地 1.4 亩/块、最大的水田地块 0.9 亩，最小的为 0.2 亩/块，平坝或平地地块面积很小，可能与人口高度集中有关，耕地承包往往肥瘦搭配、远近搭配、坡地平地搭配，为此，好地一般都划分得很小，很破碎。丘陵区调查地块 3625 块，面积 1549.4 亩，平

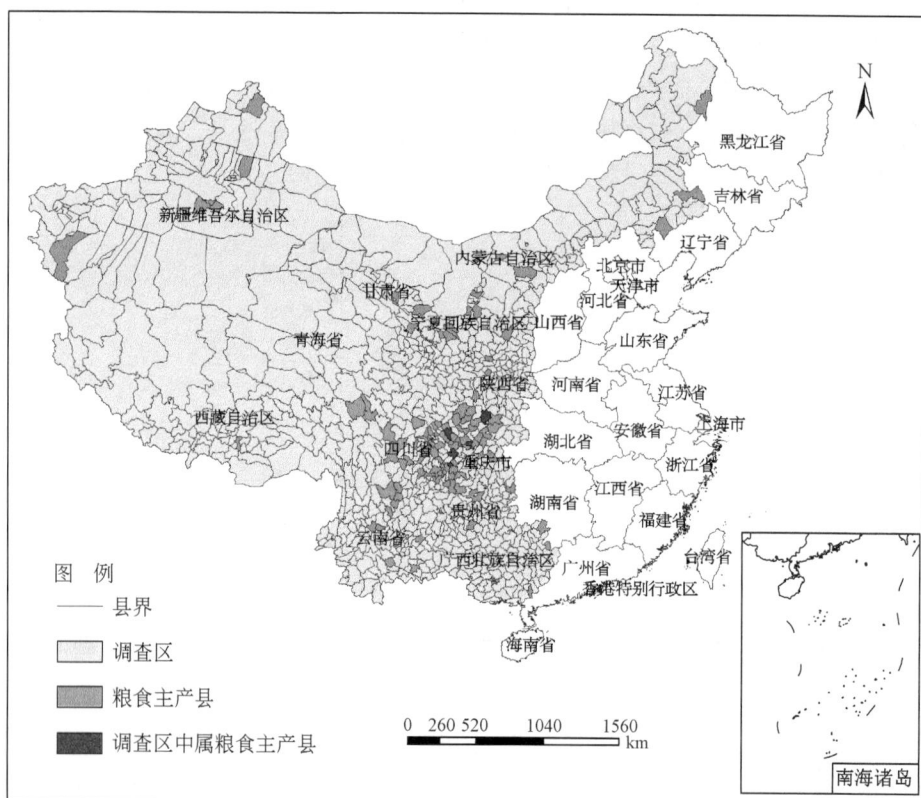

图 7-4   西部地区耕地保护问卷调查之耕地细碎化的调查区

---

[1] 本书课题组于 2011 年 6 月到 2012 年 5 月对四川、甘肃、新疆、云南、重庆和广西等进行了耕地细碎化问卷调查，调查区见图 7-4。调查样本涉及西部地区的 6 个省级行政区的 29 个市级行政单位，84 个县（市、区），354 个行政村，涉及农户 703 户。

均为 0.4 亩 / 块。受调查的最大地块为 0.98 亩 / 块，显然丘陵区的耕地地块划分也很细碎，这可能也与人口密集、集中度高有关。山区调查地块 3790 块，其中旱地为 3077 块，占到西部的 81.2%，山区以旱地为主，山区地块面积平均为 1.6 亩 / 块，大于平坝和丘陵区，说明西部山区人口密集程度较小。户均地块数量介于 2 ～ 26 块不等。

表 7-2　按照地貌类型对耕地细碎化的统计

地貌	平原或平坝			丘陵			山区			合计		
	旱地	水田	小计	旱地	水田	小计	旱地	水田	小计	旱地	水田	小计
面积 / 亩	334	258.0	592.0	935.4	614.0	1549.4	5300.1	660.0	5960.2	6569.5	1532.0	8102.0
地块数 / 块	460	533	993	2410	1215	3625	3077	713	3790	5947	2461	8408
最大地块 /(亩 / 块)	1.4	0.9	1.2	0.9	1.1	1.0	6.54	2.3	4.4	2.9	1.4	2.2
最小地块 /(亩 / 块)	0.2	0.2	0.2	0.2	0.3	0.3	2.1	0.4	1.3	0.8	0.3	0.6

表 7-3　按照行政区划对西部耕地经营者的旱地细碎化随机调查数据

调查区	面积 / 亩	块数 / 块	调查样本数 / 个	最大地块面积 / 亩	最小地块面积 / 亩	地块平均面积 / 亩	户均地块数 / 块	户最多地块数 / 块	户最少地块数 / 块	户最大面积 / 亩
甘肃会宁县	866.3	393	62	8.00	0.200	2.204	6	14	3	
甘肃白银市平川区	591.5	168	22	30.00	0.200	3.521	7	30	2	
广西贺州市	194	235	19	17.00	0.010	0.826	13	25	5	
广西来宾市	57.4	65	22	5.00	0.040	0.883	3	8	1	
四川巴中市	28.8	161	14	1.20	0.010	0.179	12	30	3	
四川成都市	54	109	25	2.50	0.020	0.495	4	12	1	9
四川达州市	79.6	447	36	1.20	0.010	0.178	11	30	2	5
四川德阳市	20.46	64	14	1.00	0.100	0.320	5	9	2	
四川甘孜州	912	147	8	51.00	1.000	6.204	18	61	2	
四川广安市	17.2	37	8	2.00	0.010	0.465	5	9	2	
四川广元市	69.7	268	22	2.00	0.010	0.260	12	30	3	
四川乐山市	42.63	97	14	2.00	0.020	0.439	4	9	1	
四川凉山州	105.7	42	10	7.00	0.050	2.517	5	8	2	
四川泸州市	126.5	333	40	3.00	0.020	0.380	8	30	1	
四川眉山市	6.4	12	6	1.40	0.050	0.533	2	3	2	
四川绵阳市			3	0.91	0.520	3.470	5	7	3	
四川内江市	9.3	104	5	0.95	0.020	0.089	26	40	4	
四川南充市	19	42	6	1.20	0.020	0.452	7	15	3	
四川攀枝花市	59.7	83	11	18.00	0.020	0.719	8	25	3	
四川遂宁市	25.7	35	7	2.00	0.020	0.734		14	2	

续表

调查区	面积/亩	块数/块	调查样本数/个	最大地块面积/亩	最小地块面积/亩	地块平均面积/亩	户均地块数/块	户最多地块数/块	户最少地块数/块	户最大面积/亩
四川雅安市	13	7	3	3.00	1.000	1.857	3	4	2	
四川宜宾市	86.6	207	21	1.30	0.010	0.418	10	20	2	
四川资阳市	12.1	24	7	2.50	0.050	0.504	4	6	2	
四川自贡市	21.99	80	15	1.20	0.040	0.275	5	13	2	
新疆巴音郭楞州	3177	489	146	150.00	1.000	6.496	3	10	1	
云南玉溪市	105.9	48	10	13.00	0.150	2.206	5	10	3	
重庆市	18.5	14	3	1.20	0.200	1.321	5	7	2	

表7-4　按照行政区划对西部耕地经营者的水田细碎化随机调查数据

调查区	面积/亩	块数/块	调查样本数/个	最大地块面积/亩	最小地块面积/亩	地块平均面积/亩	户均地块数/块	户最多地块数/块	户最少地块数/块	户最大面积/亩
甘肃靖远县	38.5	61	5	2.00	0.300	0.631	11	30	2	
甘肃白银市平川区	144.3	152	20	3.00	0.200	0.949	8	30	1	
广西贺州市	67	180	19	1.30	0.010	0.372	9	20	3	
广西来宾市			23	0.85	0.220	1.690	4	13	1	
四川巴中市	36.3	85	14	2.00	0.030	0.427	5	12	2	
四川成都市	103.7	232	34	1.80	0.050	0.447	7	20	1	
四川达州市	105	301	36	2.50	0.030	0.349	8	35	2	
四川德阳市	8.68	21	8	1.00	0.090	0.413	3	4	1	
四川广安市	33.3	29	9	2.80	0.200	1.148	3	5	2	
四川广元市	61.3	115	16	2.00	0.020	0.533	7	18	3	
四川乐山市	40.98	61	13	3.00	0.010	0.672	5	12	2	
四川凉山州	47.76	53	9	3.00	0.010	0.901	6	9	3	
四川泸州市	144.1	264	38	2.00	0.080	0.546	7	48	1	

续表

调查区	面积/亩	块数/块	调查样本数/个	最大地块面积/亩	最小地块面积/亩	地块平均面积/亩	户均地块数/块	户最多地块数/块	户最少地块数/块	户最大面积/亩
四川眉山市	24.3	25	6	3.00	0.100	0.972	4	9	2	
四川南充市	26.4	83	11	1.07	0.100	0.318	8	17	3	
四川攀枝花市	27.65	98	11	1.30	0.010	0.282	9	20	3	
四川遂宁市	19	47	8	1.20	0.070	0.404	3	5	2	
四川雅安市	8.5	11	3	2.00	0.100	0.773	4	5	3	
四川宜宾市	36.8	101	19	2.00	0.010	0.364	6	19	2	
四川资阳市	15.75	24	7	2.10	0.100	0.656	3	5	2	
四川自贡市	20.29	54	14	1.46	0.030	0.376	4	7	1	
新疆巴音郭楞州	200	5	5	50.00	30.000	40.000	1	1	1	
云南玉溪市	20.5	14	6	2.00	0.200	1.464	3	7	1	
重庆市	21.5	17	3	1.00	0.200	1.265	3	4	2	

图 7-5 为三类地貌类型区的户均地块、最大和最小地块面积。图 7-5（a）为户均地块、图 7-5（b）三类地貌类型区最大地块面积，图 7-5（c）为三类地貌类型区最小地块面积。西部地区耕地破碎，以贵州省为例，坡度在 6° 以下，集中连片，面积 1 万亩以上的耕地大坝 47 个，面积仅占全省耕地总面积的 2.05%。

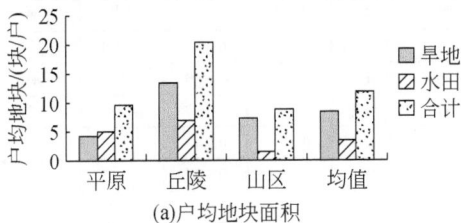

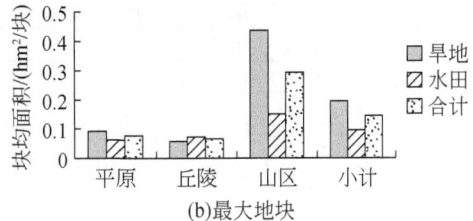

(a)户均地块面积　　(b)最大地块

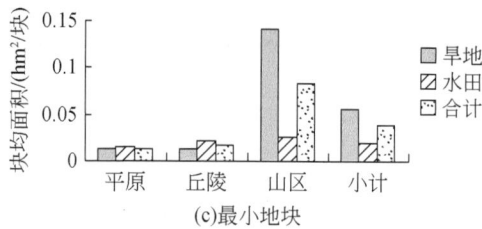

图 7-5　三类地貌类型区的户均地块、最大和最小地块面积

（二）细碎化直接损失西部耕地的可利用性

受地形限制，坡耕地较平地的田坎多。田坎多，田坎系数就大，耕地系数相对就小，耕地地块的有效利用面积就相对较少，同时，还会增加沟渠、田间道路，进而浪费了耕地资源。有关研究表明，因细碎化而浪费的耕地占净耕地面积的 19% 左右，其中，田坎面积占净耕地的 10%[4]。

西部地区有大面积的山区，坡耕地多、田坎多，田坎系数对耕地数量的影响大，不同区域的耕地田坎系数差异会对耕地土地总面积产生较大影响。如四川绵阳的梯田①（表 7-5）和坡地[4]（表 7-6）为例，其田坎系数对耕地有效利用面积的影响非常明显，从 2°～25° 以上，涪城区的梯田田坎系数由 0.122 上升到 0.302，耕地系数由 0.878 下降到 0.698，坡地田坎系数由 0.119 上升到 0.28，耕地系数由 0.881 下降到 0.72；游仙区、安州区、江油市、三台县、盐亭县、梓潼县、北川县和平武县的梯田、坡地的田坎系数和耕地系数变化趋势，同涪城区的变化趋势具有一致性特征。上述变化特征充分说明，无论是梯田还是坡地，随着坡度的增加，田坎系数增大；伴随田坎系数增大，可利用的有效耕地面积必然呈现减少变化。田坎系数变化与田坎数量增加呈现显著的正相关，田坎数量增加与耕地细碎化呈现显著的正相关。随着耕地坡度增大，耕地受地形的影响，破碎化程度增加，耕地有效利用面积减小，耕地系数减小。所以，耕地破碎化直接损失耕地数量。

表 7-5　四川省绵阳市各区县的梯田田坎系数对耕地有效面积的影响

县区		涪城区	游仙区	安州区	江油	三台	盐亭	梓潼	北川	平武
2°～6°	田坎系数	0.122	0.122	0.127	0.127	0.134	0.134	0.131	0.098	0.098
	耕地系数	0.878	0.878	0.873	0.873	0.866	0.866	0.869	0.902	0.902
6°～15°	田坎系数	0.162	0.162	0.161	0.161	0.182	0.182	0.157	0.152	0.152
	耕地系数	0.838	0.838	0.839	0.839	0.818	0.818	0.843	0.848	0.848
15°～25°	田坎系数	0.244	0.244	0.244	0.244	0.233	0.233	0.195	0.183	0.183
	耕地系数	0.756	0.756	0.756	0.756	0.767	0.767	0.805	0.817	0.817
25° 以上	田坎系数	0.302	0.302	0.302	0.302	0.302	0.302	0.302	0.302	0.302
	耕地系数	0.698	0.698	0.698	0.698	0.698	0.698	0.698	0.698	0.698

注：表中数据为计算结果

① 资料来源：绵阳市国土资源局《绵阳市国土资源》（内部资料）。

表 7-6　四川省绵阳市各区县的坡地田坎系数对耕地有效面积的影响

县区		涪城区	游仙区	安州区	江油	三台	盐亭	梓潼	北川	平武
2°～6°	田坎系数	0.119	0.119	0.119	0.119	0.129	0.129	0.125	0.084	0.084
	耕地系数	0.881	0.881	0.881	0.881	0.871	0.871	0.875	0.916	0.916
6°～15°	田坎系数	0.15	0.15	0.152	0.152	0.159	0.159	0.156	0.135	0.135
	耕地系数	0.85	0.85	0.848	0.848	0.841	0.841	0.844	0.865	0.865
15°～25°	田坎系数	0.202	0.202	0.182	0.182	0.208	0.208	0.193	0.169	0.169
	耕地系数	0.798	0.798	0.818	0.818	0.792	0.792	0.807	0.831	0.831
25°以上	田坎系数	0.28	0.28	0.28	0.28	0.281	0.281	0.281	0.272	0.272
	耕地系数	0.72	0.72	0.72	0.72	0.719	0.719	0.719	0.728	0.728

注：表中数据为计算结果

（三）改变细碎化状态的耕地归整行为需要劳动力

研究表明，耕地细碎化不仅直接损失耕地数量，而且导致耕作半径扩展，农民干活花在行程上的时间增多，降低农业生产效率。当农户拥有的地块数量超过其可种植农作物种类数时，其倾向于进行农地归整以减少其地块数量[5]。80%以上的农户认为土地细碎化给农业生产带来不便，70%以上的农户希望拥有一整块土地[6]。但是土地归整行为属于小块并大块的行为，土地整平、田方路直的综合治理，需要农户投入大量的劳动力。

西部地区耕地细碎化是农户耕地质量建设保护中面临的问题，如果通过土地整理，因地制宜地合理归整细碎化的耕地地块，一方面利于提高耕地质量，另一方面又构建了农户劳动和消纳农业劳动力、让农业劳动致富的平台，国家可以采取经济措施，激励西部地区农户按照地方政府的统一规划，开展土地归整活动，让西部地区农户在耕地归整的劳动过程中获得收益。

三、坡耕地改造需要耕地经营者持续投入劳动力

坡耕地是耕地坡度（地面坡度）大于 2°的耕地①。有关资料表明②，西部坡耕地面积约 2850 万 hm²，坡耕地比重约占西部地区总耕地面积 64%，比全国坡耕地的平均比重高 21 个百分点。坡耕地比重越高，耕地质量建设与保护工程需要的资金、劳动力投入越大。西部坡耕地面积构成情况见图 7-6。要改善西部地区的耕地质量，提升耕地综合生产能力，首先要整治坡耕地。

---

① 资料来源：中华人民共和国国土资源部的发布《第二次全国土地调查技术规程》（TD/T1014—2007）。
② 资料来源：人地系统主题数据库：http://www.data.ac.cn/。

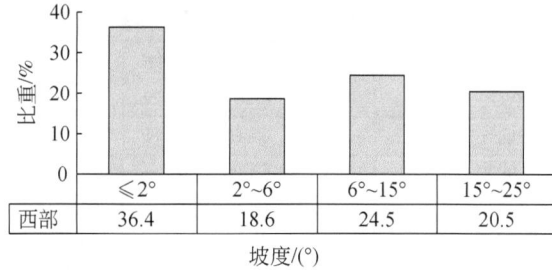

图 7-6　西部地区不同坡度坡耕地比重变化

　　西部地区耕地构成中，2°～6°坡耕地面积为 850 余万 hm²，占西部耕地总面积的 18.6%，与全国该类型的比重一致；6°～15°坡耕地面积 1100 余万 hm²，占西部耕地总面积的 24.5%，比全国该类型的比重 14.9% 高 9.6 个百分点；15°～25°坡耕地面积 900 余万 hm²，占西部耕地总面积的 20.5%，比全国该类型的比重 10.0% 高 10.5 个百分点[①]。分析表明，西部不但坡耕地的比重高于全国平均水平，而且是 7°及以上的坡耕地远远高于全国平均水平，意味着西部坡耕地整治的难度较大，单位面积坡耕地整治资金的投入要远远高于全国的 1.5 倍水平。受坡度限制的耕地面积约 1200 万 hm²。在西部耕地面积构成中，受坡度限制的耕地面积比重为 24.2%，约占西部耕地的四分之一。

　　西部地区坡耕地内部构成情况见表 7-7。全国最低级别的坡耕地占全部坡耕地的份额占到了四成稍多，而西部才近三成，西部平均水平低于全国平均水平一成；西部地区之间差异很大，西南地区的云贵川渝、西北地区的陕甘青宁，2°～6°级别的坡耕地比重都低于西部的平均水平。分析表明，西部坡耕地改造的难度要高于全国平均难度。治理西部坡耕地需要投入大量的劳动力。

表 7-7　西部不同坡度级别的坡耕地占本行政辖区坡耕地总量的份额　（单位：%）

区域	全国	内蒙古	广西	重庆	四川	贵州	云南	西藏	陕西	甘肃	青海	宁夏	新疆	西部
2°～6°	41.93	73.04	56.84	19.99	21.68	17.69	17.3	40.06	20.5	18.68	23.61	26.11	65.75	29.24
6°～15°	34.75	24.12	26.62	40.37	45.52	41.67	37.99	36.59	37.71	44.34	46.93	51.8	33.58	38.54
15°～25°	23.32	2.84	16.54	39.63	32.8	40.64	44.71	23.35	41.79	36.98	29.46	22.08	0.66	32.22

注：表中数据为计算结果

四、耕地水管理条件改善需要耕地经营者持续投入劳动力

（一）水对西部耕地利用的限制性突出

　　水对西部耕地利用产生的限制性明显的有 800 余万 hm²。其中，受地形、地势或地貌部位影响的水文与排水限制性的耕地有 184.3 万 hm²；受降水量或者地

---

① 资料来源：人地系统主题数据库 http://www.data.ac.cn/。

表地势状态的影响，可供利用的水量不足或者有效利用率低，不能够满足农作物用水需的水分条件限制性的耕地面积 615.8 万 hm²[①]（表 7-8）。

表 7-8　与水有关的限制性面积及占辖区耕地总面积的份额

区域		内蒙古	广西	重庆	四川	贵州	云南	西藏	陕西	甘肃	青海	宁夏	新疆	西部
水文与排水限制性	比重 /%	14	11.8	3.4	3.4	0.7	0.7	—	0.4	—	—	—	1.1	4.1
	面积 / 万 hm²	100.1	49.8	7.6	20.2	3.1	4.3	—	1.6	—	—	—	4.5	184.3
水分条件限制性	比重 /%	26.2	22.3	7.7	7.7	2	2.3	4.4	19.1	24.7	10.9	24.2	0.4	13.7
	面积 / 万 hm²	187.3	94.1	17.2	45.8	9	14	1.6	77.4	115.1	5.9	26.8	1.6	615.8

（二）解决西部耕地水管理问题需要投入的劳动力多

耕地水管理问题可以从有效灌溉、旱涝保收两个视角进行考察。

1. 有效灌溉发展程度问题

西部地区有效灌溉面积较少、有效灌溉程度低。2010 年，西部地区有效灌溉面积为 1775 万 hm²，有效灌溉程度为 39.48%。2010 年的西部有效灌溉程度比全国的 49.58% 少 10 个百分点稍多，比东部的 66.27% 少近 27 个百分点，比中部的 48.42% 少近 9 个百分点（图 7-7）；西部 2010 年的有效灌溉率水平低于全国、东部和中部 1999 年的平均有效灌溉发展水平，比全国 1999 年低 3.97 个百分点、比东部地区 1999 年低 8.75 个百分点、比中部地区 1999 年低 14.48 个百分点[②]。

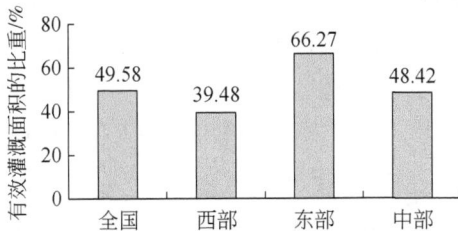

图 7-7　2010 年西部与全国、中东部地区有效灌溉面积比重对比

2. 西部地区耕地旱涝保收的发展程度低

旱涝保收面积是指有效灌溉面积中遇旱能灌、遇涝能排的面积。在旱涝保收区域，通过农田水利工程技术措施，调节改良农田水分状况和地区水利条件，改变不利于农业生产发展的自然条件，使无论发生旱灾还是涝灾，收成都能得到保证。在干旱需水年份和季节，采取蓄水、引水、跨流域调水等措施，调节水资源的时空分布，满足农作物生长对水分的要求；在多雨年份和季节，采取排水、除涝和防渍等措施调节农田水分状况，确保农作物生长不受或少受雨水的影响。

---

① 资料来源：人地系统主题数据库数据库 http：//www.data.ac.cn/。
② 资料来源：同①。

西部地区旱涝保收耕地比重低。2010 年，西部旱涝保收总面积为 1066.61 万 hm²，仅占西部地区耕地总面积的比重为 25.53%，大约相当于西部耕地面积的四分之一。西部的平均水平与东中全国比较，西部比东部地区低 24.43 个百分点、比中部地区低 9.42 个百分点、比全国低 9.69 个百分点[①]（表 7-9）。

表 7-9 西部地区与东部、中部旱涝保收面积与占区域耕地比重的对比

	年份	2001	2002	2003	2004	2005	2006	2007	2008	2009	2010
西部	比重 /%	21.98	22.24	22.89	23.83	24.75	24.64	24.76	25.06	25.39	25.53
	面积 / 万 hm²	1065.2	1066.6	1077.7	1087.2	1116.4	1109.4	1112.5	1126.2	1065.2	1066.6
东部	比重 /%	48.03	47.56	48.34	48.49	49.51	49.28	49.95	49.93	49.60	49.96
	面积 / 万 hm²	1737.3	1724.6	1719.3	1727.3	1749.6	1758.5	1787.0	1800.7	1737.3	1724.6
中部	比重 /%	30.30	30.65	31.30	31.62	32.00	32.58	33.21	33.58	34.21	34.95
	面积 / 万 hm²	1250.7	1259.3	1288.3	1259.6	1267.8	1265.7	1275.1	1275.5	1250.7	1259.3
全国	比重 /%	31.61	31.74	32.44	33.02	33.76	33.86	34.28	34.52	34.80	35.22
	面积 / 万 hm²	4053.2	4050.6	4085.3	4074.1	4133.8	4133.5	4174.6	4202.5	4053.2	4050.6

注：表中数据为计算结果

五、耕地经营者认同耕地质量保护

问卷调查[②]表明，耕地经营者认同耕地保护。对"耕地是否需要保护？"提问时，选择耕地需要保护的 97.58%，选择耕地不需要保护的 1.71%。平原、丘陵、山地 3 类不同地形区的耕地经营者，对耕地保护的认同度尽管有微小差异，但比重都在 94% 以上，赞同耕地保护是主流（表 7-10）。调查结果与陈美球等[7] 在江西、连纲等[8] 在浙江苍南县、孙海兵[9] 在湖北宜昌市的调查结论相互印证。东、西部地区以及西部不同地形区，尽管自然、经济、社会条件存在区域差异性，但耕地经营者对耕地保护行为的认同度比较一致，国家关于保护耕地的基本国策已经被绝大多数耕地经营者接受、认同，耕地保护的重要性已经是众人皆知、无需争论的问题。

表 7-10 西部地区耕地经营者对耕地保护的认同度

调查农户		需要保护	不需要	不清楚	小计
平原	频数	98	2	4	104
	比例 /%	94.23	1.92	3.85	100
丘陵	频数	174	4	1	179
	比例 /%	97.21	2.23	0.56	100
山区	频数	414	6	0	420
	比例 /%	98.57	1.43	0	100
合计	频数	686	12	5	703
	比例 /%	97.58	1.71	0.71	100

① 资料来源：人地系统主题数据库 http://www.data.ac.cn/。
② 本书课题组于 2011 年 6 月～ 2012 年 1 月组成 6 个调查小组，对四川、重庆、新疆、甘肃、云南、广西 6 个省、直辖市的 84 个县 354 个村 703 户耕地经营者进行问卷调查与访谈。

耕地经营者认为耕地质量保护的重要性胜于耕地数量保护。对"耕地保护的关键在于保护耕地数量还是耕地质量"命题的调查，有效问卷共703份。其中4.13%的受访者选择既要保护耕地数量也要保护耕地质量；29.87%的受访者选择保护耕地数量，64.86%受访者选择保护耕地质量，赞同保护质量者是赞同保护数量的2.2倍。选择保护耕地质量者认为，耕地质量对农作物的产量和农产品品质影响很大，耕地质量下降、产出效益下降，导致需要增加劳动量、影响经营者的收益；耕地质量好，投入劳动力少，农作物产量高、品质好，耕地经营者可以获得较多的农业收入；保护耕地质量有利于高产稳产、增加收入，降低劳动强度；在甘肃的会宁县、平川区、靖远县等干旱地区的调查[①]表明，耕地经营者普遍将耕地质量保护与防盐碱化联系在一起；还有少数人把耕地质量保护与减少化肥用量联系在一起。问卷调查[②]表明，丘陵地区和山区，选择保护耕地质量的农户要远远多于保护耕地数量的农户，这与山区、丘陵地区肥力瘠薄土地数量多，农户对高质量耕地非常珍惜有关系（表7-11）。

表 7-11　不同地形区的耕地经营者对保护耕地数量与质量的重要性认识

农户的认识		保护耕地数量	保护耕地质量	耕地质量和数量都需要保护	不清楚	小计
平原	频数	46	47	9	2	104
	比例/%	44.23	45.19	8.65	1.92	100
丘陵	频数	59	108	8	4	179
	比例/%	32.96	60.34	4.47	2.23	100
山区	频数	105	301	12	2	420
	比例/%	25.00	71.67	2.86	0.48	100
合计	频数	210	456	29	8	703
	比例/%	29.87	64.86	4.13	1.14	100

第二节　耕地经营者保护耕地中的损失与经济补偿的出路

耕地经营者保护耕地中的损失主要包括劳动力和劳动时间投入的机会成本损失、耕地经营与保护过程中的生态正外部性价值损失。

一、耕地经营者保护耕地的机会成本损失

劳动力和劳动时间的投入可以使耕地质量得到不断的优化；但劳动力和劳动

---

① 2011 年 7 月的走访调查数据。

② 2011 年 6 月至 2012 年 1 月，对四川、重庆、新疆、甘肃、云南、广西 6 个省、直辖市 84 个县 354 个村 703 户耕地经营者问卷调查与访谈数据整理。

时间属于耕地经营者可自由支配的稀缺资源，稀缺资源配置在耕地利用与保护中有机会成本。评价劳动力经营与保护耕地的机会成本用劳动力务农－务工的机会成本差进行判断[10]。

（一）评价方法与数据说明

定义务农－务工的机会成本差为劳动力的务农机会成本（即放弃进城务工机会而损失的工资性收益）与务工机会成本（即放弃务农机会而损失的农产品收益）的差值。用 J_{wn} 表示劳动力的务农机会成本，用 J_{wg} 表示劳动力的务工机会成本，C_{jhcb} 代表机会成本差，则：

$$C_{jhcb}=J_{wn}-J_{wg} \tag{7-1}$$

如果 $C_{jhcb}<0$，意味着劳动力的务农机会成本损失为"－"，即耕地经营者保护耕地所必须放弃的务工收入要少于从事种植业的实际收入，属于实际收益大于放弃收益而没有损失的合理选择，耕地经营者保护耕地的积极性可能较高。如果 $C_{jhcb}>0$，意味着劳动力的务农机会成本损失"＋"，即耕地经营者保护耕地必须放弃的务工收入大于在家从事种植业的实际收入，意味着选择不但有机会成本而且有机会成本损失，属于有损失、且损失大于收入的选择，耕地经营者可能缺乏保护耕地的积极性。为此，务农相对于务工的机会成本差是分析劳动力在务农、务工配置的合理性和保护耕地积极性的重要工具。

1. 劳动力务农机会成本

陈瑜琦等[11]认为劳动力务农机会成本等于非农务工人员的平均工资与非农务工机会的乘积，非农务工机会为"实际外出务工的次数/尝试外出务工的次数"。鉴于尝试外出务工的次数统计困难，故以某种类型劳动力从事非农务工的数量与该类型劳动力总量之比替代。本书认为，一个特定的劳动力，选择务农就是放弃务工，个人选择非农务工机会和放弃非农务工机会都是百分之百，全社会农业劳动者选择非农务工的机会不可能是百分之百；有劳动能力者都应该被看作理性经济人，在农村经济收益较低的情况下都有进城谋求职业、利用自己的劳动力赚取最多经济收益的愿望，都是非农务工的选择者或尝试者，所以尝试外出务工的人数实际上就是全社会的农业劳动者人数。因非农就业岗位是稀缺资源，只能够有一部分进城人员成功地选择了非农就业岗位成为非农务工人员，大部分的进城人员因为种种因素制约而谋求非农就业没有成功，没有工作可干的进城人员因生活困难只能返乡务农，所以，全社会的非农务工机会 O 就是某区域进城求职并获取就业岗位的同一类型农业劳动力占本该区该类型农业劳动力的几率，等于实际获取岗位的外出务工人员总数 M 与同类型农村农业劳动力总数 N 的比值，即 $O=M/N$；用 W 表示外出务工人员的平均工资，则劳动力的务农机

会成本 J_{wn} 表达为

$$J_{wn}=W \cdot O=W \cdot M/N \tag{7-2}$$

2. 劳动力务工机会成本

如前述，劳动力务工收益与务农收益互为机会成本，为此，劳动力务工机会成本就是务农收益。务农收益是劳动力经营与保护耕地的种植业发展过程之中各种收益总和，其价值受劳动力年有效劳动时间和劳动力经营与保护耕地日均价值大小影响。年有效劳动时间是按照 8 小时为一个工作日计算的、能够产生经济效益的劳动日数。劳动力从事耕地经营与保护的日均价值创造能力越大，以劳动日计算的年有效劳动时间越多，则劳动力经营与保护耕地的年收益就越大。用 p_L^s 表示劳动力经营与保护耕地的日均价值，t_l^s 表示某区域劳动力经营与保护耕地的年有效劳动时间，则劳动力务工机会成本 J_{wg} 表达为

$$J_{wg}=p_L^s \cdot t_l^s \tag{7-3}$$

按照成本 – 收益理论，收益是农业总成本和净利润之和。农业总成本由生产成本和土地成本构成，生产成本由物质与服务费用、人工成本构成。在农业总成本的构成项目中，由土地流转租金和自营地折租费用组成的土地成本费用属耕地经营者收益的组成部分，不需要支付他人；由家庭用工折价和雇工费用组成的人工成本中，必须支付的雇工费用很少，家庭用工折价费用属于农业劳动力的价格收益；物质与服务费用中，农家肥完全可以由耕地经营者自己生产，其费用支出部分作为耕地经营者的收益。所以，种植农业的总成本中，需要支出的部分是除农家肥之外的物质与服务费用，包括种子、化肥、农药、农膜、机械、排灌和蓄力等租赁作业、燃料动力、技术服务、工具材料和修理维护等直接费用，以及固定资产折旧、保险、管理、财物和销售等间接费用。基于上述分析不难发现，每个农业劳动力的全部收益实际上为人工费、农家肥费用、土地收益和净利润的总和，将实际收益除以相对应的年有效劳动日数，就得到经营某种农作物的日均收益；然后再利用各种农产品的播种面积或者总产值，进行加权平均分析，就得到劳动力从事种植业的日均收益。用 i 表示农作物的种类，$i=1$, 2, $\cdots$, n, 分别表示水稻、小麦、玉米、大豆、薯类、花生、油菜、棉花、苎麻、黄红麻、甘蔗、甜菜、凉晒烟叶、烤烟、蔬菜等。用 p_i 表示单位面积耕地的第 i 种农产品价格（元 /hm^2），c_i 表示单位面积耕地上除农家肥费用外的物质与服务费用，t_i 表示单位面积第 i 种农产品生产的用工日数（日 /hm^2），则 $\frac{p_i-c_i}{t_i}$ 为每个劳动力每日创造的价值（元 / 日）；s_i 表示第 i 种农作物的播种面积（hm^2），则 $\sum_{i=1}^{n} s_i$ 为区域农作物的总播种面积（hm^2），$s_i \cdot t_i$ 为区域第 i 种农作物生产的用工总量（日），

$\sum\limits_{i=1}^{n} s_i \cdot t_i$ 为区域农作物生产的用工总量（日）。于是劳动力经营与保护耕地的日均价值 p_L^s 的计算式为

$$p_L^s = \sum_{i=1}^{n} \frac{s_i}{\sum\limits_{i=1}^{n} s_i} \cdot \frac{p_i - c_i}{t_i} \qquad (7\text{-}4)$$

用 N 表示区域的第一产业就业劳动力数量，则劳动力经营与保护耕地年有效劳动时间 t_l^s 的计算式为

$$t_l^s = \frac{1}{N} \sum_{i=1}^{n} s_i \cdot t_i \qquad (7\text{-}5)$$

3. 数据来源与说明

第一产业就业劳动力数量 N 和农作物播种面积 S_i 等数据来源于《中国统计年鉴》（2009～2011 年）。外出务工人员的月平均工资数据来源于 2009～2011 年国家统计局发布的《我国农民工调查监测报告》，西部地区主要省（自治区、直辖市）2011 年外出务工人员的月平均工资数据是据 2011 年各省的《农民工调查监测报告》整理。种子、化肥、农药、农膜、机械、排灌、蓄力和农家肥等租赁的直接费用数据，以及燃料动力、技术服务、工具材料和修理维护等直接费用数据，固定资产折旧、保险、管理、财物和销售等间接费用数据，各种农产品价格数据以及每公顷水稻、小麦和玉米等大田农作物的劳动用工日数等数据，是根据《全国农产品成本收益资料汇编》（2009～2011 年）中的相关资料整理。

外出务工人员数据是依据《我国农民工调查监测报告 2010》和《中国第二次全国农业普查资料汇编 2010》中的相关数据分析、测算的结果。国家统计局 2008 年年底建立农民务工调查、监测制度，2009 年、2010 年和 2011 年的监测报告中只有外出务工人员的全国总量而没有分省数据，但在 2011 年的报告中，利用柱状图的方式对 2011 年农民工在输入与输出地的分布情况进行了表达（图 7-8）。

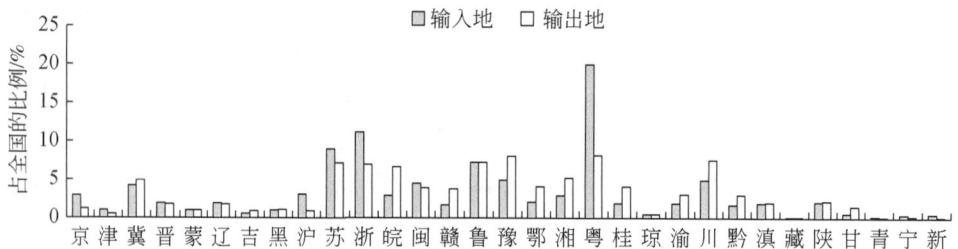

图 7-8　2011 年农民工在输入地与输出地的分布情况

资料来源：2007～2011 年农民工调查监测报告

对图 7-8 中的数据进行分析、判断，提取各输出省占全国输出量的份额，然

后计算各省的份额与同年外出务工人员总数的乘积，得到 2011 年外出务工人员的分省数据。国家在 2006 年进行了第二次全国性农业普查，在《中国第二次全国农业普查资料汇编》[①]中，查询得到 2006 年外出务工人员的全国总数和分省数量。假定外出务工人员数量在 2006 ～ 2011 年呈现平均增长，M 代表 2011 年的外出务工人员数量，M_0 代表 2006 年的外出务工人员数量，r 代表外出务工人员数量在 2006 ～ 2011 年的平均增率，n 代表 2006 ～ 2011 年的年份跨度数量，将 2006 ～ 2011 年的外出务工人员数量资料代入公式 $M=M_0(1+r)^n$，计算得到各省的 r，再利用上述公式和 M_0 计算得到全国和 31 个省（自治区、直辖市）2008 ～ 2010 年外出务工人员数量（表 7-12）；国家统计局公布的 2008 ～ 2010 年外出务工人员总量分别为 14 041 万人、14 533 万人和 15 335 万人（表 7-12）；计算值总量与国家统计局公布的务工人员总数对比，误差分别为 1.10%、1.36% 和 -0.32%，说明计算的 2008 ～ 2010 年外出务工人员数量的信度符合要求。为此，基于国家统计局公布的 2008 ～ 2010 年外出务工人员的总量数据对计算结果中的西部分省数据进行修正，修正结果见表 7-12。

表 7-12　2008 ～ 2010 年西部地区外出务工人员数量　　　（单位：万人）

区域 年份		全国	内蒙古	广西	重庆	四川	贵州	云南	西藏	陕西	甘肃	青海	宁夏	新疆
计算值	2008	14 194.8	101.5	672.9	478.1	1271.1	483.7	279.6	14.1	406.3	225.8	33.0	42.7	29.3
	2009	14 730.4	117.7	669.2	489.0	1264.2	506.2	286.5	14.2	400.7	215.5	25.8	38.7	23.9
	2010	15 286.2	136.5	665.6	500.1	1257.8	529.7	293.6	14.2	395.1	205.7	20.2	35.0	19.4
修正值	2008	14 041.0	101.8	675.3	479.8	1275.7	485.5	280.6	14.2	407.8	226.6	33.1	42.9	29.4
	2009	14 533.0	117.9	670.1	489.6	1266.0	506.9	286.9	14.2	401.2	215.8	25.9	38.7	23.9
	2010	15 335.0	138.4	674.5	506.6	1274.4	536.8	297.5	14.4	400.4	208.5	20.5	35.5	19.7

注：表中数据为计算结果

（二）西部部分地区劳动力保护耕地的机会成本高有损失

按照式（7-1），用劳动力务农机会成本 J_{wn}（表 7-12）减去劳动力务工机会成本 J_{wg}（表 7-13），得到劳动力务农 - 务工的机会成本差 C_{jhcb}。计算结果见表 7-13。

表 7-13　2008 ～ 2010 年劳动力务农 - 务工的机会成本差变化情况（单位：元 / 人）

区域 年份	全国	内蒙古	广西	重庆	四川	贵州	云南	西藏	陕西	甘肃	青海	宁夏	新疆	西部
2008	+263	-4 381	-344	+1 489	+2 517	+1 058	-1 915	+5	+2 191	-338	-295	-418	-8530	-90
2009	+495	-4 293	-640	+369	+1695	-546	-3 194	+257	+1 640	-227	-1 315	-4 722	-13 370	-989
2010	+1 160	-5 691	+536	+2 845	+2 856	+76	-2 958	+593	+1 335	-235	-1 188	-6 833	-15 174	-742

注："-"属于没有机会成本损失的选择，"+"属于有机会成本损失的选择

[①] 资料来源：《中国第二次全国农业普查资料汇编》，2010 年。

四川、重庆、陕西和西藏务农劳动力的机会成本差大于0，有机会成本损失，劳动力外出务工较之于将劳动力配置在耕地经营与保护方面具有明显的优势；内蒙古、云南、甘肃、青海、宁夏和新疆的务农劳动力经营与保护耕地的机会成本差小于0，务农属于合理选择；广西、贵州具有不稳定性，但在2010年的外出务工较之于劳动力经营与保护耕地有优势。上述结论与国家对省内外出务工情况调查中，四川、重庆和陕西等西部地区是农业劳动力外出务工大省的情况是一致的。这进一步说明，我国经济发展的区域差异性决定了耕地质量保护的激励措施也应该具有区域差异性。构建具有区域差异性的耕地质量保护政策平台，是我国走出耕地质量保护"补贴无效陷阱"的关键。

（三）农业劳动时间剩余多是耕地经营与保护机会成本高的主因

耕地经营与保护的机会成本高，意味着务工收益远大于务农收益。务农收益等于务农劳动力保护耕地的日均价值乘以有效劳动时间。

1. 务农劳动力的日均价值高于农林牧渔业的城镇单位就业人员的日平均工资

将相关数据带入式（7-4）中，可得到2008～2010年的西部地区务农劳动力经营与保护耕地的日均收益（表7-14）。

表7-14　2008～2010年西部地区务农劳动力
日均收益的对照　　　［单位：元/（天·人）］

区域\年份	全国	内蒙古	广西	重庆	四川	贵州	云南	西藏	陕西	甘肃	青海	宁夏	新疆
2008	64.9	68.0	59.0	55.3	57.8	46.6	44.4	68.3	38.2	42.3	58.0	38.2	56.7
2009	74.5	70.8	65.5	66.2	82.4	75.9	61.8	70.2	47.9	46.6	67.0	73.2	96.8
2010	90.4	112.7	68.9	65.7	84.4	86.5	66.0	77.4	69.3	55.3	66.7	97.6	110.6

注：表中数据为计算结果

以农林牧渔业的城镇单位就业人员的日平均工资为参照对务农劳动力的日均收益高、低进行判别。城镇单位就业人员的日均工资额等于年工资总额除以年工作日数，职工的年工作日数等于全年时间扣除法定的节假日和双休日数，大约250天/年，据此计算农林牧渔业城镇职工2010年日均工资额，西部地区农林牧渔业城镇职工的人均收益介于63.69～104.08元/（天·人）。将务农劳动力的日均劳动收益减去农林牧渔业城镇单位就业人员的日平均工资额，如果差值大于0就意味着务农劳动力的日均收益超过了农林牧渔业城镇单位就业人员，反之则相反。结果表明，只有重庆、陕西、甘肃和青海4个省（自治区、直辖市）小于0，其他8个的差值都在0以上，西部平均值位于0附近，为-0.18元/（天·人）（图7-9）。重庆市小于0可能与山地地形、地势起伏大，耕地细碎化影响务农劳动力的劳动效率有关；陕西、甘肃、青海等省小于0可能与干旱气候、灌溉水源缺乏影响务农劳动力的劳动效率有关。

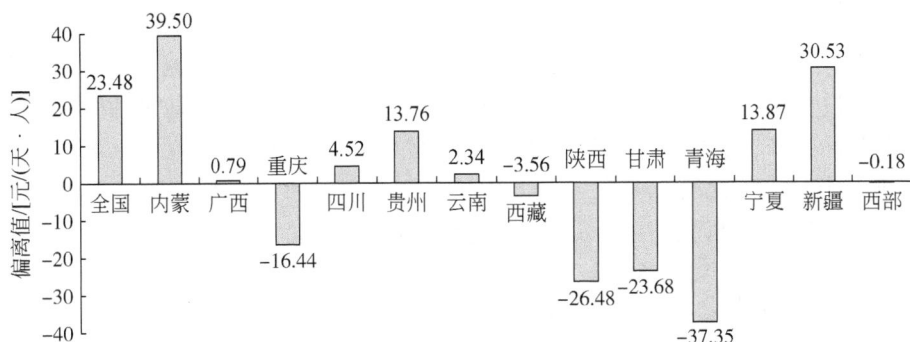

图 7-9　务农劳动力相对于农林牧渔业城镇职工的日均收益偏离情况（2010 年）

　　从务农劳动力的日均价值创造能力和单日收益上看，西部多数地区的务农劳动力的价值创造能力和单日收益都要高于农林牧渔业城镇单位就业人员，全国从事种植业的务农劳动力日均收益也高于农林牧渔业的城镇单位就业人员日均工资水平。从理论上说，多数务农劳动力在单位时间的价值创造能力较强，对激励耕地经营者保护耕地是有利的，草率地认为农业比较劳动生产率较低影响耕地经营者收益进而影响其从事农业生产和保护耕地积极性需要谨慎。

2. 务农劳动力的年有效劳动时间短

　　将《全国农产品成本收益资料汇编》（2009 ～ 2011 年）中的相关资料和第一产业就业劳动力数量数据代入式（7-5）运算，得到每个农业劳动力用于种植业的有效劳动日数。以 2010 年的全国平均值为例，耕地经营者种植 1 亩水稻、小麦和玉米这三种大田农作物的有效劳动日数分别为 7.82 个劳动日、5.64 个劳动日和 7.33 个劳动日。受自然条件的影响，西部各省之间具有差异性，云南、贵州的水稻亩均劳动力用工时间超过了 17 个劳动日，重庆、云南的玉米超过了亩均 15 个劳动日。2008 年以来，务农劳动力的年劳动时间比较稳定，全国稳定在 82 ～ 85 天，西部稳定在 90 ～ 95 天；各省的差异较大，新疆务农劳动力的劳动时间大于 144 天，西藏少于 30 天（表 7-15）。

表 7-15　2008 ～ 2010 年农户务农劳动力的
有效劳动日数变化　　　［单位：天 /（人·年）］

区域\年份	全国	内蒙古	广西	重庆	四川	贵州	云南	西藏	陕西	甘肃	青海	宁夏	新疆	西部
2008	84	98	98	132	82	85	90	29	89	99	63	114	166	95
2009	82	101	99	141	74	82	89	27	90	90	62	117	146	92
2010	85	86	94	139	77	82	88	26	83	87	58	113	144	90

重庆和宁夏的种植业劳动时间偏多，青海和四川偏少，其他省（自治区）接近全国或西部的平均值。受到机械代替人力、化肥施用量增加等因素影响，多数省务农劳动力从事耕地经营与保护的有效劳动日数不同程度地有所缩减。农作物生长过程具有周期性、季节性，农作物的生命周期的长短与地理纬度和海拔高度有关，玉米、水稻、小麦等大田粮食作物的农业生产时间都在 150 天以上，与农业生产时间相比较，务农劳动力用工时间要小得多。平均而言，务农劳动力与农林牧渔业城镇职的年劳动时间相比，全国平均值仅相当于农林牧渔业城镇职工年劳动时间的 1/3 左右，西部平均值仅相当于 36%～38%，西藏仅相当于 10.4%～11.6%。务农劳动力的年有效劳动时间少是影响其年总收入的关键。要调动耕地经营者将劳动力配置到耕地经营与保护方面，关键在于通过搭建增加务农劳动力的年有效劳动时间平台，通过增加有效劳动时间而实现增收目的。

3. 有效年劳动时间短影响年收益、增大机会成本差提升机会成本高

劳动力务工机会成本的高低受劳动力务农的日均价值和年有效劳动时间两个因素影响。劳动力务农的日均价值和年有效劳动时间的乘积就是劳动力的务工机会成本，也就是务农创造的年价值。将表 7-14、表 7-15 数据代入式（7-3），就得到劳动力的务工机会成本，结果见表 7-16。

表 7-16　2008～2010 年西部地区农户务
农劳动力创造的年价值　　　[单位：元/（人·年）]

区域 年份	全国	内蒙古	广西	重庆	四川	贵州	云南	西藏	陕西	甘肃	青海	宁夏	新疆	西部
2008	5 451	6 662	5 782	7 300	4 740	3 964	4 000	1 981	3 399	4 189	3 651	4 353	9 404	5 009
2009	6 111	7 150	6 482	9 340	6 101	6 221	5 501	1 895	4 313	4 197	4 153	8 568	14 139	6 320
2010	7 680	9 690	6 475	9 138	6 502	7 090	5 811	2 012	5 749	4 808	3 870	11 032	15 929	7 208

表 7-16 表明，劳动力务工机会成本（即务农劳动力经营与保护耕地创造的年价值），全国介于 5451～7680 元/（人·年）、西部地区介于 5009～7208 元/（人·年），务农劳动力创造的年收益不到 1 万元。尽管劳动力务农的日均价值创造能力较强（表 7-14），但因人均经营的耕地数量不足导致务农劳动力的年有效劳动日数较少（表 7-15），劳动力务工机会成本（务农创造的年价值）也不高。西部劳动力的务工机会成本为全国平均值的 92%～94%，意味着西部地区务工要放弃的务农收益比全国要少，这与西部地区耕地的质量等级整体上低于全国平均水平、耕地经营与保护收益相对偏低有关。而西部的新疆、内蒙古、宁夏等省（自治区）因为人均耕地资源数量多，年有效劳动时间较多，人均价值创造能力较高，劳动力务工的机会成本较高。

农业劳动力是在劳动过程中创造价值，在单位劳动时间的价值创造量一定的情况下，有效劳动时间越长，劳动时间剩余就越少，其价值创造就会越多，个人收益也就越多，相反，其价值创造就越少，个人收益也就越少。上述分析表明，西部地区农业劳动力的劳动时间剩余量较大，减少了价值创造的有效劳动时间。尽管农业劳动的价值创造能力不低于或高于农林牧养业的城镇职工，但因为有效的劳动时间相对较少，导致了农业劳动力的年均收益在很大程度上要比城镇职工少，进而影响到耕地经营者从事农业和耕地保护的积极性，对耕地经营与保护行为产生厌恶情绪，进而导致耕地经营者，特别是年轻人产生离开耕地、挣脱耕地束缚的愿望与行动。为此，延长农业经营的产业链条，增加有效劳动时间进而增加收益，成为激励务农劳动力保护耕地积极性的主攻方向。

二、耕地经营者保护耕地中的正生态外部性价值损失

西部农户耕地保护中的生态外部性价值是农户未能够享受到的生态溢出效益。农户在耕地保护活动中利用植物的生长属性，通过投入可以自由支配的劳动力、资金等生产要素获取农产品收益的同时，植物的生命活动过程对耕地所在区域环境产生涵养水源、水土保持与净化土壤、改善小气候和大气质量、保持生物多样性等正面影响，同时为耕地所在区域的经济社会提供了开敞空间及景观、科学文化等生态服务。耕地生态服务与农户投入可支配劳动力和资金等生产要素有关，其价值伴随农户劳动过程和农作物生命活动过程，无法储存、无法运输、无法买卖、消费没有排他性，成为了农户无法收获的正外部性价值，并与耕地社会效益构成耕地服务价值的主体[12]。为此，将其置于政府公共权力控制之下实现外部性价值内部化[13]，让耕地保护行为主体有利可图[14]，对增加耕地保护供给[15]，提供社会需求的耕地外部性价值[16]，已经成为研究耕地保护经济补偿机制[17]的理论支点。但已有研究表明，耕地生态外部性价值的量化方法各异[18]，区域性实证研究关于生态外部性价值的测算结果差异大，从西部宏观层面研究农户保护耕地的生态外部性价值的成果少见。

（一）研究方法与数理说明

1. 研究方法演进

（1）耕地生态服务价值当量与单价

Costanza[19]等将地球表面划分为公海、海湾、海草—海草床、珊瑚礁、大陆架、森林、草原/牧场、湿地、河/湖、沙漠、冻土、冰/岩石、耕地、城区等生态群落，从大气调节、气候调节、扰动调节、水调节、水供应、侵蚀控制、土壤形成、养分循环、废物处理、划分传播、生物控制、栖息地、食物生产、原材料、遗传资源、娱乐、文化17个方面对各生态群落的生态服务平均经济价值进行评估，得

出耕地生态系统在花粉传播、生物控制和食物生产等方面的生态服务价值分别为14、24、54美元/（hm²·年），而其他方面的生态服务价值不存在或者小到忽略不计的结论（表7-17），从科学意义的角度明确了包括耕地生态系统在内的全球各类生态系统的生态服务价值估算原理及研究方法[20]。

表 7-17　单位面积耕地（农田）生态系统生态
服务价值当量与单价表　　　［单位：美元/（hm²·年）］

一级类型	供给服务		调节服务				支持服务		文化服务	合计
二级类型	食物生产	原料生产	气体调节	气候调节	水文调节	废物处理	土壤保持	花粉传播与生物控制	提高美学景观	
当量	1.00	0.00	0.00	0.00	0.00	0.00	0.00	0.70	0.00	1.70
单价	54	0.00	0.00	0.00	0.00	0.00	0.00	38	0.00	92

注："当量"数据根据文献[19]、"单价"数据根据文献[20]中相关数据整理

受国际研究的影响，谢高地等[20]将生态服务被划分为气体调节、气候调节、水源涵养、土壤形成与保护、废物处理、生物多样性维持、食物生产、原材料生产、休闲娱乐9类，对200位接受过生态学教育背景的学者进行引导式问卷调查与统计分析，提出生态效益评价权重因子概念并将其定义为"1hm²全国标准产量的农田每年粮食自然产量的经济价值"的权重因子等于1，制定了国内的单位面积耕地（农田）生态系统生态服务价值当量，然后给出了全国平均状态的农田生态系统单位面积生态服务价值的单价，编制了生态系统生态效益评价权重因子表。几年以后再以相同的内容和结构，选择500位学者再次进行问卷调查，并依据有效问卷的相关分析数据对前次编制的生态系统生态效益评价权重因子表进行修订。两次问卷调查制定的国内农田生态系统单位面积生态服务价值当量列在表7-18中。

表 7-18　单位面积耕地（农田）生态系统生态
服务价值当量与单价表　　　［单位：元/（hm²·年）］

年份	一级类型	供给服务		调节服务				支持服务		文化服务	合计
	二级类型	食物生产	原料生产	气体调节	气候调节	水文调节	废物处理	土壤保持	多样性维持	提高美学景观	
2003	当量	1.00	0.10	0.50	0.89	0.60	1.64	1.46	0.71	0.01	6.91
	单价	884.9	88.5	442.4	787.5	530.9	1451.2	1291.9	628.2	8.8	6114.3
2007	当量	1.00	0.39	0.72	0.97	0.77	1.39	1.47	1.02	0.17	7.9
	单价	449.10	175.15	323.35	435.63	345.81	624.25	660.18	458.08	76.35	3547.89

注：表中"当量"数据根据文献[20]、"单价"数据根据文献[21]中相关数据整理

（2）单位当量因子价值量模型

用E_a表示单位当量因子的价值量（元/hm²），i表示粮食作物种类，

$i=1$，2，…，n，p_i 表示第 i 种粮食作物全国平均价格（元/kg），q_i 表示第 i 种粮食作物单位面积产量（kg/hm²），m_i 表示第 i 种粮食作物播种面积（hm²），M 表示 n 种粮食作物的总播种面积（hm²）。依据谢高地等[21]的"1 个生态服务价值当量因子的经济价值量等于当年全国平均粮食单产市场价值的七分之一"的研究结论，牛海鹏等[17]基于农作物播种面积，构建单位当量因子价值量模型（7-6）：

$$E_a = \frac{1}{7}\sum_{i=1}^{n}\frac{m_i p_i q_i}{M} \tag{7-6}$$

模型突出的是按照单位播种面积统计的农作物对环境、社会贡献的生态价值量，表达的是每公顷农作物在生长周期内创造的生态效益。

2. 单位当量因子价值量模型扩展与耕地生态外部性价值量模型

（1）单位当量因子价值量模型扩展

由于农田生态系统的运行具有严格的周期性，其周期性受到从南到北的热量带差异的影响，以不同热量带的耕地系统为基础建立的农田生态系统也具有显著差异，以及单位耕地面积的复种指数从南向北减少，进而决定着以单位播种面积为基础计算的单位当量因子的生态服务产品价值，不能突出行为主体的耕地经营与保护行为在单位时间（年）内向环境贡献的生态价值量，为此，本书提出以耕地面积为基础，建立单位当量因子价值量的扩展模型。

用 E_g 表示单位当量因子的生态服务价值量（元/hm²）；用 M_g 表示耕地面积（hm²），其他符号、代码的意义同模型（7-6），单位当量因子价值量的扩展模型见式（7-7）：

$$E_g = \frac{1}{7}\frac{M}{M_g}\sum_{i=1}^{n}\frac{m_i p_i q_i}{M} \tag{7-7}$$

与式（7-6）相比，扩展模型中增加了耕地面积变量。不仅如此，由于式中的 $\dfrac{M}{M_g}$ 代表复种指数，复种指数体现了耕地利用的区域差异性，进而使得农户经营与保护耕地过程中的生态外部性效益测量更加具有区域性意义，并依据该模型的实证研究，更加贴近耕地利用与保护的实际。

（2）农户保护耕地的生态外部性价值量模型

用 c_i 表示耕地生态系统单位面积生态服务价值当量因子的当量，$i=1,2,…,8$，分别表示气体调节、气候调节、水文调节、废物处理、保持土壤、生物多样性维持、开敞空间及景观、科学文化效益，c_i 列在表 7-18 之中。ST_p 表示耕地生态服务产品外部性的总价值，则基于耕地（即农田）生态系统生态服务的单位当量因子价值量 E_g 的扩展模型式 7-7，建立农户耕地生态服务产品的外部性价值量模型见式 7-8。依据式 7-8，结合研究区域的相关数据，可测量出农户在耕地经营与保护过程中，向生活贡献的耕地生态外部性效益的价值量大小。

$$ST_p = E_g \cdot \sum_{i=1}^{6} \cdot c_i \qquad (7\text{-}8)$$

3. 数据来源与说明

耕地面积 M_g（hm^2）源于《中国国土资源年鉴》（2006～2011年），其中，西部地区2005～2008年分别为当年年初耕地面积，2009～2012年各省的耕地面积均为2009年年初耕地面积；第 i 种粮食作物全国平均价格 p_i（元/kg）源于《中国统计年鉴》（2006～2013年）；第 i 种粮食作物单位面积产量 q_i（kg/hm^2）、第 i 种粮食作物播种面积 m_i（hm^2）、n 种粮食作物的总播种面积 M（hm^2）等原始数据均来源于《中国农业统计年鉴》（2006～2013年）；耕地（即农田）生态系统单位面积生态服务价值当量因子的当量 c_i 依据谢高地等[21]研究成果。

（二）西部农户向社会无偿提供的耕地生态外部性价值量较大

按照数据来源说明中的相关要求，将查询得到的相关数据分别代入或（7-7）和式（7-8）运算，得到2005～2012年的耕地（农田）生态系统的生态外部性价值量，其结果见表7-19。

表7-19　2005～2012年耕地生态服务外部性价值　　〔单位：元/（$hm^2\cdot$年）〕

年份 区域	2005	2006	2007	2008	2009	2010	2011	2012
内蒙古	4 498	4 844	6 119	6 497	6 093	7 135	7 206	6 918
广西	11 796	12 883	13 775	15 377	16 158	16 244	15 708	16 105
重庆	9 466	7845	11 035	13 183	10 956	11 659	12 129	11 877
四川	10 462	9 830	11 939	13 469	12 616	14 491	13 125	13 428
贵州	5 104	5 449	6 250	7 148	6 217	7 285	7 359	7 444
云南	5 540	6 022	6 373	7 402	10 891	8 769	8 946	8 855
西藏	4 564	4 414	5 586	6 770	6 126	6 901	6 211	6 536
陕西	4 023	4 726	5 351	6 198	6 250	7 044	6 211	6 426
甘肃	3 307	3 320	3 802	4 564	3 802	4 674	4 237	4 313
青海	4 160	4 173	5 664	7 695	5 358	6 230	7 524	6 380
宁夏	5 481	5 885	6 621	7 239	7 558	8 678	7 896	7 750
新疆	6 953	7 851	7 954	8 462	8 885	8 284	8 908	8 832
西部	6 478	6 660	7 871	8 919	8 990	8 950	8 788	8 739

2005～2012年，西部地区单位面积耕地生态外部性价值的均值为8174元/（$hm^2\cdot$年），各省耕地为社会提供的生态外部性价值的均值具有显著差异性（图7-10），其价值量变化在4002～14 756元/hm^2。耕地外部性价值量的大小分布与省的降水量的空间分布等密切相关，在降水量相对丰富的西南地

区及广西，其耕地的生态外部性价值量明显较青藏高原和西部内陆省份高。在西北内陆，新疆、宁夏等省水热条件较好的省（自治区）较其他内陆省份明显要高。水热条件较好地区的农户，向社会无偿提供的耕地生态外部性价值量较大。建立耕地生态外部性价值的农户补偿机制具有必要性。

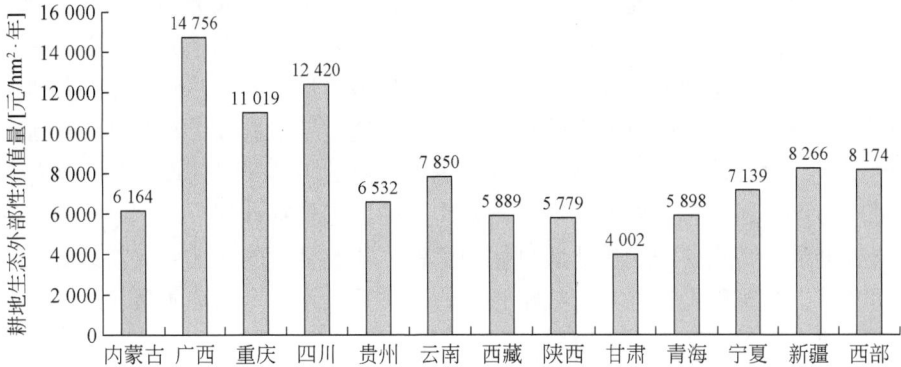

图 7-10　2005～2012 年西部地区耕地生态外部性价值的平均值

三、耕地经营者保护耕地损失经济补偿的出路

（一）劳动力机会成本损失补偿的出路

1. 增加经营耕地面积提增有效年劳动时间较长时期难实施

如果种植农业劳动力的劳动时间要向城镇职工看齐，就要增加每个种植农业劳动力的经营耕地面积。用城镇职工的工作时间除以种植农业劳动力的工作时间，其结果再除以农业劳动力实际经营耕地的数量，就可得到一个全职种植农业劳动力应该经营的耕地面积。图 7-11 中，就全国而言，2010 年实际耕种耕地 0.44hm²，一个全职农业劳动力理论上应耕种 1.28hm²；就西部地区而言，每个农业劳动力 2010 年实际耕种耕地 0.44hm²，一个全职农业劳动力理论上应耕种 1.22hm²。

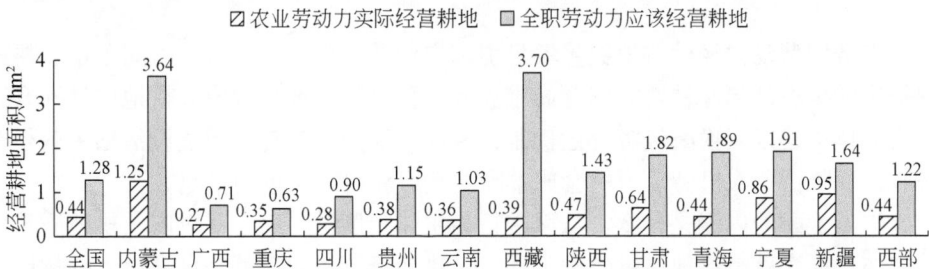

图 7-11　2010 年西部地区农业劳动力实际经营耕地和全职劳动力的理论面积对比

2. 务农劳动力参与耕地质量建设工程增加有效劳动时间、降低机会成本

分析表明，通过劳动力转移减少乡村劳动力，快速增加务农劳动力经营的耕地数量而增收可能性不大。在城镇大量接纳乡村劳动力转移的能力有限、劳动力的素质偏低、在城市就业的竞争力不强、非农就业机会偏少的情况下，政府基于粮食安全背景，依托耕地进行粮食生产能力建设，实施务农劳动力参与的耕地质量建设工程，创造更多的就业岗位帮助耕地经营者增收是缩小务农、务工机会成本差的关键。考虑到耕地数量保护靠政府、耕地质量提高的基础细胞在耕地经营者的耕地保护行为，以及务农劳动力愿意就地通过增加有效劳动时间以增加年收益的愿望，建议国家政府实施以土木工程为内容的耕地质量建设计划、实施耕地质量产品化计划和有条件购买耕地质量产品的以工代补计划，即国家出钱、耕地经营者出工，实施参与式耕地质量保护工程，让改良后的耕地变成耕地经营者的劳动产品，国家购买这种具有战略意义的、关系粮食安全的高质量耕地产品，既增加劳动力收入，又提高耕地质量。

（二）生态补偿是耕地经营者生态外部性补偿的出路但任重道远

生态外部性损失具有客观性。生态外部性损失，引起劳动力的收益减少、对耕地保护的热情不高。但生态外部性年价值量具有不稳定性，科学评估农户在耕地经营与保护中的生态外部性损失和制定国家层面的耕地生态外部性补偿政策具有困难性。

实施西部大开发以来，在西部地区基于退耕还林的生态补偿，一方面，其补偿量远远低于农户的预期，另一方面，退耕还林将劳动力从土地解放后，没有为其提供更好的出路，给地方发展带来了困难。综上所述，耕地经营者的生态外部性补偿，还是要坚持务农劳动力参与耕地所在环境的生态建设，以劳动换收入的思路。

第三节　以工换酬的区内补偿机制

在务农劳动力经营耕地数量不足引起农业劳动力的有效劳动时间不足、耕地保护中的生态外部性补偿等问题尚难克服的背景下，地方政府以耕地质量提升工程为载体构建以工换酬经济补偿机制，务农劳动力在参与工程建设活动中获得经济收入而降低务农机劳动力的会成本高，政府获得高质量的耕地。

以工换酬的内涵是什么？从微观行为主体角度讲，工，对政府（耕地质量保护主体）而言就是耕地质量建设工程，对耕地经营者而言就是自己投入的耕地质量保护劳动及其形成的耕地产品；换，即产品交换、购买，政府作为保护主体支付报酬交换耕地经营者的耕地质量产品；酬，即耕地经营者保护耕地质量的劳动报酬。以工换酬，就是基于政府对高质量耕地的需求性、耕地经营者对劳动报酬的需求性、耕地质量改善状况的可测量性、耕地质量改善成果的可保存性，耕地经营者把质量改善后的耕地作为承载质量保护劳动的产品换取劳动报酬，政府支付耕地经营者耕地质量保护劳动报酬获取耕地质量产品，其本质是以劳动换收入。以工换酬区内补偿机制，其基础在"工"，无"工"则耕地经营者就缺乏工作的对象和取得劳动报酬的载体；其关键在"酬"，一是耕地经营者做工后要有酬劳，二是组织耕地经营者从事质量保护活动的政府，要筹集足够的耕地质量保护资金；其核心在"换"，一方面是政府要对区域耕地质量建设进行总体部署、明确目标任务、考核的技术指标与标准，同时要建立管理机构与工作机制，另一方面是耕地经营者要接受指导，按照与政府的约定开展质量建设工作，没有完成约定的耕地质量保护任务就不能取酬。

一、补偿主体与补偿受体

中央政府是耕地质量保护主体，理当成为经济补偿主体；地方政府代理中央政府实施耕地质量保护计划，是耕地质量保护经济补偿的实施主体。二者均为补偿主体。耕地质量与粮食综合生产能力具有正相关关系，提升耕地质量有利于缓解耕地数量减少的压力。中央政府和地方政府都承担着粮食安全责任，实施耕地质量保护计划，二者都是受益者。

承（转）包耕地的耕地经营者是耕地质量的直接影响者，承担改善耕地质量的具体任务，理当成为耕地质量保护经济补偿对象，即经济补偿受体。在耕地质量保护与建设中，承（转）包耕地的耕地经营者必须投入劳动力，劳动力是其可自由支配、创造价值的资源，将劳动力配置在耕地质量保护领域，需要得到承认，需要有经济收入回报。

二、保护耕地质量的以工换酬补偿机制的运行与管理

保护耕地质量的实质是确保耕地质量或地力在现有水平上不再降低或有所提升的行为，包括耕地质量维护、耕地质量建设、耕地质量监督和管理等环节（图 7-12）。

（一）规划实施以耕地质量建设为主的山水田林路综合治理工程

政府基于粮食综合生产能力建设的需要，构建耕地质量建设项目，让耕地经营者参与政府主导的耕地质量建设与耕地质量维护等耕地质量保护工程，增加劳动力务农的有效劳动时间。

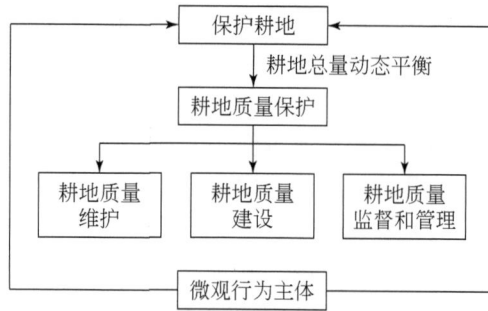

图 7-12　耕地质量保护的基本环节

1. 坡耕地改造工程

西部尚有 2117 余万 hm² 坡耕地需要治理改造，占到西部坡耕地总量的四分之三。尚未改造的坡耕地中，$2° \sim 6°$ 的坡耕地占 543.9 万 hm²，$6° \sim 15°$ 的坡耕地 809.1 万 hm²，$15° \sim 25°$ 的坡耕地 764.1 万 hm²[①]（表 7-20）。耕地坡度属于不稳定的限制性因素，在人为因素干扰作用下易得到改善；因地制宜的坡耕地治理技术类型多、技术成熟，为合理规划与实践奠定了可行性基础。

表 7-20　西部地区需要改造的坡耕地面积　　　　　（单位：万 hm²）

区域	$2° \sim 6°$		$6° \sim 15°$		$15° \sim 25°$		需要坡改梯面积合计
	坡耕地面积	未改造面积	坡耕地面积	未改造面积	坡耕地面积	未改造面积	
内蒙古	219.42	219.42	72.19	72.19	8.58	8.58	300.19
广西	126.5	80.98	59.5	35.01	36.69	29.52	145.51
重庆	42.3	8.5	85.2	40.47	83.62	61.26	110.23
四川	105.3	36.28	221.2	139.76	159.39	123.71	299.75
贵州	73.6	33.64	173.6	116.62	169.1	138.15	288.41
云南	91.1	56.47	199.8	161.52	234.99	204.02	422.01
西藏	7.2	3.07	6.6	2.42	4.19	2.13	7.62
陕西	51.4	0	94.4	72.5	104.5	88.3	160.8
甘肃	64.3	46.12	152.8	123.46	127.19	110.41	279.99
青海	8.4	8.14	16.7	16.23	10.53	10.04	34.41
宁夏	15.8	15.72	31.4	31	13.4	13.4	60.12
新疆	11.55	11.55	5.77	5.77	0	0	17.32
西部	836.1	543.9	1101.3	809.11	921.49	764.16	2117.17

西部地区坡耕地整治可以分步实施，首先解决 $2° \sim 6°$ 坡耕地的坡度治理工程，然后有条件地改造 $6° \sim 15°$ 和 $15° \sim 25°$ 的坡耕地。据统计，$2° \sim 6°$ 坡

---

① 资料来源：人地系统主题数据库 http://www.data.ac.cn/。

耕地只有陕西治理、改造完毕，内蒙古和新疆没有治理，其他9省（自治区、直辖市）各自不同程度地整治了一部分；目前，从尚未整治的 $2°\sim6°$ 坡耕地省分布来看，主要集中在内蒙古、广西、云南、贵州、四川和甘肃，合计472.91万 hm^2，占未改造的该类耕地的86.95%。如果 $2°\sim6°$ 尚未治理坡耕地的治理率达到90%，$6°\sim15°$ 尚未治理坡耕地的治理率达到50%，$15°\sim25°$ 尚未治理坡耕地的治理率达到30%，则整治坡耕地数量分别为500万 hm^2、400万 hm^2、230万 hm^2，总计整治1130余万 hm^2 坡耕地。加上已经实施坡改梯工程的740余万 hm^2 耕地，坡耕地整治总量达到1870余万 hm^2，整治率达到65%，则西部耕地的坡度限制性将会得到很大程度的缓解，耕地质量能够得到较大提升。

2. 基本农田水利设施的建设与维护工程

季节性气候区的夏季多雨易涝，冬季少雨易旱，解决方法是进行大到大江大河治理、小到沟田渠堰塘和小水窖的维护等农田水利建设。西北地区的水窖帮助农户在下雨时把雨水储藏起来，等到不下雨时使用，在很大程度上缓和了人—水矛盾；西南地区降雨量极为丰富，想到涝多、考虑旱少，农田水利设施建设跟不上实际需求，靠天吃饭的"望天田"多。为此，国家应该调整水利投资方向，拨出专门的基本农田水利建设经费，让务农劳动力在农闲时因地制宜地修建或者维护具有排、灌、贮功能的渠、沟、塘和堰等基本水利设施。初步测算，如果能够从上千亿的水利资金中，每年拨出600亿元专门用于粮食主产区的沟、塘、渠、堰的建设，不但贮水于田（地）提高耕地综合生产能力，而且能够增加1000万个乡村劳动力就业岗位，增加务农收益、提高耕地保护者耕地保护积极性，还能保障国家粮食安全长治久安。

3. 耕地土壤肥力提升与维护工程

农作物的生物循环中，对某些矿质养分具有选择性吸收特点，吸收率大的矿质养分被人们在收获农产品时带走。耕地复种指数越高，产量越高，带走的养分也就越多，如果要保证作物单位面积的产量增加就必须增施肥料。化肥施用过量又会导致土壤板结，向土壤施用有机肥是既补充肥力又能够防止土壤板结的好办法。国内外实践证明，秸秆还田既提高秸秆利用率，又节约成本，是土壤增肥地力最好办法之一。秸秆是主要的有机肥源，在发达国家秸秆利用时间已长达百年，秸秆利用率达到80%。秸秆还田改善了农田生态环境，减少化肥的施用量，在环保和农业可持续发展中起到非常重要的作用。秸秆还田具有促进土壤有机质及氮磷钾等含量的增加、提高土壤水分的保蓄能力、改善土壤性状、增加土壤团粒结构等优点 [22]。

重庆市到2010年已在25个区县的重点乡镇实施秸秆腐熟还田、推广使用商品有机肥和恢复种植绿肥，实施区域土壤有机质提高了15%，每亩节省化肥

5～10kg，每亩节肥增收 81.8 元 [23]。无论是堆沤还田还是直接还田，无论是覆盖还田还是翻压还田，为了加快秸秆腐解，将秸秆切割、粉碎是必要的。机械和劳动力的投入量较大，增肥效果虽好但耗时、耗力、耗资金。为此建立必要的耕地保护投入机制非常必要。

（二）投入 - 补偿制度建设与实施

1. 从制度层面确保耕地质量保护资金投入国家化

（1）耕地质量保护资金投入国家化

耕地质量保护资金投入国家化，就是变耕地保护资金农户投入为国家投入。事实上，耕地质量保护除了农户的农业劳动和时间要素投入外，还需要资金的投入，资金投入依靠农户不太靠谱。Prosterman[24] 在研究产权与投资的认知关系中发现，有 23.27% 的受调查者认为土地归自己所有，只有认为土地归自己所有的人才愿意对经营耕地进行投资。对西部地区耕地保护者进行参与耕地保护帮扶意愿进行了调查，82.18% 的农户需要资金支持；对包括山水田林路综合治理和土地整理等耕地质量建设的资金投入与组织主体调查，只有 3.16% 的受调查者认为土地综合治理项目由村民自发组织；对农户开展了耕地保护的目的与资金投入关系认知调查，96.42% 的受访者认为耕地保护为了保障国家粮食安全，59.81% 的受访者认为耕地保护为了保障农民养老，44.06% 的受访者认为耕地保护为了调节气候，75.74% 的受访者认为耕地保护为了防止水土流失、保护土壤，23.06% 的受访者认为耕地保护是作为家庭经济持续受益的来源①，这些数据说明绝大多数耕地经营者已经将耕地保护的目的上升到国家、社会需要层面，他们希望通过自己的耕地质量保护活动获取经济收益；把耕地作为后半生养老之用的耕地经营者没有想到在年轻时期依靠耕地赚钱，甚至可能将耕地流转给他人耕种，他们自己不愿意也不可能在耕地保护方面投资；将耕地作为家庭收益主要来源的耕地经营者可能对耕地保护进行投资，但不到受访者的四分之一，且又是贫困家庭，想投入也力不从心，同时受耕地产权引起的未来耕地使用权的不确定性影响，在落实自我投资方面还需要时间来证明。

耕地经营者在耕地质量保护方面有投入愿望而投入行动不足，多数农户并没有把农业生产经营当作一个经济产业来对待，并直接导致农户对耕地生产的投入低下，不仅劳动力投入少，而且水利等农业基础设施建设投入也少 [25]。调查表明，常年在家从事农业生产的绝大多数是妇女、老人，农业基础设施特别是水利设施普遍存在灌溉渠道老化，毁损严重的现象；尽管有 51.9% 的受访者愿意对承包耕

---

① 根据本书课题组 2010～2012 年问卷访谈调查的数据统计结果整理。

地进行水利建设和土壤改良投资，但实际上除了施用农家肥外，真正在近10年内投入资金进行水利建设和土壤改良的耕地经营者比重不高，长期施用对土壤具有改良作用的农家肥的人只占35.3%，有投入愿望、投入行动较为缺乏是多数耕地经营者的真实写照；不愿在耕地保护上投资的主要原因，63.1%的受访者选择投入回报低、22.5%的受访者选择担心承包地会被调整、14.4%的受访者担心承包地被征用①，调查结果与连刚等[26]的实证研究相互印证。依靠农户投入，耕地保护资金难保障，要确保耕地保护资金的持续投入，必须以国家投入为主体；只有实现耕地质量保护资金投入国家化，才能推动保护耕地质量的务农劳动资本化。

（2）耕地质量保护资金国家投入常态化和补偿常态化

耕地质量保护资金国家投入常态化，是指为了耕地质量和立地环境的持续改善，国家要按照年度持续投入资金，以保障耕地经营者持续投入劳动和时间，使耕地保护性投入成为一种制度。耕地质量保护的经济补偿常态化，是指耕地经营者从耕地保护中获取的收益具有可持续性，而且这种收益能够持续支持农户愿意将劳动力投放在耕地保护方面。事实上，国家开辟中低产田地改造项目、金土地项目、针对贫困地区的"以工代赈"项目等，资金投入不具有可持续性，耕地经营者获取经济收益只在项目实施期间，项目结束后又失去经济补偿来源，贫困的务农劳动力如果不进城务工，会很快返贫。通过验收的耕地质量保护项目因缺乏后续跟进管理，耕地质量和耕地所在区域的立地环境可能又会出现退化局面。通过建立耕地质量保护资金投入常态化机制，耕地质量持续管理与改善、耕地经营者通过合法劳动持续增加收入才有制度性经济基础。

在西部地区，随着西部大开发战略的实施，耕地数量减少是必然的趋势，保护耕地数量的目的在于使耕地减少速度放缓，使人口变动与耕地数量变动保持相互适应的良性互动态势，所以，中央政府要继续推行耕地数量保护政策，数量保护要成为地方政府的自觉行动。相比较而言，西部地区的耕地经营者对耕地质量保护有更高的呼声，要求保护耕地质量者2.5倍于要求保护耕地数量者②。落实耕地质量保护，关键在于将真正的优质耕地划为基本农田，同时，加强投入，分步骤、有计划，将基本农田建设成为高标准农田，提高耕地的综合生产能力。耕地作为农作物的立地场所、农业产业的载体，其地位与工业生产的厂房、生产产品的机器设备一样重要；发展工业的厂房需要投资修建、维护，机器设备需要技改、更新和维护，那么，发展农业的耕地当然也需要通过投资修建农田基本水利设施、进行山水田林路综合治理，需要通过改造土壤提升地力，所以，已经开展的、呈现点状分布的各类耕地质量工程项目，应上升为维护粮食安全的国家战略，

---

① 根据本书课题组2010～2012年问卷访谈调查的数据统计结果整理。

② 根据本书课题组2010～2012年问卷访谈调查的数据统计结果整理。

把耕地质量提升工程作为一项长期战略，成为农业持续投入，成为耕地经营者改天换地的常态工程。

2. 从制度层面确保保护耕地质量的务农劳动资本化

耕地质量保护的务农劳动资本化，就是让西部地区耕地经营者参与耕地质量保护的劳动投入成为挣钱的资本，就是在农业生产的价值核算中要考虑耕地经营者为改造耕地质量而投入劳动的价值量。事实上，我国的《土地管理法》将耕地保护作为耕地承包者的义务进行规定，这种规定从制度层面上说明了耕地承包者的耕地质量保护行为要自己承担成本，同时不能获益，所以，从修订土地法入手，在制度层面改变这种状况非常必要。调查发现，尽管绝大多数耕地经营者认同耕地保护，但继续就"您是否愿意参与耕地保护"进行提问，选择不愿意参与的耕地保护者占到被调查者总数的 42.68%，进一步了解不愿意参与的原因，86.25% 的人认为参与耕地保护不仅对提高家庭收入没有多大帮助，而且还要自己承担耕地保护成本①，田野调查的数据也进一步佐证了从制度层面确保耕地质量保护的务农劳动资本化的重要意义。

在自给自足、人少地多的农耕时代，受耕地数量多、宜耕土地资源多、劳动力资源少、外劳动投入除了农业领域外没有更好去向、生产目的主要是为了满足家庭生活需求等因素影响。农业生产主要依靠耕地的自然肥力，自然肥力不能满足农业生产需要后可以重新开辟新耕地，社会没有对耕地经营者提出保护耕地的要求，耕地经营者也不需要在耕地平整、增厚耕作层和人工增加土壤有机质等方面投入劳动，或者说在保持耕地肥力等方面的劳动量投入较少。人们从耕地使用价值角度，关心在利用耕地能否继续利用，能否继续利用的判断依据是农产品产量增减，不能继续利用的就弃耕，对改造耕地的劳动投入并不十分在意。

随着人口增多、城市化进程加快，人均占有耕地数量快速减少，人地关系越来越紧张，人地矛盾越来越突出，在维持其自身的粮食与食物需求的同时，耕地经营者要为城市人口提供更多的商品粮和动物产品。要实现这个社会目标，耕地经营者需要投入更多的劳动、资金、时间，通过新修农田水利设施、改善基本农田的田间条件、平整土地和人工增加耕作层的有机质含量等措施，改善耕地质量、提高单位耕地面积的粮食产量。耕地经营者在增加劳动力、资金、时间等要素投入提高耕地质量，依托耕地增加收益、保障社会粮食安全的同时，因耕地经营者为粮食增产目标而改造耕地环境与质量的劳动投入没有计算报酬，加上农产品的附加值低，粮食增产带给耕地经营者的经济收益不足以满足为增产而增加的劳动量投入。

---

① 根据本书课题组于 2011 年 6 月～ 2012 年 1 月，对四川、重庆、新疆、甘肃、云南、广西 6 个省、市的 84 个县 354 个村 703 户耕地经营者进行问卷调查与访谈．数据是根据问卷访谈调查的统计结果整理。

　　值得注意的是，在城市化较为发达的今天，农户的劳动力、资金和时间等要素逐渐变得稀缺，其投向除了农业生产领域外，更好的领域在第二次产业和第三次产业领域。劳动力投向农业领域是以损失第二、第三次产业的机会成本为代价，即从事农业和耕地质量保护的农业劳动力，收益得到少、损失多，长此以往，耕地经营者可能会不再愿意增加农业劳动投入。为此，我们认为，耕地经营者的收益除了农作物果实、秸秆收益外，还应包括耕地质量产品的货币化收益，从制度层面改革农业经济核算方法，把耕地经营者为增加产量而改善耕地质量和环境的劳动投入资本化，是耕地质量保护经济补偿的方向。

3. 从制度确保耕地经营者参与耕地质量保护的全覆盖

　　西部地区耕地经营者是耕地质量保护的行为主体。单位面积耕地上的经营收入虽然可观，但经营耕地数量不足使耕地经营者总收益少。通过对耕地经营者的耕地保护行为进行经济补偿，提高收益以激励其投入与保护耕地积极性成为研究热点。成都市创设的耕地保护基金制度，按照耕地类型与面积，建立"耕地保护补贴发放制"，但耕地经营者保护耕地意愿的提升有限[①]，耕地保护效果改善有限[②]。

　　在西部地区，由于种种原因，为扩大收入来源，相当数量的农户选择了兼业经营，相伴的必然是耕地粗放经营和掠夺经营行为不断加重。西部的一些丘陵山区耕地粗放经营和掠夺经营的结果是基本农田水利建设、病虫害统一防治、机械耕作、品种搭配和轮作倒茬等现代集约经营技术措施难以利用，有些地区农户甚至深翻改土，种草沤肥等基本农业技术也不采用，对耕地只取不予或多取少予的短期经营行为使得农业生态环境恶化，生产条件萎缩，耕地生产率很难提高。

　　在西部地区，政府主导的中低产田土改造项目、金土地项目，以及针对贫困地区的"以工代赈"项目等，都有特定的项目区域，受益者局限于项目实施区域，与项目比邻区域的农户无法受益；同时，项目实施往往由工程队施工，可能因项目不同、或同一项目的不同阶段等的影响，耕地经营者参与程度也不相同，就是在项目区也难做到受益者全覆盖[③]。成都耕地保护基金制度的全覆盖特点值得继承，为此，以工换酬经济补偿制度，强调耕地经营者全员参与，特别是土地平整和土壤培肥、秸秆还田等的常态性质量保护项目，以家庭承包经营的责任田、地为保护对象，由地方政府统一规划，分步推进，常态监管，既促进了参与性农户的全覆盖，又为剩余劳动力的创造价值提供了平台。

---

　　① 调查表明，只有28.27%的受访者认为耕地保护经济补偿是为了保护耕地，26.90%的受访者认为是为了提高农民种地的积极性，36.45%的受访者认为是为增加农户收入，7.80%的受访者认为是为了缩小城乡差距。

　　② 关于政府实行耕地保护基金的目的是否达到的提问，8.36%的受访者认为达到了目的，71.64%的受访者认为没有达到目的。

　　③ 根据本书课题组2010～2012年问卷访谈调查的数据统计结果整理。

（三）以工换酬区内补偿机制的运行管理

西部地区耕地质量建设与保护中的微观行为主体层级关系图见图 7-13。

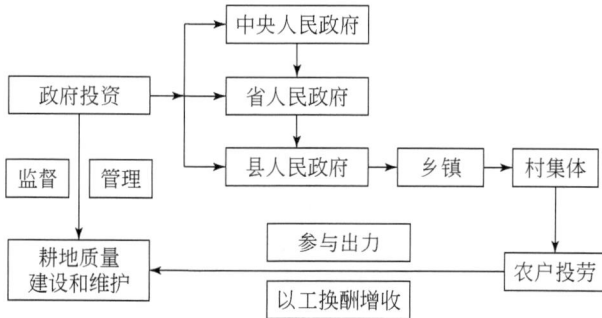

图 7-13   耕地质量建设与保护中的微观行为主体层级关系图

1. 中央政府统筹安排耕地质量建设资金

由于地区经济发展差异很大，要解决资金问题，最有效的办法是中央政府在年度财力分配中，计划单列耕地质量保护资金，专款专用、年度结转使用。国家在筹集耕地质量建设资金时，应该加强相关资金的整合力度。

2. 强化耕地质量建任务验收与分层考核机制

国家投入耕地质量建设与保护资金，除了为农户创造增收、增加就业，从"三农"以外开辟解决"三农"问题的出路外，根本目标是通过实施耕地质量与维护工程，使耕地质量建设常态化、稳定化，因地制宜地将每一个地块建设成为优质耕地，从源头上解决我国未来粮食安全问题。要保障投入资金的效率问题、提升耕地产品的性价比，构建分层考核与验收机制就成为了必然之举。验收与考核结论直接影响农户能否有资格使用耕地质量建设与保护资金；中央/省级/市级/县级/乡镇政府的逐级考核与验收，直接影响上级政府对本级政府管理的行政辖区在下一年度的资金投放情况。

1）制定质量保护目标。各省的国土、农业、水利等部门相互配合，在摸清区域内的耕地地力、耕地细碎化特点、坡耕地状态和水管理现状基础上，制定耕地质量建设目标任务，做好分层建设规划。

2）细化考核指标。对耕地地力建设、细碎化耕地归整、坡耕地改造和农田水利设施的建设，组织相关部门的技术管理干部，按照区域的实际情况，制定年度改善计划，细化为各种质量评价指标，提出具体的改造措施与要求，并由基础业务干部对耕地经营者进行必要的培训。

3）强化建设任务验收。由各地地方政府组织基层力量，按照考核指标的要求，对建设任务的完成情况进行验收。验收要落实到"宗地"。验收结果要告知各地经营者并对结果进行公告。对建设质量达不到要求的耕地，要将整改要求以书面形式告知耕地经营者并限期整改。否则启动相关的惩罚性机制。

4）分层考核。按照国家、省/自治区/直辖市、地市州、县、乡/镇、村、社、耕地经营者的顺序，按照建资金投放与耕地质量保护工程的建设规划内容、质量建设管理的成效与存在问题，由农业行政主管部门主导，进行自下而上的考核。

3. 专户直投

即耕地质量建设资金由中央财政/省财政专户/县级财政专户/农户耕地经营者耕地保护专户的系列，直接安排到农户。专户直投能够防止资金层层下达过程中的截留、挪用现象。耕地经营者使用耕地质量建设资金必须依据耕地质量建设与保护月度计划的完成情况，由主管部门验收合格并履行相关程序后，直接在银行支取。

4. 巡查与处罚机制

耕地质量保护的微观行为主体，尽管存在政府、村社、耕地经营者多个层级，政府自身从中央到乡镇也存在多个层级，但耕地质量建设与保护工作的具体实施在耕地经营者、组织与督促在村社、监督管理与考核验收在乡镇，这三个层级的工作如果抓落实了，国家投放的资金才能收到成效，否则要形成质量建设资产泡沫。

由于基层人际关系复杂，为了防止基层干部、管理人员营私舞弊，验收考核流于形式，从中央到乡镇政府的农业部门，应该建立由专门管理人员、技术人员组成的专门巡查机构，对负责的行政辖区的耕地质量建设与保护情况，定期进行实地踏勘和采样分析，实地踏勘和采样地点的确定，由县级以上的行政主管部门，根据本层级政府部门管理的耕地质量预警系统信息进行自主确定，避免下级政府部门安排踏勘地点和样品代采。

上级政府要建立健全耕地质量建设与保护的惩罚措施。下级政府不按照上级行政主管部门的耕地质量建设与保护标准进行管理的，上级政府必须启动相应的经济约束机制与行政处罚措施。经济约束机制主要在于减少资金投放数量直到进行负补偿（即上级政府对下级政府罚款），行政处罚措施主要是针对地方行政首长，对耕地质量建设与保护不力的行为进行行政处罚。

5. 形成耕地质量建设与维护的长效机制

耕地质量建设与维护工程，中央政府的效用是储粮于地，维护国家长远的粮食安全；地方政府的效用是解决委托代理管理耕地机制中的资金投入问题，尽管专项资金不能够随意支配，但可以减少地方财政资金在相应项目中的支出；耕地经营者的效用在于增加年收益，按照本书的设计思路，就是把耕地质量建设与保护工程的建设成果视作耕地经营者的劳动产品，国家政府是耕地质量保护产品的购买者，国家投入的建设资金就是这种产品的价格，耕地经营者经营与保护耕地的收益分为两个部分，一是种植收入，二是以专户直投的参与性耕地质量建设与保护的劳务收入。不同层级微观行为主体的耕地质量建设与维护效用要顺利实现，其前提就是要建立健全耕地质量建设与维护长效机制。国家资金投入要长效，地方政府管理与考核要长效，耕地经营者的耕地质量建设与保护行为也要长效。

三、以工换酬区内补偿机制的相对优势

（一）与成都耕地保护基金制度的比较

以工换酬增收的经济补偿机制，同成都的按类型与面积进行差异化补偿的耕地保护基金制度的根本区别在于"以劳动换收入"。

按照成都的做法，耕地发包方与耕地经营者或者集体经济组织之间通过《耕地保护合同》的约定——耕地经营者和集体经济组织保护好《耕地保护合同》上约定的地块不受破坏、不被弃耕抛荒、不被用于非农业用途，就获得耕地保护补贴，如果未认真履行耕地保护责任、非法改变耕地用途或破坏耕作层致使耕地生产能力降低的，发包方有权终止履行《耕地保护合同》，停发耕地保护补贴，并责令其在规定的期限内恢复耕地生产能力。进一步分析发现，只要耕地经营者没有改变农地的农业用途，没有耕地抛荒，即使不进行任何的耕地质量管理行为，也能够满足《耕地保护合同》的要求，并能够顺利的得到耕地保护基金的补贴。这种耕地保护没有劳动投入，只有合同，实际上是一种"以合同换收入"的典型例子。

按照以工换酬的经济补偿制度，耕地经营者获取耕地保护的经济补偿资金的前提条件是耕地保护的劳动投入。由发包方组织专门机构，按照地段、地块的实际情况，对保护的耕地进行登记、评估，制定质量保护方案，指导耕地经营者制定阶段性实施计划并付诸实践，形成一批农田整治的基础设施和耕地平整、增肥等成果，然后由政府的相关职能机构，按照保护计划进行年度检查、评估、考核，再根据评估与考核结论进行经济补偿。其关键点是没有劳动投入就没有补偿，劳动投入不够、保护目标没有达到规定要求，就按照相关的条款，扣减耕地保护的补偿资金数量。以工换酬的本质是以劳动换收入，体现了耕地经营者在耕地质量保护中的劳动价值，让耕地经营者通过劳动取得合法收入，一方面可在一定程度上解决农业劳动力剩余的隐性失业问题，维护社会稳定；另一方面，有利于培养老百姓的劳动致富价值观念，激发群众自力更生、艰苦奋斗的精神，摆脱"等、靠、要"等消极意识。

（二）与以工代赈机制的比较

以工换酬机制不同于以工代赈。一是项目的目标不同，以工换酬机制依托相关职能部门全面规划耕地质量建设与管理工作的基础上，追求我国耕地质量持续、全面的提升；而以工代赈机制明显的带有区域性、局地性特征。二是项目的制度基础不同，以工换酬机制以国家耕地质量保护制度设计为基础，一旦作为一种制度安排，就形成耕地质量建设与管理的制度惯例，形成逐年推进制度；以工代赈制度以扶贫解困制度为基础，往往针对贫困地区，以项目申报、争取等制度形式进行管理。三是建设模式不同，以工换酬机制强调可持续性，对耕地质量建设工程按照建设—维护—监管模式运行；以工代赈的建设项目具有阶段性，项目设施按照申报—立项—建设—验收模式运行，验收完成，项目建设就告一段落。四是对农户收益影响不同，以工换酬机制强调耕地经营者通过稳定、持续的质量工程平台，以劳动持续换取收益，在确保耕地质量持续性的提升同时，让参与农户获得稳定、持续增收的渠道；按照以工代赈机制，在项目设施阶段，参与的耕地经营者能够按照参与深度获得收入，但在项目验收结束后，相关的收益就失去来源，可能导致受赈济已经脱贫者重新返贫。

第四节　本章小结

好地多差地少、地块细碎化程度高、坡耕地比重大、耕地水管理成效待改善是西部地区耕地质量的基本特征，耕地经营者认同耕地质量保护。改变耕地质量需要劳动力和资金的可持续投入且劳动力投入机会成本高。中央政府和地方政府是耕地保护的责任主体，成为耕地保护经济补偿的补偿主体。耕地经营者是耕地保护劳动力的提供者，成为耕地保护经济补偿的补偿受体。

降低耕地经营者劳动力的机会成本激励耕地保护积极性的出路在于增加务农劳动力的年有效劳动时间。西部地区尚不具备大量增加耕地经营者的耕地经营面积提增年有效劳动时间的条件，以耕地质量建设为载体，实施"以工换酬"耕地保护区内补偿机制，中央政府从制度层面确保耕地质量保护资金投入国家化与常态化、保护耕地质量的务农劳动资本化、耕地经营者参与耕地质量保护的全覆盖，地方政府规划实施坡耕地改造工程、基本农田水利设施建设与维护工程、耕地土壤肥力提升与维护工程，耕地经营者参与实施的耕地质量工程验收合格后获取报酬，政府支付耕地经营者报酬获得高质量耕地。以工换酬的耕地保护区内补偿机制，其本质是耕地经营者以劳动换收入、政府投入资金并支付劳动者报酬换耕地质量，其保障是耕地质量保护投入常态化。

参 考 文 献

[1] 王永峰 . Arcview 空间分析方法在耕地质量评价中的应用 . 科技信息：学术研究，2008, (9): 600-601.

[2] 张衍毓，史衍玺，王静，等 . 基于 RS 和 PRA 的横山县耕地质量综合评价研究 . 测绘科学，2008, 33(2): 133-136.

[3] 岳云华，冉清红，贾祥飞，等 . 基于产量引导法的西部省区耕地质量构成及空间分异 . 西南师范大学学报（自然科学版），2013, 38(07): 140-147.

[4] 李建林，陈瑜琦，江清霞，等 . 中国耕地破碎化的原因及其对策研究 . 农业经济，2006, (6): 21-23.

[5] 李功奎，苗齐，褚小明，等 . 农户对农地归整意愿的实证分析——以江苏省经济欠发达地区为例 . 中共南京市委党校南京市行政学院学报，2007, (02): 31-34.

[6] 苏旭霞，王秀清 . 农用地细碎化与农户粮食生产——以陕西省莱西市为例的分析 . 中国农村观察，2002, (3): 22-28, 80.

[7] 陈美球，肖鹤亮，周丙娟，等 . 农户耕地流转心态的实证研究——基于江西省 42 个县市 64 个乡镇 74 个行政村的抽样调查 . 2008 年中国土地学会学术年会论文集，2008.

[8] 连纲，虎陈霞，刘卫东 . 公众对耕地保护及多功能价值的认知与参与意愿研究——基于浙江省苍南县的实证分析 . 生态环境，2008, 17(5): 1908-1913.

[9] 孙海兵 . 农户对耕地外部效益支付意愿的实证分析 . 中国农业资源与区划，2010, 31(4): 7-11.

[10] 冉清红，岳云华，杨玲，等 . 西部农户务农——务工的机会成本差分析 . 农业经济问题，2014, 35(12): 63-71, 111.

[11] 陈瑜琦，李秀彬，朱会义，等 . 劳动力务农机会成本对农户耕地利用决策的影响——以河南省睢县为例 . 地理科学进展，2010, 29(9): 1067-1074.

[12] 胡靖 . 粮食非对称核算与机会成本补偿 . 中国农村观察，1998, (5): 36-41.

[13] 谭仲春，曲福田，黄贤金 . 耕地资源可持续利用的经济分析与政策启示 . 农业环境与发展，1998, (4): 4-6, 42, 46.

[14] 蔡运龙，俞奉庆 . 中国耕地问题的症结与治本之策 . 中国土地科学，2004, 18(3): 13-17.

[15] 高魏，胡永进 . 耕地保护理论研究 . 农村经济，2004, (6): 14-16.

[16] 杜伟，黄敏 . 耕地外部性价值供给困境的分析 . 四川师范大学学报（自然科学版），2013, 36(1): 121-125.

[17] 牛海鹏，张安录 . 耕地数量生态位扩充压缩及其生态环境效应分析——以河南省焦作市为例 . 生态经济，2008, (9): 37-44.

[18] 陈美球, 洪土林, 许兵杰. 试析农户耕地保护的外部性. 江西农业大学学报 (社会科学版), 2010, 9(1): 71-75.

[19] Costanza R, Arge R, Groot R, et al.The vale of world's ecosystem services and natural capital. Nature, 1997, 36(8): 253-260.

[20] 谢高地, 鲁春霞, 冷允法, 等. 青藏高原生态资产的价值评估. 自然资源学报, 2003, 18(2): 189-195.

[21] 谢高地, 甄霖, 鲁春霞, 等. 一个基于专家知识的生态系统服务 价值化方法. 自然资源学报, 2008, 23(5): 911-913.

[22] 曾觉廷, 谢德体. 土壤发生与分类学. 成都 : 成都科技大学出版社 , 1996.

[23] 佚名. 重庆市 100 万亩秸秆还田快速腐熟技术效果显著 .2010.http: //news.xinmin.cn/rollnews/2010/10/14/7227707.html[2016-09-20].

[24] Prosterman R, Hanstad T, Li P.Can China feed itself? Scientific American, 1996, 11: 90-96.

[25] 陈美球, 程剑, 刘辉, 等. 当前农户耕地保护积极性的现状分析与思考. 中国人口 • 资源与环境 , 2007(1): 114-118.

[26] 连纲, 虎陈霞, 刘卫东. 公众对耕地保护及多功能价值的认知与参与意愿研究——基于浙江省苍南县的实证分析. 生态环境 , 2008, 17(5): 1908-1913.

第八章　结论与政策性建议

一、结论

对本书各章研究内容进行总结，形成西部耕地保护经济补偿机制的补偿－受偿模式见图 8-1。

1）中央政府既是耕地保护补偿主体又是调控主体，西部地区地方政府、城镇居民既是耕地保护补偿主体又是补偿受体，乡村居民、村组集体和耕地经营者是耕地保护补偿受体。

2）西部地区的绝大多数地方政府受资金筹集和可持续保障能力的影响，依靠自身财力进行耕地保护经济补偿，难以广泛推进。地方政府耕地用途转变缴纳耕地保护国家基金、地方政府以粮食调入量为载体缴纳耕地保护外部性区际补偿金，在中央政府统筹调控下的区际补偿模式，西部成为耕地保护经济补偿的资金净补偿区。

3）西部地区，在中央政府作为补偿主体和调控主体的跨省区区际补偿模式支持下，获得了耕地保护经济补偿所需要的资金。西部地区地方政府通过资金统筹，依托城镇居民点集约利用、人口城市化、乡村居民点集约利用与退出三类耕地之外的补偿载体推进耕地保护，对有贡献的城镇居民、乡村居民、村组集体等微观行为主体实施区内耕地保护经济补偿，实现耕地数量保护；依托耕地质量建设项目为载体，规划实施农业生产道路、田间土木工程建设与维护等耕地质量工程项目，对耕地经营者实施区内耕地保护经济补偿，实现耕地质量保护。

二、政策性建议

（一）关于国家层面的建议

从国家层面在全国各省区推进地方政府转变耕地用途的经济负补偿制度。地方政府追求机会成本最小化转变耕地用途最直接的经济效用是地税收益，建立耕地保护国家基金制度，以地税收益为补偿载体，地方政府按照城镇和交通用地面积向国家缴纳耕地保护基金，分担耕地保护投入资金以约束其耕地非农化行为。

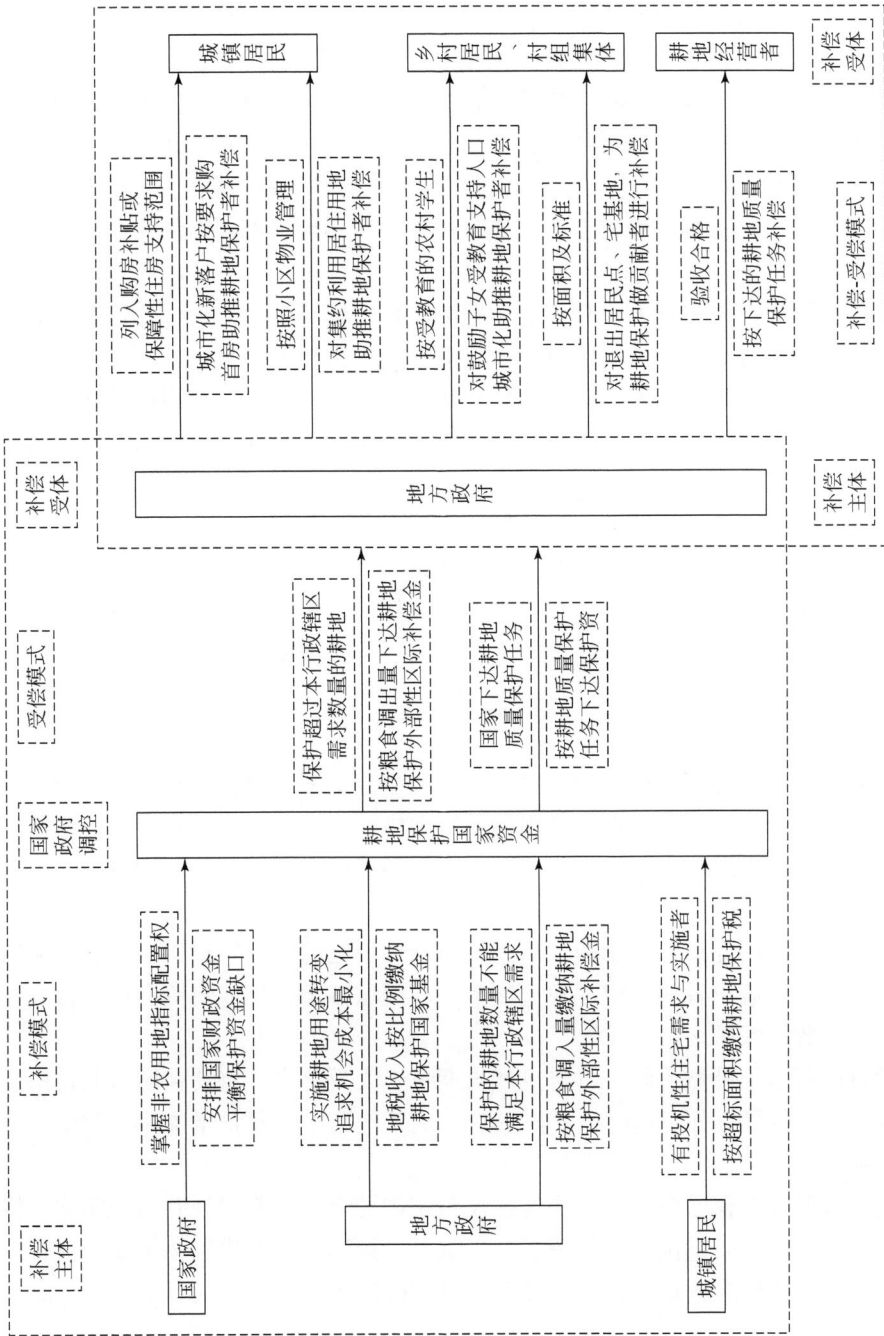

图8-1 西部地区微观行为主体耕地保护的经济补偿—受偿模式

从国家层面推进地方政府耕地保护外部性价值的区际补偿制度。耕地保护数量不足、粮食输入省区的地方政府，以粮食调入量为基础，单位重量粮食承载的耕地保护成本为依据，缴纳耕地保护国家基金。中央政府统筹，按照粮食调出量及其承载的耕地保护成本，补偿耕地保护数量盈余、粮食输出区的地方政府。

从国家层面推进城镇住宅用地按面积征收耕地保护税抑制投机性需求保护耕地。城镇住宅建设需要占用耕地，抑制投机性需求有利于缓解住宅需求增长速度。城市中的每位居民都是耕地转变为城市化用地的使用者，都要对城市建设占用耕地承担各自的责任。

从国家层面推进农户人口接受免学费的教育，从源头上推进乡村人口城市化，城镇化人口较乡村人口少占居民点用地有助于推进耕地保护。

从国家层面按照城镇建设人均居民点用地国家标准，评估各省区的各类城镇居民点用地效率，监督地方政府集约利用城镇居民点，利用中央政府配置非农用途等手段，约束地方政府粗放利用居民点用地的行为，通过延缓城镇用地扩张、少占耕地或延缓耕地减少速度，助推耕地保护。

从国家层面建设中长期规划耕地质量建设与维护工程。中央政府从制度层面确保耕地质量保护资金投入国家化与常态化、保护耕地质量的务农劳动资本化，为地方政府规划实施耕地质量建设的土木工程项目提供制度、资金保障。

（二）关于西部区域层面的政策性建议

地方政府运用经济杠杆，约束商品住宅"小户型平米价格高与大户型平米价格低"的定价行为，利用价格杠杆引导居民向中、小户型居住区集中，为城镇居民集约利用居住用地，进而推进地方政府引导各类行为主体集约利用城镇居民点用地，助推耕地保护。

地方政府利用经济补贴手段，干预城镇商住小区的物业管理机制，引导城镇居民或城市化新落户者购买中小户型住宅，利用城镇居住用地集约利用的传导作用推进耕地数量保护。

地方政府运用补贴手段，推进进城长期务工人员落户，将其在城市购首房居住纳入补贴或保障性住房范畴，补贴其农村宅基地退出－复垦增加耕地数量，助推耕地保护。

地方政府开展辖区内的耕地质量建设与维护的土木工程规划并组织实施。耕地经营者参与耕地质量保护的全覆盖，形成以工换酬的长效机制，耕地经营者以劳动换收入、政府投入资金并支付劳动者报酬换耕地质量。

三、结语

西部地区研究是一个特殊区域，本书的数据来源渠道不同，数据"打架"情况时有发生，这对数据真伪判别与选取带来了难度；尽管在研究中非常重视数据真伪的甄别，但也可能存在疏漏之处。由于国家相关部门对数据管理与公布等原因，引用的各类最新数据的截止时间可能存在不一致的情况。一些问卷访谈调查的数据还存在样本有限性。本书课题组研究中根据西部耕地资源保护和耕地保护经济补偿的实情需要，设计问卷进行随机访谈调查具有代表性，但因该区域耕地管理行为主体的个体差异性和样本等多种因素的影响，问卷访谈在一定程度上仍有一些局限性，还有待进一步关注和研究。受个人认知水平等原因，可能有些观点、有些算法设计值得进一步锤炼、进一步推敲和在实践中进一步验证，在后续研究中进一步完善。